Auffrischungskurs **Französisch**

Reprise

Christèle Jany

René Nohr

René M. Piedmont

B1

Hueber Verlag

Beratende Mitarbeit:

Isabelle Dunand, Dozentin an der VHS Berlin
Dominique Kerschbaumer-de Valon, Fachgruppenleiterin für Französisch
an der VHS Wien
Benoît Marchal, Dozent an der VHS Köln
Véronique Marquet, Dozentin an der VHS Regensburg
Pierre Sommet, Fachbereichsleiter Fremdsprachen an der VHS Krefeld

Wir danken allen Freunden und Kollegen für die Beratung und die sprachliche
Durchsicht.

Ebenfalls danken wir allen Copyright-Inhabern für die freundliche
Genehmigung der Abdruckrechte. Ein ausführliches Quellenverzeichnis
befindet sich auf Seite 254.

7. 6. 5.   Die letzten Ziffern
2015 14 13 12 11   bezeichnen Zahl und Jahr des Druckes.
Alle Drucke dieser Auflage können, da unverändert,
nebeneinander benutzt werden.
1. Auflage
© 2005 Hueber Verlag, 85737 Ismaning, Deutschland
Redaktion: Agnès Roubille, Hueber Verlag, Ismaning
Zeichnungen: Bettina Kumpe, Braunschweig
Druck und Bindung: Firmengruppe APPL, aprinta Druck, Wemding
Printed in Germany
ISBN 978–3–19–003259–4

Vorwort

Sie haben Ihre Französischkenntnisse vor mehr oder weniger langer Zeit in der Schule oder als Erwachsener erworben. Sie lieben die französische Sprache. Sie interessieren sich für die Kultur der französischsprachigen Länder. Sie reisen in Regionen, in denen Französisch gesprochen wird. Im beruflichen oder privaten Umfeld haben Sie Kontakt mit Menschen, die Französisch sprechen. Aus diesen oder anderen Gründen möchten Sie Ihre Französischkenntnisse reaktivieren.

Reprise versetzt Sie mit aktuellen und authentischen Materialien in die Lage, erneut auf Französisch zu kommunizieren und die wichtigsten Alltagssituationen sprachlich angemessen zu bewältigen. Aufbauend auf Kenntnissen der Kompetenzstufe A2 des Gemeinsamen Europäischen Referenzrahmens erweitern Sie mit *Reprise* ihren Wortschatz, reaktivieren die notwendigen grammatischen Grundlagen, trainieren das Leseverstehen und gewinnen zunehmend Sicherheit in der mündlichen und schriftlichen Kommunikation. Ziel von *Reprise* ist das Sprachniveau B1 wieder zu erreichen.

In den zwölf Lektionen von *Reprise* finden Sie Themen, die praxisbezogene Sprechanlässe mit gesellschaftlicher Aktualität verbinden. Die erste Lektion legt Grundlagen für ein erfolgreiches (Wieder-)Lernen: Sie sprechen über Ihre bisherigen Lernerfahrungen, machen sich Gedanken zu Ihrem Lerntyp und beschäftigen sich mit unterschiedlichen Lerntechniken. Den weiteren Weg durch *Reprise*, die zu bearbeitenden Lektionen und ihre Reihefolge bestimmen Sie nach Ihren Interessen und Vorkenntnissen.

Nach jeweils drei Lektionen haben Sie in einem *Bilan* die Möglichkeit, Ihren Lernerfolg selbst zu bewerten. Zusätzliche Übungen helfen Ihnen über bislang noch Unklares hinweg. Rückverweise in die Lektionen erleichtern die Orientierung innerhalb des Lehrwerks und das selbstständige Lernen. Der abschließende Test in *Bilan 4* deckt mit Hilfe von sogenannten *Can-Do-Statements* die sprachlichen Anforderungen der Kompetenzstufe B1 des Gemeinsamen Europäischen Referenzrahmens ab.

Zu jeder Lektion stehen Ihnen im Arbeitsbuchteil abwechslungsreiche Übungen zur weiteren Vertiefung der Lerninhalte zur Verfügung. Die jeweils einleitende Aktivität setzt eine der in Lektion 1 vorgestellten Lerntechniken praktisch um. Im Anhang finden Sie eine den Lektionen zugeordnete, verständlich dargestellte Grammatik mit Lerntipps, die Lösungen der *bilans* und Übungen sowie einen Vokabelteil pro Lektion und eine alphabetisch geordnete Wortliste.

Der methodische Schwerpunkt liegt auf der Förderung der mündlichen Kommunikationsfähigkeit. Daher überwiegen innerhalb der Lektionen und im Arbeitsbuchteil Übungen in Gruppen- und Partnerarbeit, die Ihr aktives Sprechen begünstigen. Praktisch anwendbare Redemittel werden in den Lektionen zu unterschiedlichen Themen zusammengefasst. Sie sind farblich hervorgehoben und bieten Ihnen sprachliche Varianten, um Ihre Ausdrucksfähigkeit zu verbessern. Sprichwörter und Redewendungen greifen das Thema jeder Lektion auf. Sie zeigen, wie verschieden sprachliche Bilder sind und regen zum interkulturellen Vergleich an.
Durch Internetübungen bewegen Sie sich in einem authentischen sprachlichen Umfeld, suchen aktuelle Informationen zu Ihren Interessengebieten und treten mit Muttersprachlern direkt in Kontakt. Sollten Sie nicht über einen Internetzugang verfügen, können Sie die Übungen in Partnerarbeit durchführen.

Wir wünschen Ihnen viel Erfolg mit *Reprise* und Freude am (Wieder-)Lernen.
Wir sind sicher, Sie werden mehr Bekanntes entdecken, als Sie jetzt glauben.

Autoren und Verlag

Arbeit in kleinen Gruppen oder mit einem Partner

 Arbeit mit CD, die entsprechende Track-Nummer wird mitangegeben.

 Arbeit mit dem Internet

AB → 5 Verweis auf die dazugehörigen Übungen im Arbeitsbuch

Inhalt

Repartir

Je m'appelle Anne-adorable.

Moi, c'est Christian-civilisation.

1 A comme Anne-adorable

 a Présentez-vous aux autres. Dites votre prénom et une chose qui vous caractérise. Chacun des autres participants cherche un mot français qui commence par la même lettre que votre prénom et l'écrit au tableau. A vous de choisir le mot que vous préférez. Promenez-vous dans la salle et faites un second tour de présentation avec le plus de participants possible.

■ Bonjour, je m'appelle Anne-adorable.　　● Enchanté, moi, c'est Christian-civilisation.

Mémorisez le prénom et le mot français des autres personnes du groupe.

Repère grammatical : l'interrogation

Tu es déjà allé en France ? (Intonation)
Qu'est-ce que vous aimez ? (Question en *Est-ce que… ?*)
Où avez-vous appris le français ? (Inversion)

Pronoms, adjectifs et adverbes interrogatifs : *Qui ? Que ? Quel ? Où ? Quand ? Comment ? Pourquoi ? Combien ?*

Observez et complétez.

Quel est votre nom ?　　　　　　　　_____ sont vos loisirs ?
_____ est votre profession ?　　**Quelles** sont vos villes préférées ?

Pour vérifier vos réponses et en savoir plus sur l'interrogation, allez à la page 180.

---

 b Posez des questions à votre voisin/voisine et remplissez le questionnaire suivant. Présentez ensuite votre voisin/voisine au groupe.

Nom, prénom : _____

Adresse : _____

Date de naissance : _____

Etat civil : marié/mariée ☐　　célibataire ☐　　divorcé/divorcée ☐　　veuf/veuve ☐

Enfants : oui ☐　　non ☐　　Nombre : _____

Apprentissage du français :

• Depuis quand n'avez-vous pas parlé cette langue ? _____

• Où et comment avez-vous appris ? _____

Voyages en France ou dans un pays francophone : _____

Loisirs : _____

c Pourquoi vous remettez-vous au français ?

Cochez la ou les bonnes réponses dans la liste des motivations possibles.
Expliquez aux autres participants pourquoi vous vous remettez au français.

Je me remets au français…

- [ ] … parce que la langue me plaît.
- [ ] … parce que je travaille dans une entreprise française.
- [ ] … pour préparer un voyage en France ou dans un pays francophone.
- [ ] … pour aider mes enfants à faire leurs devoirs de français.
- [ ] … parce que tout ce qu'on ne pratique pas, se perd.
- [ ] … parce que la vie est plus belle en français.
- [ ] … pour comprendre TV5.
- [ ] … autres : _____

_____

_____

2 A vous de choisir

  **a** Ecoutez la première partie de l'enregistrement d'une émission de *A vous de choisir* puis, cochez les réponses correctes dans le tableau.

Qui…	Silvia	A : Eric	B : Marc	C : Christophe
… est d'origine italienne ?				
… habite à Rennes ?				
… a 31 ans ?				
… est informaticien ?				
… fait des études de commerce ?				
… aime bien aller en boîte ?				
… fait du jogging ?				
… aime aller au resto ?				

b Quelles autres informations avez-vous comprises ? Pouvez-vous dire pour chaque candidat où il habite, quel âge il a, quelle est sa profession et ce qu'il aime bien faire ? Réécoutez l'enregistrement si nécessaire.

2 c Lisez les questions, écoutez la suite de l'enregistrement, puis cochez la réponse correcte.

Leçon 1

1 Est-ce que Christophe achète une traductrice électronique pour apprendre une nouvelle langue ?

oui ☐   non ☐

2 Quel candidat apprend la langue maternelle de sa femme dans un cours du soir ?

Candidat A : Eric ☐   Candidat B : Marc ☐   Candidat C : Christophe ☐

3 Quelle femme Eric préfère-t-il ?

Mona Lisa ☐   Naomi Campbell ☐   Isabelle Huppert ☐

4 Quel candidat demande tout de suite son numéro de portable à une femme ?

Candidat A : Eric ☐   Candidat B : Marc ☐   Aucun des candidats ☐

5 Est-ce que Christophe suivra un cours pour apprendre le rôle de père s'il rencontre une femme qui a déjà des enfants ?

oui ☐   non ☐

6 Pour quel candidat Silvia se décide-t-elle ?

Candidat A : Eric ☐   Candidat B : Marc ☐   Candidat C : Christophe ☐

d Travaillez par groupes de quatre. Imaginez que vous participez à cette émission. Posez chacun une question à laquelle les trois autres personnes du groupe doivent répondre. Quelle réponse préférez-vous ?

e Connaissez-vous une émission semblable dans votre pays ?

Repère grammatical : les verbes pronominaux

Observez et complétez.

Je **me** promène au bord de la mer.

Tu **te** décides pour un des trois hommes.

Le candidat C _____ appelle Christophe./Elle _____ décide.

Nous **nous** rencontrons pour la première fois.

Vous _____ inscrivez au cours.

Ils _____ reposent le week-end./Elles **se** ressemblent beaucoup.

Pour vérifier vos réponses et en savoir plus sur les verbes pronominaux, allez à la page 181.

---

3 Ma journée

a Choisissez cinq verbes dans cette liste et formez par écrit des phrases pour décrire une journée.

D'habitude, je me lève vers 7 heures…

s'amuser ▌ se coucher ▌ se dépêcher ▌ se doucher ▌ s'énerver ▌ s'habiller
s'installer ▌ se lever ▌ se maquiller ▌ se mettre au travail ▌ s'occuper de quelque chose
se promener ▌ se raser ▌ se reposer ▌ se réveiller

b Comparez votre feuille avec celle de votre voisin/voisine et présentez quelques exemples au groupe.

D'habitude, il/elle se lève vers 7 heures…

4 Portraits au sac à main

a Lisez le texte. Qui est Nathalie Lecroc ? Quel est son projet ?

> Montre-moi ce qu'il y a dans ton sac, je te dirai qui tu es. Depuis 1998, Nathalie Lecroc peint des sacs à main et sa *Petite anthologie de sacs et sacs à main* compte aujourd'hui 555 tableaux de sacs. En 2009, elle peindra son 1001ᵉ et dernier sac à main. En onze ans, l'artiste aura beaucoup appris sur la nature humaine.

 b A deux, complétez le schéma.

c Observez ces tableaux. Que nous apprennent-ils sur Chantal Besse et Gérard Hesteau ?

d A deux, comparez vos réponses avec les informations données dans les textes.

Chantal Besse, stagiaire en marketing
Je suis une hystérique de sacs. J'en ai une quarantaine, mais j'ai toujours l'impression de ne pas en avoir assez. Ce tableau est drôle et me résume pas mal. Il y a des choses très classiques et une touche de fantaisie. Je le mettrai près de mon lit quand je n'habiterai plus chez mes parents.

Gérard Hesteau, éleveur de chevaux
Mon sac est très chargé. Il dit la réalité des choses : je suis un peu mal organisé mais je m'y retrouve toujours. Je suis très nature. C'est le sac de quelqu'un qui ne se prend pas la tête.

D'après *Le Monde* 2 du 9 octobre 2004, p. 42-44

Que font Chantal Besse et Gérard Hesteau dans la vie ? Etes-vous surpris ?

e Observez les expressions de la boîte à outils. A votre avis, le contenu d'un sac peut-il vraiment résumer la personnalité de son propriétaire ?

Exprimer son opinion 1

A mon avis, … ▮ Selon moi, … ▮ Je trouve/pense/crois que…
Je suis d'accord. ▮ Je ne suis pas d'accord. ▮ Ce qui me plaît, c'est…
Ce qui me déplaît dans quelque chose, c'est… ▮ Vous avez raison.
Vous avez tort. ▮ Vous exagérez. ▮ Je dois vous contredire.
C'est juste/correct/vrai. ▮ Par contre… ▮ Mais…

Repère grammatical : le futur

Observez et complétez.

Je le _____ près de mon lit.

Tu **verras** les tableaux de Nathalie Lecroc.

Elle _____ son 1001ᵉ et dernier sac à main.

Nous en **parlerons** plus tard.

Vous **trouverez** des objets curieux.

Les tableaux **formeront** une esquisse de la nature humaine.

Pour vérifier vos réponses et en savoir plus sur le futur, allez pages 181–182.

---

5 **Projets d'avenir**

a Complétez les phrases suivantes en utilisant le futur.

L'année prochaine, …
… elle poursuivra ses études en France.

… tu _____ (visiter) les caves de Chinon.

… nous _____ (rendre) visite à notre fils, qui travaille à Genève.

… vous _____ (parler) avec votre belle-fille québécoise en français.

… ils _____ (passer) leurs vacances en France.

b Et vous ? Quels sont vos projets d'avenir ?

L'année prochaine, je _____

… je _____

… je _____

… je _____

 6 ## Prendre un bon départ

Faites correspondre les expressions et proverbes suivants à leur explication.

1 C'est le métier qui rentre.	a retrouver de la vigueur, de l'élan
2 Il y a un commencement à tout.	b Il est normal de faire des erreurs au début d'un apprentissage.
3 prendre un bon départ	c Il est inutile de se presser ; mieux vaut bien se préparer.
4 redémarrer	d enregistrer des succès dès le début
5 Rien ne sert de courir, il faut partir à point.	e Les premières tentatives, même peu réussies, sont nécessaires.

 7 ## Quelles langues parlez-vous ?

Quelles langues parlez-vous, comprenez-vous un peu ou aimeriez-vous parler ?
Complétez le tableau et faites ensuite le profil linguistique de votre groupe.

	Parler				Ecrire				Lire				Comprendre				
	très bien	bien	un peu	pas du tout	très bien	bien	un peu	pas du tout	très bien	bien	un peu	pas du tout	très bien	bien	un peu	pas du tout	J'aimerais bien apprendre
anglais																	
espagnol																	
français																	
italien																	
japonais																	
polonais																	
russe																	
turc																	
autres :																	
_____																	
_____																	

Leçon 1

8 ## La traductrice électronique

Constructeur	Lexibook
Type	Traductrice
Clavier	Qwerty
Langues	10 langues (français, anglais, espagnol, allemand, italien, portugais, néerlandais, suédois, danois, norvégien)
Nombre total d'entrées	plus d'un million de traductions
Nombre de phrases par langue	5000 phrases par langue
Alimentation	1 pile CR2032
Dimensions (l x p x h)	96 x 61 x 12 mm
Poids net	55 g
Garantie	1 an
Code livraison	Famile II

a   Lisez ce prospectus pour une traductrice électronique et faites correspondre les titres aux paragraphes.

a **Une prononciation sans fautes**

b **Un professeur de poche**

c **S'en sortir dans toutes les situations**

d **Vous comprendrez et parlerez 10 langues**

Maîtrisez toutes les situations avec la première traductrice électronique parlant 10 langues :

1 Vous accéderez facilement au catalogue de 50 000 phrases mémorisées dans 10 langues : français, allemand, anglais, néerlandais, espagnol, italien, portugais, suédois, danois et norvégien. Elles sont classées par thèmes : repas, courses, voyages et transports, réservations d'hôtels, formules de politesse, sujets de conversation courante.

2 Sélectionnez une langue, tapez au clavier le mot de votre choix. Sa traduction dans les neuf autres langues apparaît alors à l'écran. Vous pouvez aussi lire sur l'écran et entendre des phrases contenant ce mot.

3 Vous pouvez utiliser la traductrice électronique comme outil d'apprentissage : avec elle, vous pouvez enrichir votre vocabulaire, apprendre à construire des phrases, réviser les verbes irréguliers de chaque langue et améliorer votre prononciation. La traductrice électronique est un professeur toujours disponible pour vous, qui vous accompagne partout.

4 Quand vous cherchez un mot dans un dictionnaire, vous ne savez pas toujours le prononcer. Cela ne vous arrivera jamais avec la traductrice électronique : elle prononce correctement le mot ou la phrase que vous voulez utiliser.

 b   Notez tous les mots du texte en rapport avec l'apprentissage d'une langue.
Discutez à deux : dans quelles situations la traductrice électronique peut-elle être utile ?
Dans lesquelles ne sert-elle à rien ? Pourquoi vous êtes-vous inscrit à ce cours plutôt que d'acheter une traductrice électronique ? Présentez vos résultats au groupe.

lire

comprendre

parler

écrire

Grammatik   **Wortschatz**

Wortschatz der Arbeitsanweisungen

Der Fragesatz – La phrase int...

Die angegebene Übersetzung bezieht sich immer auf den Sinn des Worts innerh...

Fragentypen

Es gibt zwei Arten von Fragen: die geschlos... kann, und die offenen Fragen, die eine Aus...

Geschlossene Fragen haben kein Fragewort

Tu viens demain ?   Viens-tu de...

Offene Fragen dagegen werden mit einem ...

Ob alles umce ou soit ?   Comment...

f = weiblich (féminin)
m = männlich (masculin)

accord *m*	Übereinstimmung	justifier
afficher	aufhängen	marquer
à l'aide de	mit Hilfe von	mémoriser
ajouter	hinzufügen	mettre en commu...
approfondir	vertiefen	notion *f*

Mais vous parlez bien le français !

a Lisez le texte et résumez la situation.

Quand je suis parti en France l'été dernier, je ne connaissais qu'un mot français : bouchon. En arrivant à l'aéroport, j'ai dit *bouchon* et à la gare j'ai demandé un *bouchon* pour aller en Normandie. Dans le train, j'ai dit *bouchon* au contrôleur et dans le wagon-restaurant j'ai pris mon premier vrai *bouchon* français. Mon seul commentaire a été *bouchon* quand j'ai vu la maison de campagne de mon ami Hugh et le soir nous avons beaucoup *bouchonné*.

Les voisins aussi m'ont accueilli avec enthousiasme. « Et vous avez parcouru tout ce chemin rien que pour nous rendre une gentille petite visite ? » m'ont-ils demandé.

Les choses étant ce qu'elles étaient, je ne pouvais leur donner que ma seule réponse possible : « bouchon ».

« Ah, *bouchon* ! » s'écriaient-ils. « Mais vous parlez bien le français ! »

D'après David Sedaris, *Je parler français*, Editions Florent Massot 2000

b Que veut dire le mot *bouchon* ?

c Quel mot utilisez-vous dans la même situation ? Pourquoi ?

d Remplacez dans le texte *bouchon* par les mots ou expressions qui conviennent.

> **Que dire quand on ne trouve pas le mot juste ?**
>
> la chose | le truc | le machin
> Je ne trouve pas le mot juste, mais c'est une chose qui…
> Le mot m'échappe pour le moment, mais…
> J'ignore le mot correct, mais il s'agit de…
> Je ne me souviens pas du mot…

e Formez trois phrases en utilisant les expressions ci-dessus et le mot *truc* ou *machin*. Le groupe doit deviner le mot correct.

Je ne me souviens pas du mot…
J'ai pris le *truc* pour aller en ville. → le train, le métro, la voiture, le vélo.

 Qui est-ce ?

 a Formez des petits groupes. Chaque groupe choisit une personne francophone célèbre et cherche des éléments qui la caractérisent.

b Devinez les personnalités choisies par les autres groupes en posant des questions. Les autres groupes ne peuvent répondre que par oui ou par non.

c Présentez votre personne francophone au groupe en faisant la synthèse de tout ce qui a été dit sur cette personne.

Et avec ceci ?

 1　Féminin ou masculin ?

a　Voici deux façons de faire des courses. Lisez les textes et comparez.

Féminin :

Garer la voiture.

Prendre un caddie.

Le remplir de choses utiles en un temps record.

Prendre le plus vite possible un numéro pour se faire servir aux stands charcuterie et fromage.

Ne pas oublier de faire peser les fruits et les légumes.

Mettre les achats dans des sacs de façon, sinon intelligente, du moins rationnelle (ce qui va au frigo dans un sac, les légumes dans un autre, etc. On gagne du temps quand on déballe...).

Payer.

Rentrer à la maison.

Déballer les courses et les ranger.

Masculin :

Garer la voiture.

Entrer dans le magasin.

Ressortir pour prendre un caddie.

S'apercevoir qu'il faut une pièce de 1 €.

Aller faire de la monnaie chez le marchand de journaux (ou au café).

En profiter pour feuilleter *L'Equipe* (ou boire un petit noir ou une bière, au choix...).

Prendre le caddie.

Faire tous les rayons de long, en large et en travers.

Acheter une paire de chaussettes, deux pizzas surgelées, un pack de Kronenbourg, des pistaches, des saucisses de Strasbourg, des bananes et une B.D.

Oublier de peser les fruits pour avoir une occasion de discuter avec la caissière.

Ne pas s'embarrasser avec du beurre, du lait, du papier toilette, des couches ou avec toute autre chose totalement inutile.

Ranger les surgelés dans le même sac que les chaussettes et le dernier album de François Schuiten.

Réussir à trouver la caisse la plus lente, avec devant vous le client le plus énervant.

Payer (si, si, ça vous le faites à peu près bien...).

Rentrer à la maison.

Poser les sacs sur la table de la cuisine.

Sortir une bière, les pistaches, la B.D. et s'installer sur le canapé pendant que les pizzas dégèlent sur la table.

b   Que pensez-vous de ces descriptions ?

c   Connaissez-vous quelqu'un qui ressemble à un de ces deux types de client ? Que fait-il comme lui ?

d   Et vous, comment faites-vous vos courses ?

Repère grammatical : l'article partitif

Observez et complétez.

J'achète **du** beurre.   Je **n'**achète **pas** _____ chocolat.

_____ farine.   **de** crème fraîche.

de l'huile d'olive.   _____ huile d'olive.

_____ saucisses.   **de** mouchoirs en papier.

Pour en savoir plus sur l'article partitif, allez pages 182–183.

---

2   **L'art de bien faire les courses**

a   Complétez le texte en utilisant l'article partitif.

1   Avant de quitter la maison, faites une liste et classez les articles. Par exemple, si vous avez _____ lait et _____ eau à acheter, regroupez ces deux articles parce qu'on les trouve au même endroit du magasin.

2   Si vous faites vos courses aux heures de pointe, ne cherchez pas à vous garer près de l'entrée. Il n'y a jamais _____ places et si par hasard il y en a une, vous mettez beaucoup _____ temps à la trouver. Garez-vous loin. Vous marcherez plus mais, en fin de compte, vous gagnerez _____ temps.

3   Dans le magasin, laissez votre chariot dans l'allée centrale et allez dans les rayons. Trimbaler le caddie constamment fait perdre beaucoup _____ temps. Si jamais quelqu'un vous coupe la route, laissez faire ; le temps de lui expliquer qu'il gêne, ce sera l'heure de la fermeture. C'est bien vrai, chaque fois que vous faites _____ courses il y a _____ voisins qui se rencontrent, qui laissent leurs chariots en plein milieu et personne ne peut plus passer.

4   La caisse, c'est un peu pile ou face. Ne prenez jamais les caisses *moins de dix articles* même si vous en avez moins de cinq. Les clients y paient souvent avec _____ monnaie, alors le temps de la leur rendre...

 b   A deux, trouvez d'autres conseils pour faire les courses plus efficacement.
Présentez-les au reste du groupe.

③ L'intermarché d'Albi Cantepau

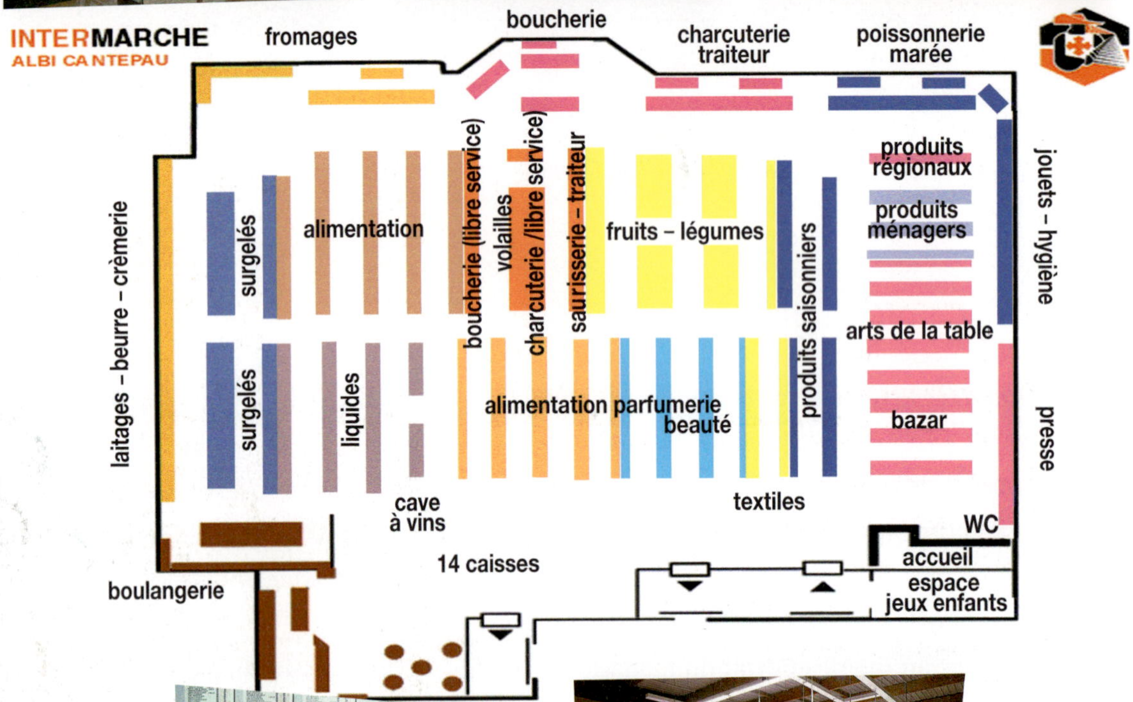

INTERMARCHE
ALBI CANTEPAU

fromages

boucherie

charcuterie traiteur

poissonnerie marée

laitages – beurre – crèmerie

surgelés

alimentation

surgelés

liquides

boucherie (libre service)

volailles

charcuterie /libre service)

saurisserie – traiteur

fruits – légumes

alimentation parfumerie beauté

produits saisonniers

produits régionaux

produits ménagers

arts de la table

bazar

jouets – hygiène

presse

cave à vins

textiles

14 caisses

boulangerie

WC

accueil

espace jeux enfants

BOUCHERIE

a Regardez le plan de cet Intermarché à Albi. Dans quel rayon du magasin trouve-t-on les produits suivants ?

> pâté de campagne | viande | filets de poisson | filtres à café | crème solaire
> eau minérale | croissants | liquide vaisselle | Magnum® Amande

On trouve du café au rayon alimentation.

b Choisissez avec votre voisin/voisine trois rayons et faites ensemble une liste d'autres articles qu'on pourrait aussi y trouver. Présentez-la au groupe.

c Des amis ont annoncé ce matin leur visite pour ce soir. L'un de vos amis est amateur de cuisine italienne, l'autre allergique aux produits laitiers. Qu'est-ce que vous allez cuisiner ? Qu'est-ce qu'il vous faudra ?

d Dans quels magasins allez-vous pour faire vos courses de la semaine (au marché, à la boulangerie, chez le boucher, chez le *Turc du coin*, dans les grands magasins) ? Pourquoi ?

4   Au marché

 a   Ecoutez le dialogue une première fois et répondez aux questions.

1   A quel stand le client se trouve-t-il ? _____

2   Qu'est-ce qu'il veut acheter ? _____

3   Y a-t-il une promotion du jour ? _____

4   Combien d'articles le client achète-t-il ? _____

5   Combien doit-il payer ? _____

6   D'où viennent les fraises du marché ? _____

 b   Ecoutez le dialogue une seconde fois. Parmi les expressions proposées, lesquelles reconnaissez-vous ? Comparez vos réponses avec votre voisin/voisine.

1   Je voudrais… ☐

2   Avez-vous… ? ☐

3   Et avec ceci ? ☐

4   Qu'est-ce que je vous sers ? ☐

5   Auriez-vous du muesli ? ☐

6   Qu'est-ce que ce sera pour vous ? ☐

7   Cela vous fait 12,50 €. ☐

8   J'aimerais des œufs. ☐

9   Qu'est-ce qu'il vous faut ? ☐

10   Est-ce que vous vendez du pain ? ☐

11   Ils sont à 3 € le kilo. ☐

12   Non, ça va comme ça. ☐

13   Combien coûtent les abricots ? ☐

14   Autre chose ? ☐

15   Je suis désolé(e). ☐

16   Ça sera tout, merci. ☐

c   Travaillez à deux. Imaginez un dialogue possible entre un client et un commerçant.

5   Une bonne surprise

a   Lisez le texte suivant. Quel cadeau choisit Catherine Dagneux et pourquoi ?

Pour fêter ses 10 ans de mariage, Catherine Dagneux cherchait une idée de cadeau original pour son mari. Elle est entrée dans une bijouterie et elle a expliqué son problème. Le bijoutier est allé au coffre et lui a montré une chevalière et plusieurs montres. Elle a très vite écarté la bague et s'est décidée pour une montre signée Christian Dior. Elle est allée à la caisse, mais elle a changé d'avis au dernier moment et n'a pas acheté de montre. « Non, une montre, ce n'est pas pour mon mari », a-t-elle dit. Elle s'est excusée et est sortie de la bijouterie. Elle a fait encore quelques magasins, mais sans grand succès. Finalement, dans une agence de voyages, l'employée lui a proposé une semaine de remise en forme dans un club aux Caraïbes. Pourquoi pas ? Catherine n'a pas réfléchi longtemps. Elle a choisi le voyage, car c'était un cadeau pour le couple et qu'un peu de repos leur ferait du bien à tous les deux. Elle a réglé la facture par Carte Bleue. L'employée a saisi les noms et adresse des clients, mais le système de réservation les a rejetés…

b   A votre avis, que s'est-il passé ? Pourquoi le système de réservation rejette-t-il les noms et adresse des clients ?

Repère grammatical : la formation du passé composé

a Soulignez dans le texte les verbes au passé composé. Lesquels se conjuguent avec *être* ? Lesquels se conjuguent avec *avoir* ? Complétez le tableau.

Avoir	Etre
elle a expliqué	elle **est** entrée

b Comment choisir entre *être* et *avoir* ? Que remarquez-vous à propos du participe passé ? Pour vérifier vos réponses, allez à la page 183.

c   Observez et complétez.

1   J'ai acheté une B.D.

2   Tu _____ pris un caddie.

3   Ils _____ _____ les fruits au frigo. (mettre)

4   Elle est entrée dans le magasin.

5   Nous _____ allés faire de la monnaie.

6   Vous _____ _____ à la maison. (rentrer)

7   _____ -t-il eu une idée ?

8   Catherine n' _____ pas _____ de montre. (acheter)

d   Fêtez-vous le jour où vous avez fait la connaissance de votre compagne ou compagnon ? Comment ? Avez-vous déjà eu une bonne surprise à cette occasion ?

6   **Avoir du pain sur la planche**

Faites correspondre les expressions suivantes à leur explication.

1	avoir du pain sur la planche	a	être mort
2	Ça ne mange pas de pain.	b	améliorer son mode de vie
3	On ne te mangera pas.	c	avoir beaucoup de travail
4	mettre du beurre dans les épinards	d	Se dit de quelque chose qui ne cause pas de dépenses.
5	manger les pissenlits par la racine	e	manière imagée de dire à une personne timide ou qui a peur qu'on ne lui fera aucun mal

(7) Retirer de l'argent

a Cherchez les verbes correspondant aux actions de la liste ci-dessous. Attention : un des substantifs de cette liste n'a pas de correspondant exact. Il faudra utiliser *faire* + ce substantif.

annulation de l'opération : annuler

Erreur de code :

_____

Validation :

_____

Changement de carte :

_____

Entrée du code :

_____

Entrée du montant :

_____

Etude des instructions pendant deux minutes :

_____

Introduction de la carte :

_____

Insertion de la carte, récupé- ration de la carte rejetée par l'appareil :

_____

_____

Recherche de la carte bancaire dans le sac à main :

_____

Vérification du code secret :

_____

Récupération de la carte et du ticket :

_____

Nouvelle entrée du code :

_____

Retrait des billets :

_____

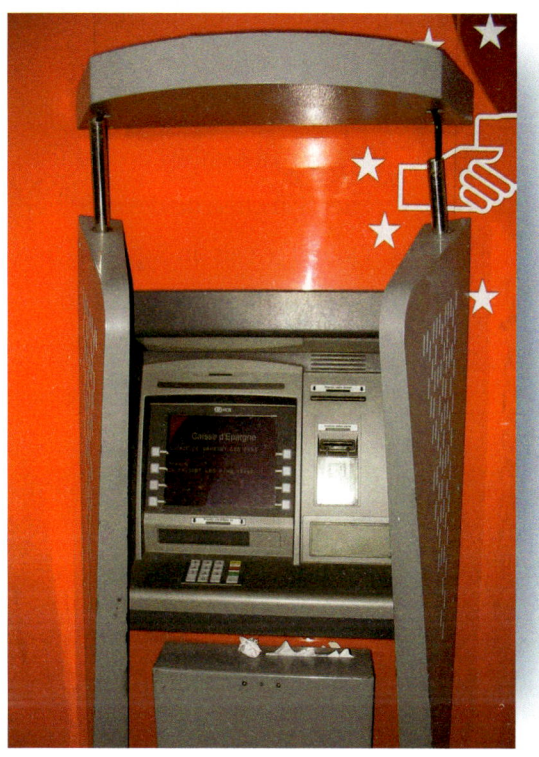

b Expliquez le déroulement chronologique d'un retrait d'argent à un distributeur automatique. Utilisez le passé composé et le plus grand nombre possible d'éléments de **a**.

Samedi dernier, je suis allé(e) au distributeur…

Enumérer des actions

d'abord | premièrement | pour commencer
ensuite | puis | alors | deuxièmement | troisièmement, etc.
enfin | pour finir | en dernier | à la fin

c En France, on paie rarement en espèces, mais on utilise plutôt des chèques ou la Carte Bleue. Et vous, comment payez-vous au supermarché si le montant de vos achats est inférieur à 50 € ? Quand vous faites le plein à la station-service ? Quand vous achetez un billet de train au distributeur automatique ? A l'hôtel ? Au restaurant ?

8 La carte a plusieurs sens

Précisez le sens du mot *carte* en complétant les phrases avec les mots de la liste suivante.

> routière ▌ postale ▌ de visite ▌ téléphonique ▌ de vœux ▌ virtuelle ▌ bancaire
> d'identité ▌ à jouer ▌ du monde ▌ de fidélité ▌ du restaurant

1 Pendant les vacances, nous avons envoyé une carte _____ à nos amis.

2 A la frontière, il a présenté sa carte _____ .

3 Vanessa a utilisé sa carte _____ pour retirer de l'argent au distributeur de billets.

4 Avant de prendre la route pour la Suisse, étudiez la carte _____ .

5 Comme mon portable est tombé en panne, j'ai utilisé ma carte _____ pour appeler ma femme.

6 A l'école, l'élève colorie les mers en bleu sur sa carte _____ .

7 Nous avons choisi notre menu sur la carte _____ .

8 Hier, j'ai cherché des cartes _____ car c'était notre soirée belote.

9 Quand je vais au Salon du livre, j'emporte mes cartes _____ .

10 On a jusqu'à fin janvier pour envoyer ses cartes _____ à sa famille et à ses amis.

11 Depuis que Juliette est équipée d'un ordinateur, elle n'envoie plus que des cartes _____ à ses copains.

12 La caissière lui a demandé s'il avait une carte _____ .

9 Publicités

▸ **4** Ecoutez les annonces publicitaires et complétez.

1 Pour la rentrée des classes, moins 20 % sur tous les cahiers. Chez votre hypermarché Legrand, la vie est _____ _____ !

2 La qualité et la fraîcheur avant tout. _____ consommer, c'est urgent !

3 Chez nous, vous trouverez _____ _____ _____ choix de meubles en pin naturel à des prix défiant toute concurrence !

4 Aux galeries La Farfouille, il se passe toujours quelque chose. La nuit est _____ _____ que le jour : nocturne le jeudi jusqu'à 22 h !

5 Altermarché, _____ _____ qualité _____ _____ _____ prix. Cette semaine, le melon de Cavaillon pour 1 € seulement.

6 Chez Electromédia, toutes les gammes d'électroménager. Un choix _____ _____ que vous l'imaginez !

7 La mayonnaise allégée, 10 % de matières grasses, 100 % de goût, _____ _____ que la crème !

Repère grammatical : le comparatif et le superlatif

Observez et répondez aux questions.

La mayonnaise est **plus légère que** la crème.
Chez Mammouth, la vie est **moins chère**.
Vous trouvez **le plus grand choix** de meubles.

Comment compare-t-on deux choses ou personnes ?
Comment exprime-t-on le superlatif ?

Pour vérifier vos réponses et en savoir plus sur le comparatif et le superlatif, allez à la page 184.

10 Qui est le plus jeune ?

Formez deux groupes (A et B). Posez des questions aux autres participants du groupe pour trouver la personne la plus jeune de votre groupe. Présentez-la à l'autre groupe.

A Dans notre groupe, Marie est la plus jeune. Elle a 18 ans.
B Dans notre groupe, Xavier est le plus jeune. Il a 24 ans.

Comparez ensuite le résultat : Marie est plus jeune que Xavier.

Puis cherchez la personne…   … qui s'est levée le plus tôt ce matin.
  … qui a le plus de frères et sœurs.
  … qui a voyagé dans le plus de pays étrangers.
  … qui peut nager le plus longtemps.
  … qui habite le plus près de la gare.

11 Le vide-grenier

Vous venez de ranger votre grenier et vous avez découvert quelques objets intéressants que vous voulez vendre en cours. A deux, rédigez une petite annonce dans laquelle vous donnerez une courte description de l'objet à vendre. Présentez-la au groupe, qui peut alors vous demander des informations complémentaires (sur l'histoire de cet objet, par exemple). Présentez les qualités de votre objet et essayez de trouver une personne intéressée. Négociez un prix de vente.

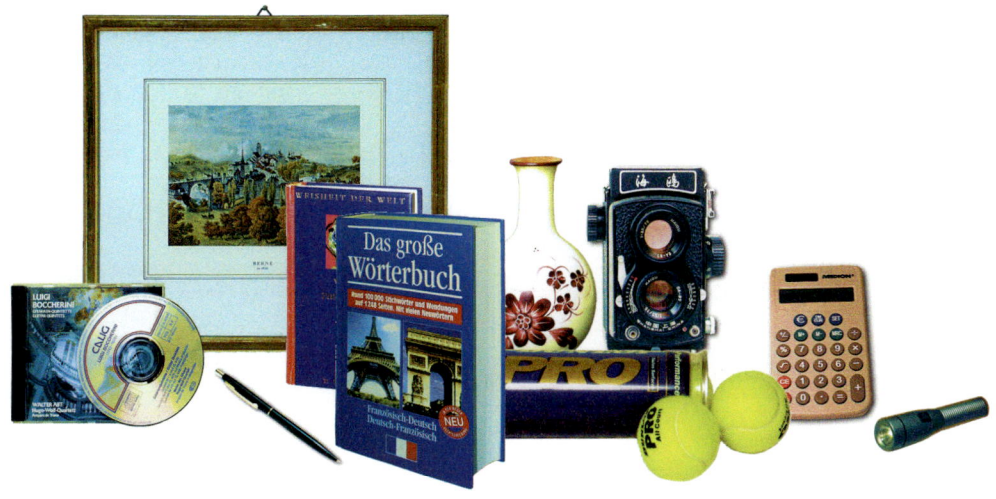

La « nouvelle famille »

1 Hier et aujourd'hui

Regardez ces deux photos. Décrivez-les brièvement. Quelles sont les principales différences ?

2 La famille depuis 1968

a Lisez les textes suivants et associez à chacun le titre correspondant.

1 Depuis 1970, le nombre de mariages a baissé, et beaucoup sont des remariages. Les jeunes se marient de plus en plus tard : un homme se marie en moyenne à 30 ans, une femme à 28 ans (2000). Les deux tiers des couples qui se marient ont vécu ensemble avant le mariage ; pour beaucoup de jeunes, cela représente un nouveau modèle de fiançailles ou une sorte de *mariage à l'essai*.

2 Avant, on se mariait pour la vie, *pour le meilleur et pour le pire*. La situation a beaucoup évolué puisque, actuellement quatre mariages sur dix se terminent par un divorce et que ce sont les femmes qui demandent le plus souvent le divorce. La présence ou non d'enfants ne semble jouer aucun rôle. 15 % d'enfants vivent dans des familles monoparentales ou recomposées.

3 De nos jours, 15 % de Français vivent en couple sans être mariés : on parle de concubinage ou d'union libre. Ce n'est pas seulement un mariage à l'essai, mais un choix pour la vie. Quatre enfants sur dix naissent hors mariage et, dans bien des cas, leurs parents ne se marient jamais. La législation a évolué et donne aux concubins pratiquement les mêmes droits qu'aux couples mariés. Introduit en 1999, le *Pacte civil de solidarité*, appelé PACS dans le langage courant, est un contrat qui fixe les modalités d'aide mutuelle entre deux personnes majeures vivant ensemble et pouvant être de même sexe, voire parentes.

4 Il y a aujourd'hui 18 millions de Français qui vivent seuls, soit 35 % de la population. Le phénomène est particulièrement marqué dans les grandes villes. Parmi ces personnes seules, il y a bien sûr les personnes âgées, souvent des veuves. Mais on trouve aussi beaucoup de célibataires et de divorcés, pour lesquels la vie en solo est plus ou moins un choix.

a **L'union libre**

b **Plutôt seul(e) que mal accompagné(e)**

c **On divorce plus facilement**

d **On se marie plus tard**

b Soulignez dans les textes les expressions en relation avec la notion de *famille*.

c En connaissez-vous d'autres ? Faites une liste, puis comparez-la avec celle de votre voisin/voisine.

d A votre avis, pourquoi les Français se marient-ils plus tard ?
   Que pensez-vous du PACS ? Y a-t-il une législation comparable dans votre pays ?
   Quel est le rôle de la famille dans votre pays ?

> **Exprimer son opinion 2**
>
> | D'après moi, … | J'estime que… | Je me range à votre opinion. |
> | Selon moi, … | Je suis d'avis que… | Permettez-moi de vous contredire. |

e Pour ou contre ?
   La moitié du groupe cherche les avantages de la vie en solo, l'autre moitié en cherche les inconvénients. Les deux équipes mettent ensuite leurs résultats en commun.

3 Les événements et étapes dans une vie

a Remettez ces expressions dans un ordre chronologique et essayez de les mémoriser.

la retraite

le premier amour

les fiançailles

l'enfance

la vie adulte

l'entrée à la « grande école »

le premier enfant

la promotion professionnelle

le mariage

le premier emploi

la naissance

la mort

l'adolescence

le baptême

l'enterrement

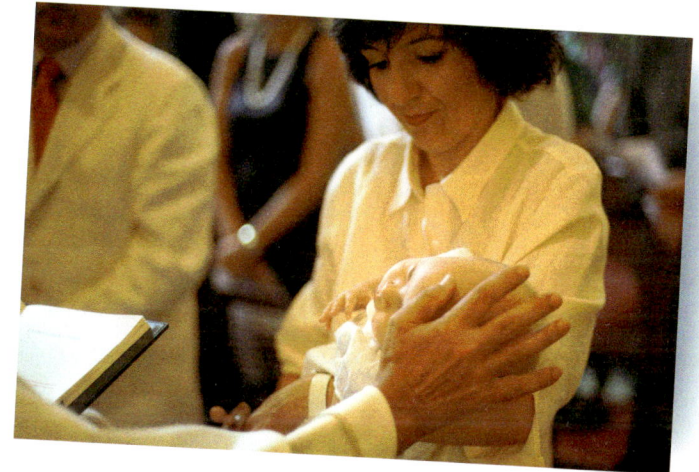

 b Refermez votre livre et écoutez
attentivement l'enregistrement.
Après chaque définition,
notez le mot correspondant.

④ Papa poule

6 a Ecoutez l'interview et cochez la réponse correcte.

		Vrai	Faux
1	Yves n'a pas choisi de s'occuper de son fils.	☐	☐
2	Yves est au courant de l'actualité.	☐	☐
3	Yves ne voulait pas d'enfant.	☐	☐
4	Yves se sent bien dans son rôle de papa poule.	☐	☐
5	Yves va reprendre son travail bientôt.	☐	☐
6	Yves a un nouveau contrat de travail.	☐	☐

b Quelle est la profession d'Yves ? Y a-t-il une relation entre sa profession et le fait qu'il élève son fils ?
Pourquoi est-ce que c'est presque toujours les femmes qui élèvent les enfants ?
Connaissez-vous un père au foyer ? Pensez-vous que le retour à la vie active se fera sans problèmes ?

Repère grammatical : événements passés (imparfait et passé composé)

Observez et répondez aux questions.

« Au départ, nous ne **voulions** pas forcément avoir des enfants. »
« Pendant ces deux dernières années, je me **suis tenu** au courant, j'**ai lu** et j'**ai écouté** la radio. »
«Vous **avez réalisé** ce que beaucoup **croyaient** impossible il y a 20 ans. »

Comment forme-t-on l'imparfait ? Conjuguez *vouloir* et *croire* à toutes les personnes de l'imparfait.

Pour vérifier vos réponses et en savoir plus sur la formation de l'imparfait, allez pages 185–186.

Quand doit-on employer l'imparfait ?
Quand doit-on employer le passé composé ?

Pour vérifier vos réponses et en savoir plus sur l'emploi des temps du passé, allez pages 185–186.

---

c A vous !

Complétez les phrases suivantes en utilisant selon les cas l'imparfait ou le passé composé.

1 M. Héraud _____ (prendre) sa retraite en juillet 2005. Il _____ (travailler) au ministère de la Recherche depuis 25 ans. Son dernier jour de travail, il _____ (faire) un pot d'adieu au bureau. Personne ne _____ (vouloir) croire qu'il _____ (avoir) déjà 65 ans.

2 Quand leur premier enfant _____ (naître), Claudine et Jean _____ (ne pas savoir) comment l'appeler. Ils _____ (ne pas arriver) à se décider entre Marie et Sabine. C'est le prêtre qui _____ (les mettre) d'accord : il _____ (baptiser) l'enfant Marie-Sabine.

5 Situer dans le temps

Trouvez l'expression de temps qui convient et donnez la phrase complète. Justifiez votre choix.

1 Plusieurs générations vivaient dans une même maison.

☐ ce soir ☐ hier ☐ dans les années 1930

2 Agnès a demandé des renseignements à la mairie.

☐ chaque jour ☐ autrefois ☐ avant-hier

3 Nous nous sommes promenées dans le jardin ; les arbres sont en fleurs.

☐ aujourd'hui ☐ chaque année ☐ à Pâques

4 Marie a divorcé de Jean ; elle cherche un nouvel appartement à Toulouse.

☐ autrefois ☐ le mois dernier ☐ chaque année

5 Notre père aimait beaucoup faire du vélo.

☐ dans sa jeunesse ☐ hier ☐ la semaine dernière

Leçon

3

 6 Laver son linge sale en famille

Faites correspondre les expressions et proverbes suivants à leur explication.

1 laver son linge sale en famille	a Se dit de membres d'une famille qui sont solidaires entre eux.
2 avoir un air de famille	b régler ses problèmes en privé, sans intermédiaire ni témoin
3 avoir l'esprit de famille	c Le caractère d'une personne s'explique par son hérédité.
4 un fils à papa	d se ressembler
5 Tel père, tel fils.	e enfant ou jeune homme qui ne réussit que grâce à la fortune ou à la situation de son père

7 Tel père, tels enfants ?

Formez trois groupes. Chaque groupe reconstitue la biographie d'une de ces célébrités du cinéma français à partir des éléments donnés et en utilisant les temps qui conviennent. Chaque groupe présente ensuite son personnage aux autres participants.

Gérard :

naissance le 27 décembre 1948

petit délinquant (dans son enfance)

quitte l'école (à l'âge de 13 ans)

en 1970, mariage avec Elisabeth, deux
    enfants (Guillaume et Julie)

séparé quelque temps plus tard

devient acteur et vigneron

en 1974, premier rôle dans *Les Valseuses*

en 1980, premier César, pour son rôle dans
    Le Dernier Métro

en 1990, tournage aux Etats-Unis de *1492*

en 1990, César et nomination aux Oscars
    pour son rôle dans *Cyrano de Bergerac*

en 1995, tournage de *Colonel Chabert*, avec
    sa fille Julie

en 2002, tournage de *Aime ton père*, avec son
    fils Guillaume

en 2003, tournage de *Bon Voyage*

Guillaume :

naissance le 7 avril 1971

séparé, un enfant (Louise)

à l'âge de 3 ans, figurant dans
    Pas si méchant que ça

en 1990, figurant dans *Cyrano de Bergerac*

en 1995, grave accident de moto ; il subit
    17 opérations chirurgicales

en 2002, rôle dans *Aime ton père*, avec son
    propre père

en 2003, il doit être amputé de la jambe

en 2004, publication du livre *Tout donner*,
    sorte de confession psychanalytique

Julie :

naissance le 18 juin 1973

veut être fleuriste (après ses études de
    philosophie)

en 1991, débuts dans un téléfilm,
    La Passion du docteur Bergh

en 1995, rôle dans *Colonel Chabert*, avec
    son propre père

en 1998, premier grand rôle dans
    L'Examen de minuit

en 1998, enregistre le duo *Adieu Camille*
    avec le chanteur Marc Lavoine

en 2004, César de la meilleure actrice
    pour un second rôle dans *La Petite Lili*

(8) *Tanguy* d'Etienne Chatiliez

a   Qui sont les personnages représentés sur cette affiche ? Quel est le sujet de ce film ?

b   A deux, imaginez l'histoire de ce film et écrivez un bref résumé du scénario.

_____

_____

_____

_____

_____

_____

_____

_____

_____

Leçon

3

c   Lisez le texte suivant pour vérifier vos hypothèses.

« Tu es tellement mignon... Si tu veux, tu pourras rester à la maison toute ta vie... » Penchés sur Tanguy, Paul et Edith Guetz n'imaginaient pas que cette déclaration d'amour à leur enfant se confirmerait.

28 ans plus tard, Tanguy est toujours là.

Brillant (il a fait une grande école, des études de philosophie et de chinois), charmant (tout le monde l'adore), séduisant (ses parents ne comptent plus les conquêtes féminines qu'il ramène à la maison), Tanguy vit toujours chez ses parents et s'y trouve parfaitement bien. Tout ne semble qu'harmonie chez les Guetz. En apparence tout au moins...

Car en fait, Edith ne supporte plus Tanguy. Elle s'en veut d'avoir des sentiments de haine à l'égard de son propre enfant. Heureusement, après sa thèse de chinois, Tanguy partira s'installer à Pékin. Alors, Edith compte les jours...

Mais le jour où Tanguy annonce qu'il va prendre un an de plus pour rédiger sa thèse, Edith craque. Elle en parle à son mari qui est très surpris. Non, elle n'est pas heureuse ! Oui, c'est vrai qu'autrefois elle n'avait qu'une peur, c'était que Tanguy parte. Aujourd'hui, c'est qu'il reste, pour toujours !

Paul et Edith décident alors de dégoûter Tanguy : « S'il n'est plus bien à la maison, il partira de lui-même. »

d Quels sont les sentiments des parents ? Quels sont les sentiments de Tanguy ?

 e Tanguy et ses parents se parlent enfin ouvertement.
A trois, imaginez un dialogue entre le fils et ses parents qui se terminera par un compromis.
Ensuite, jouez la scène devant le reste du groupe.

Exprimer...		
... son mécontentement :	... son étonnement :	... sa déception :
– Ça suffit ! – J'en ai assez !	– Ça alors !	– Quel dommage !
– C'est inacceptable !	– C'est incroyable !	

Leçon

3

f Avez-vous vu ce film ? Si oui, donnez vos impressions.
L'hôtel Maman, que pensez-vous de cette expression et de ce phénomène ?
Peut-on observer le même phénomène dans votre pays ?

Repère grammatical : événements passés (imparfait, passé composé et plus-que-parfait)

Lisez attentivement ce résumé.

Tanguy **vivait** heureux chez ses parents jusqu'au jour où ces parents modèles **ont décidé** de se débarrasser de leur fils. La veille, Tanguy leur **avait annoncé** sa décision de rester chez eux un an de plus. Cette nouvelle **a été** un véritable choc pour sa mère. Quand Tanguy **était** enfant, elle **avait** peur qu'il parte, mais aujourd'hui elle souhaite son départ.

a *avait annoncé* est une forme de plus-que-parfait. Quelle règle de formation de ce temps en déduisez-vous ?

b Relevez les verbes conjugués de ce texte et placez-les sur l'axe du temps. Quelles sont les expressions significatives ?

Présent

c Comment se situe *avait annoncé* par rapport à *ont décidé* ? Quelle règle d'emploi en déduisez-vous pour le plus-que-parfait ?

Pour vérifier vos réponses et en savoir plus sur l'emploi des temps du passé, allez pages 185–187.

9 Vous m'aviez pourtant dit que...

Complétez les phrases suivantes en utilisant le temps du passé qui convient.

Une nuit, Tanguy _____ (faire) ses valises et _____ (partir).

La veille, il _____ (se disputer) avec ses parents, qui _____ (lui dire) des choses très désagréables et _____ (lui faire) beaucoup de reproches. Tanguy _____ (comprendre) que ses parents _____ (ne plus l'aimer) et il _____ (pleurer). Mais avant de partir, il _____ (laisser) une lettre sur la table de la cuisine. Dans cette lettre, il _____ (rappeler) à ses parents les promesses qu'ils lui _____ (faire).

10 La famille, ça s'éparpille

 a Ecoutez la chanson et replacez les lignes dans le texte.

C'était pas la ville d'Angoulême
La petite piaule du quatrième
Mais tout réfléchi tout pensé
_____

Deux p'tits mômes et deux grandes personnes
Une dizaine d'étés et d'automnes
_____

A Drancy derrière Pantin
_____

Quand la neige crissait sous les pas
_____

Chez les grands-parents du dimanche
Qu'avaient mis robe et chemise blanche
_____

Et ça sentait le chou farci
Ça sentait l'amour aussi
_____

Comme la soupe sur le réchaud
_____

La famille
Ça s'éparpille
Les jeunes s'en vont là où ça brille
Les vieux s'éteignent comme des brindilles
Pour un rien une peccadille
_____

Qui usent l'endroit et l'envers
_____

Et puis ça commence à tiédir
Et puis c'est tell'ment dur l'av'nir
La vie elle t'étouffe elle t'aspire
_____

On se revoit de temps en temps
On se voit de moins en moins souvent
_____

Verront jamais les nouveaux v'nus.

La famille
Ça s'éparpille
Les jeunes s'en vont là où ça brille
Les vieux s'éteignent comme des brindilles
Pour un rien une peccadille
_____

Qui usent l'endroit et l'envers
_____

Et pourquoi ça j'en sais rien
Tout c'que j'sais c'que j'me souviens
_____

Michel Jonasz : La famille (1978)

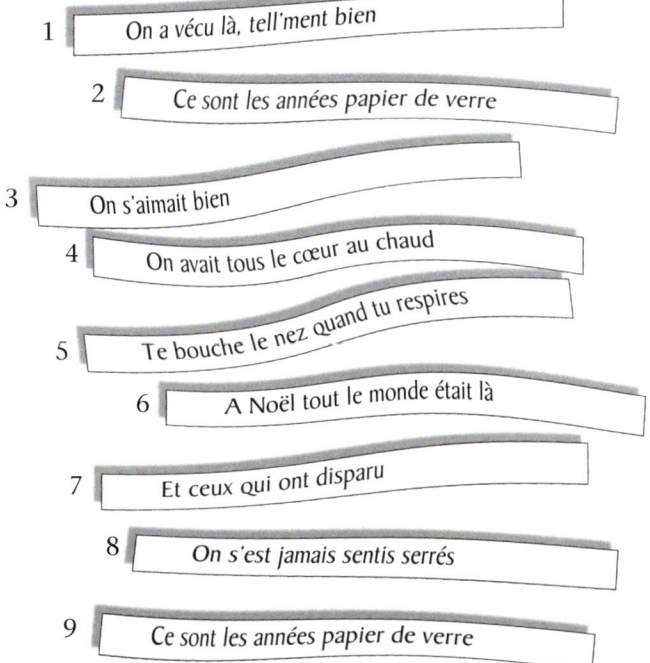

1 On a vécu là, tell'ment bien

2 Ce sont les années papier de verre

3 On s'aimait bien

4 On avait tous le cœur au chaud

5 Te bouche le nez quand tu respires

6 A Noël tout le monde était là

7 Et ceux qui ont disparu

8 On s'est jamais sentis serrés

9 Ce sont les années papier de verre

b Lisez le texte ainsi complété. Quel type de famille est décrit ici ?
Quels sont les sentiments du compositeur à l'égard de sa famille ?

c A deux, échangez des informations sur votre enfance.

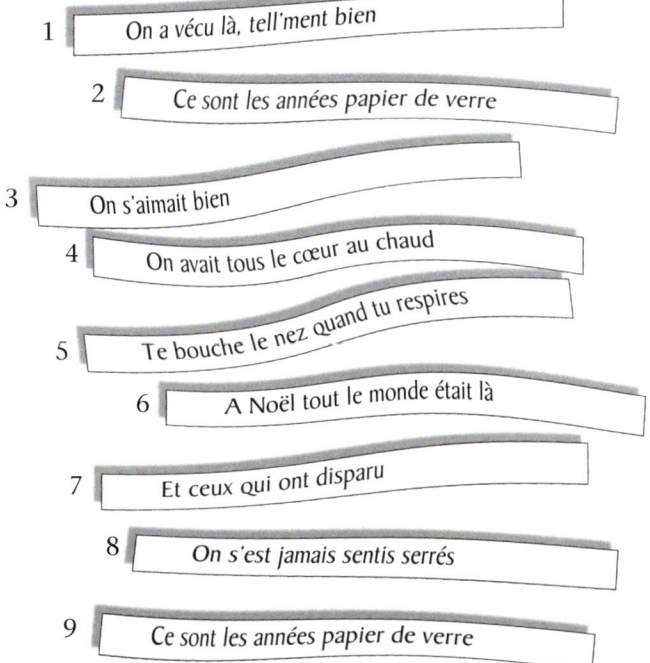

Leçon
3

Bilan 1

La reprise de contact avec une langue, achats et famille, des sujets familiers

Je peux à nouveau...	Objectif atteint	Point à travailler	Pour tester mes connaissances dans ce bilan	Pour réviser dans le livre
... me présenter (biographie, besoins et motivations).				L1 : 1, 7, 8
... présenter des projets.			1/2	L1 : 5 ; ex. 6
... définir un objet ou un concept.				L1 : 9 ; ex. 4
... comparer des personnes/des choses.			2/4	L2 : 9, 10 ; ex. 6–9
... comprendre les informations principales d'un document écrit.			3/3	L1 : 8, 9 L2 : 1 L3 : 2
... repérer des informations précises dans un document écrit.			3/2	L1 : 8
... comprendre les informations principales d'un document oral.				L1 : 2 ; ex. 8 L3 : 4
... repérer des expressions dans un document oral et les réutiliser.				L2 : 4
... reconstituer le déroulement chronologique d'une action et situer des actions dans le temps.			2/2, 3/1	L2 : 7 L3 : 4, 5, 9
... résumer un film/une histoire/une biographie.				L3 : 7, 8 ; ex. 4

J'ai revu comment...	Objectif atteint	Point à travailler	Pour tester mes connaissances dans ce bilan	Pour réviser dans le livre
... poser une question.			1/1	L1 : 1, 2 ; ex. 1, ex. 3, ex. 4
... conjuguer les verbes pronominaux.			1/1	L1 : 3 ; ex. 5
... former le futur.			1/2	L1 : 5 ; ex. 6, ex. 7
... employer l'article partitif.			2/2	L2 : 1, 2, 3 ; ex. 2, ex. 5
... former le passé composé.			2/2, 2/3	L2 : 5 ; ex. 3, ex. 4, ex. 5
... former le comparatif et le superlatif.			2/4	L2 : 9, 10 ; ex. 6, ex. 7, ex. 8, ex. 9
... former l'imparfait.				L3 : 4
... former le plus-que-parfait.				L3 : 8 ; ex. 7
... employer les temps du passé.			3/2, 3/3	L3 : 4, 5, 7, 9, 10 ; ex. 6, ex. 8

1/1   Rencontres

a   Complétez les phrases à l'aide d'un pronom réfléchi.

Il _____ promène. Elle _____ promène. Ils _____ rencontrent. Il _____ demande : « Nous _____ serrons la main ou nous _____ embrassons ? » Ils _____ serrent la main. Il lui demande : « Nous _____ installons là ? » Ils _____ assoient sur un banc et ils _____ parlent. Elle pense : « Je _____ demande comment il _____ appelle… » et lui demande : « Comment tu _____ appelles ? » Il lui propose : « On _____ revoit ? » Elle accepte et répond : « On _____ téléphone et nous _____ retrouvons demain, à 8 h 00. » Ils _____ font la bise, ils _____ quittent et ils _____ éloignent.

b   Observez la forme des questions posées et reposez les questions différemment.

Nous _____ serrons la main… ?   → _____ ?

→ _____ ?

1/2   Projets d'avenir

a   Lisez le texte, soulignez les verbes au futur et notez leur infinitif.

> Mais qu'est-ce qu'il y a ? Il ne faut pas déprimer car ton avenir sera rose. Tu es jeune, tu es belle et tu rencontreras beaucoup de gens. Il y aura des fêtes gigantesques et tu t'amuseras comme une folle. D'accord, tu devras travailler, mais tu feras de beaux voyages. Tu auras des amants, un jour un mari et peut-être des enfants. Ensemble, vous passerez des moments de bonheur inoubliables et tu seras heureuse. Enfin, si tout va bien…

_____   _____   _____

_____   _____   _____

_____   _____   _____

b   Que vous disaient vos parents quand vous étiez enfant ? Faites cinq phrases selon le modèle :

Quand tu seras grand, tu conduiras la voiture de Papa.

2/1   Qu'entendez-vous ?

[8] Dans quelles phrases entendez-vous un verbe au passé composé ? Cochez les réponses correctes.

1 ☐	4 ☐	7 ☐	10 ☐
2 ☐	5 ☐	8 ☐	11 ☐
3 ☐	6 ☐	9 ☐	12 ☐

2/2   Une matinée de courses pour Philippe et Marie

Reconstituez leur journée à partir des éléments fournis dans chacune des listes suivantes :

A   puis – ensuite – pour finir – après – ~~d'abord~~ – puis
B   commander – ~~aller chercher~~ – essayer – acheter – trouver – prendre
C   ~~boutons~~ – une paire de sandales en caoutchouc – crème solaire – 5 boîtes de petits pois – 1 kilo de viande – fraises
D   marchand de chaussures – marché – pharmacie – boucher – ~~mercerie~~ – supermarché

Hier matin, ils sont d'abord allés chercher des boutons à la mercerie.

2/3 **Pour la première fois**

a Complétez ces phrases au passé composé. Faites les élisions et les accords nécessaires.

1 Après Noël, je _____ fait_____ pour la première fois un régime. Je ne _____ rien mangé_____ pendant une semaine et je _____ perdu_____ 3 kilos.

2 En 1998, je _____ allé_____ à Paris pour la première fois. A Montmartre, je _____ monté_____ tous les escaliers jusqu'à la place du Tertre.

3 A l'âge de 16 ans, tu _____ rentré_____ après minuit à la maison ? Je suppose que tes parents se _____ beaucoup inquiété_____ .

4 A l'âge de 15 ans, ma copine et moi, nous nous _____ maquillé_____ pour la première fois. Nous nous _____ mis_____ beaucoup trop de rouge.

5 C'est vrai que vous _____ fait_____ votre première nuit blanche la semaine dernière ? Oui, et le lendemain je me _____ endormi_____ au travail.

b Quand avez-vous fait certaines choses pour la première fois ? Donnez trois exemples.

2/4 **Comparez**

Le temps en août et en janvier → *En août, il fait meilleur temps qu'en janvier.*

1 La durée d'un week-end et celle d'une semaine : _____
_____

2 Les prix en temps normal et ceux en période de soldes : _____
_____

3 Le choix d'articles dans les boutiques de quartier et dans les grands magasins : _____
_____

4 Un maillot une pièce et un bikini : _____

5 Une traductrice électronique et un traducteur : _____
_____

6 Votre humeur le vendredi soir et le lundi matin : _____
_____

3/1 **Bonnes résolutions**

Complétez les phrases à l'aide des expressions suivantes :
chaque jour | l'an dernier | demain | au cours des 12 derniers mois
trois fois par semaine | ce soir | tous les ans | la semaine dernière

1 _____ , Julien a décidé de se mettre au régime, parce qu'il avait des problèmes de santé. Le médecin de son entreprise lui répétait _____ , à la visite médicale annuelle, qu'il devait se surveiller.

2 _____ , il a été très raisonnable : _____ , il a fait attention à son alimentation et il a pratiqué une activité sportive _____

3 _____ , lors de la visite médicale annuelle, le médecin l'a félicité : il a perdu 20 kilos.

4 _____ , il se récompensera : il fera un bon repas au restaurant.

5 Mais, _____ il devra reprendre les bonnes habitudes.

3/2 **Imparfait, passé composé ou plus-que-parfait ?**

a Complétez en mettant les verbes à l'infinitif au temps qui convient.

En août dernier, Malena _____ (faire) un tour dans les grands magasins à Paris. Ce _____ (être) la période des soldes. Aux Galeries Lafayette, elle _____ (s'arrêter) au rayon des maillots de bain et _____ (examiner) tous les modèles, des maillots une pièce aux bikinis. Comme elle _____ (ne pas arriver) à se décider, elle _____ (emporter) dans la cabine plusieurs articles. Elle _____ (ne pas savoir) que les tailles françaises étaient différentes des tailles allemandes ou autrichiennes. Ce qu'elle _____ (prendre) en taille 36 _____ (être) bien trop petit. Il lui _____ (falloir) en fait un 38 français ou belge. Elle _____ (appeler) la responsable des cabines, qui _____ (lui apporter) 15 maillots différents ! Malena _____ (hésiter) cinq minutes et _____ (se décider) pour les trois maillots qu'elle _____ (choisir) au départ, mais dans la bonne taille !

b Cochez la réponse correcte.

	Vrai	Faux
1 Malena a fait des courses dans une galerie commerciale.	☐	☐
2 Elle s'est tout de suite décidée pour un bikini.	☐	☐
3 Les tailles des vêtements ne sont pas les mêmes dans l'ensemble de l'Union européenne.	☐	☐
4 Elle a rapporté 15 maillots de bain à la maison.	☐	☐

3/3 **Comme au cinéma**

a Lisez cette synopsis. De quel film, parmi ceux interprétés par Gérard Depardieu, s'agit-il :
Les Valseuses – Green Card – 1492 – Mon père, ce héros – Cyrano de Bergerac ?

Georges Fauré est serveur dans un bistrot new-yorkais. En situation illégale, il lui faut un permis de travail. Brontë est américaine. Elle rêve depuis toujours d'avoir un appartement avec serre intérieure. Anton, une relation commune, leur organise un mariage blanc. Georges pour le permis de travail. Brontë pour l'appartement que seul un couple marié peut louer. Ils sont obligés de vivre ensemble pendant 48 heures afin de prouver aux autorités que leur mariage n'est pas factice. Visiblement tout les sépare ! Et pourtant, ils sont faits pour s'entendre...

b Réécrivez-le texte en utilisant les temps du passé et terminez l'histoire.

Après avoir fait ce test, voici quelques questions à vous poser, puis à voir avec votre enseignant.

Contenus
- Quelles compétences sont maîtrisées ? Lesquelles dois-je encore exercer ?
- Quels points de grammaire sont maîtrisés ? Lesquels dois-je approfondir ?
- Interculturel : quelles ont été pour moi les trois informations les plus importantes ?
  Qu'est-ce que j'aimerais savoir d'autre sur les thèmes abordés dans les leçons ?

Méthodes de travail
- Stratégies : lesquelles ai-je utilisées ? Lesquelles m'ont été utiles ?
- Méthodes de travail : qu'est-ce qui est bon dans ma méthode de travail ?
  Qu'est-ce que j'ai changé ? Qu'est-ce que je peux encore changer ?
- Travail personnel : qu'est-ce que j'ai fait en plus ?

TIPP

Pour aller plus loin, je peux encore...
... chercher sur Internet, ou par un autre moyen, un correspondant francophone.
... prendre l'habitude d'écrire ma liste de courses de la semaine en français.
... raconter par écrit un souvenir d'enfance très important pour moi.

Vous avez choisi ?

 Au restaurant

 a Lisez et indiquez l'ordre logique. Vérifiez vos réponses à l'aide de l'enregistrement.

☐ Ah ! Vous attendez encore quelqu'un, alors, prenez la première, elle est un peu plus grande.

☐ Bonsoir, messieurs dames… Pour quatre personnes, attendez, il me reste encore deux tables, celle-ci, en face ou celle-là au fond.

☐ Voici la carte. Qu'est-ce que je vous sers comme apéritif ? Un ratafia ? C'est une spécialité de la région, du jus de raisin avec du marc de champagne.

☐ Je vous propose un châteauneuf-du-pape. Vous verrez, il va très bien avec la viande.

☐ Voici les quatre ratafias. Vous avez choisi ?

b Comment réagir au restaurant ? Connaissez-vous d'autres expressions importantes (par exemple pour demander l'addition) ? Faites-en une liste.

2 **Au menu**

a Complétez le menu à l'aide des plats suivants.

1 Salade de crevettes
2 Confit de canard aux lentilles vertes du Puy
3 La variation autour de l'escargot
4 Cœur des amoureux glacé au chocolat blanc
5 Filet de sandre aux champignons, épinards et pâtes
6 Filet de bœuf à la moelle et aux échalotes confites
7 Fromages affinés de la région
8 Crème brûlée maison
9 Le consommé de queue de bœuf et ses raviolis
10 Suprêmes de poularde
11 Fromage blanc à la crème
12 Saumon gratiné et risotto au poireau

 b Travaillez en petits groupes. Connaissez-vous d'autres spécialités françaises ? Ajoutez-les au menu.

 c A vous ! A deux, jouez la scène entre le serveur et un client. Regardez le menu complété puis passez une commande, sans oublier les formules de politesse.

Entrées

Poissons

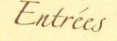 *Viandes et Volailles*

Fromages

Desserts

3 Un est-il toujours égal à 1 ?

a Lisez le texte et répondez ensuite aux questions : quelle est l'argumentation du client ?
Quelle est son intention ?

L'addition

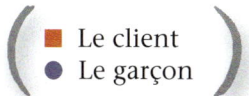
■ Le client
● Le garçon

■ Garçon, l'addition !

● Voilà. (Il sort son crayon et note.) Vous avez…
deux œufs durs, un veau, un petit pois, une asperge,
un fromage avec beurre, une amande verte, un café
filtre, un téléphone.

■ Et puis des cigarettes !

● (Il commence à compter). C'est ça même… des
cigarettes… Alors ça fait…

■ N'insistez pas, mon ami, c'est inutile, vous ne
réussirez jamais.

● !!!

■ On ne vous a donc pas appris à l'école que c'est ma-thé-ma-ti-que-ment
impossible d'additionner des choses d'espèce différente !

● !!!

■ (élevant la voix). Enfin, tout de même, de qui se moque-t-on ?… Il faut
réellement être insensé pour oser essayer de tenter « d'additionner » un
veau avec des cigarettes, des cigarettes avec un café filtre, un café filtre avec
une amande verte et des œufs durs avec des petits pois, des petits pois avec
un téléphone… Pourquoi pas un petit pois avec un grand officier de la
Légion d'Honneur, pendant que vous y êtes. (Il se lève.) Non, mon ami,
croyez-moi, n'insistez pas, ne vous fatiguez pas, ça ne donnerait rien, vous
entendez, rien, absolument rien… pas même un pourboire ! (Et il sort en
emportant le rond de serviette à titre gracieux.)

Jacques Prévert, *Histoires*, Editions GALLIMARD

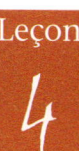
Leçon
4

b Discutez ! Comment paie-t-on l'addition en France et dans votre pays ?
Faut-il laisser un pourboire ?

Repère grammatical : la place de l'adjectif épithète

Soulignez dans le texte a les adjectifs et retrouvez les règles sur la place des adjectifs.
Pour vérifier vos réponses, allez pages 187–188.

Observez et complétez.

un **bon** repas	un **bon** repas **copieux**	
une _____ tarte	une _____ tarte _____	(grand, breton)
de _____ fraises	de _____ fraises _____	(beau, rouge)
de _____ cafés	de _____ cafés _____	(très sucré, petit)

4

Foire aux adjectifs

Qualifiez les substantifs de la liste 1 en utilisant les adjectifs de la liste 2. Faites les accords et modifications nécessaires et, dans les cas où l'adjectif peut se placer aussi bien avant qu'après le substantif, justifiez votre choix. Plusieurs solutions sont possibles !

Leçon

4

Liste 1

1 un service

2 une tarte

3 du saucisson

4 des oranges

5 un café

6 une serveuse

7 de la salade

8 une cliente

Liste 2

a jeune

b artisanal

c frais

d sympathique

e rapide

f breton

g parisien

h vieux

i amer

j noir

k efficace

l espagnol

m vert

n trop sucré

o excellent

p bon

 5

Les tables de Québec

a   Pendant vos vacances à Québec, vous voulez sortir avec des amis qui aiment les cadres agréables et la cuisine française. Lisez les critiques d'un guide gastronomique. Quel restaurant choisissez-vous et pourquoi ?

A la Bastille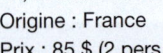
47, avenue Sainte-Geneviève, Québec
Origine : France
Prix : 85 $ (2 pers.)

Un accueil plus que courtois, un luxe discret et reposant, puis une carte des vins intelligente et très variée : voilà de quoi inciter à la rêverie les plus flegmatiques. Dès lors, le raffinement et la qualité de ce qui sort des cuisines semblent aller de soi. Les plats de la carte changent avec les saisons. Viandes et poissons sont accompagnés de sauces parfois audacieuses, mais toujours réussies. L'été, on préfère manger dehors, dans une profusion de verdure, sur l'une des plus belles terrasses de Québec.

La Rose des sables
24, boulevard René-Lévesque Ouest, Québec
Origine : Afrique
Prix : 40 $ (2 pers.)

Cet établissement prépare aussi bien des sous-marins (merguez, agneau, poulet, avocat, rosbif, etc.) que des spécialités algériennes - merguez, couscous, foie et cœur d'agneau grillés. Dans la première salle à manger, des couscoussiers brillent au-dessus d'une haute étagère garnie de denrées diverses - pois chiches, huile d'olive, etc. Dans la seconde, des tableaux et des assiettes décorent les murs. Quoique poli, l'accueil a quelque chose d'un peu froid (…).

Guido le gourmet
73, rue Sainte-Anne, Québec
Origine : France
Prix : 125 $ (2 pers.)

Peu de restaurants ont su, comme Guido le gourmet, se hisser au niveau des meilleurs dès leur ouverture... et s'y maintenir au fil des ans. Dans la région, c'est d'ailleurs le seul établissement de ce niveau dont le chef soit une femme. Une bienfaisante harmonie règne ici entre le décor, d'un luxe raffiné, le service, aussi courtois que professionnel, et la cuisine authentiquement française de Leïla Brière, qui conjugue élégance et rigueur au point d'élever la gourmandise au rang de vertu.

b Connaissez-vous de bons restaurants dans votre région ? Ecrivez un mél pour recommander un restaurant de votre choix à des amis francophones. N'oubliez pas de mentionner le cadre, la cuisine et le service.

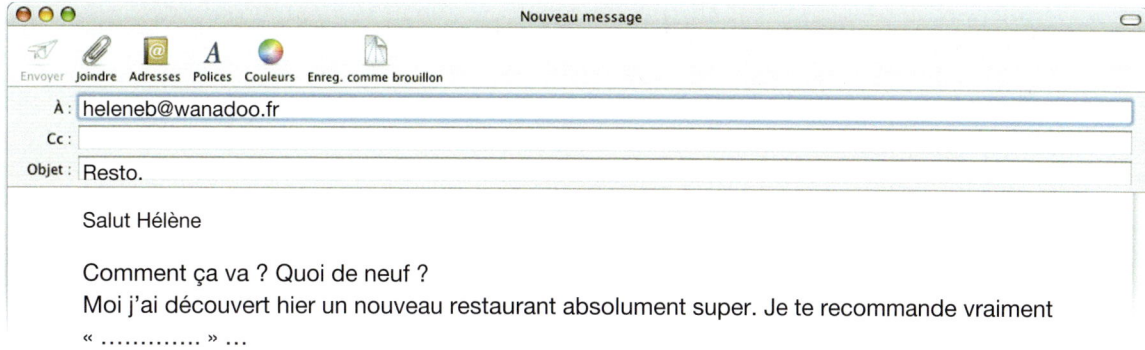

> **Nouveau message**
>
> Envoyer Joindre Adresses Polices Couleurs Enreg. comme brouillon
>
> À : heleneb@wanadoo.fr
> Cc :
> Objet : Resto.
>
> Salut Hélène
>
> Comment ça va ? Quoi de neuf ?
> Moi j'ai découvert hier un nouveau restaurant absolument super. Je te recommande vraiment
> « …………. » …

 6 « Pas une seule fois il ne s'est excusé ! »

 10 Ecoutez cet appel téléphonique puis répondez aux questions :

a Combien de personnes parlent ?
b Où est situé précisément le restaurant *L'Océanic*, à Camaret-sur-Mer ?
c De quoi M. Rémy se plaint-il ?
d Que dit-il de la mousseline à la fin de son appel ?

> **Repère grammatical : les pronoms personnels compléments**
>
> Observez :
>
> « Ma femme a trouvé dans sa mousseline de petits pois un morceau de verre [...].
> Je **l'**ai ici devant moi. On **l'**a emporté comme preuve. »
>
> « J'ai demandé au cuisinier pourquoi nous avions eu droit à un tel traitement [...].
> Je **lui** ai donc demandé pourquoi personne ne nous avait fait des excuses. »
>
> Dans ces exemples, que remplace **l'** ? Que remplace **lui** ? Quelle différence faites-vous entre ces deux types de pronoms ? Pouvez-vous, à deux ou avec votre groupe, retrouver toutes les formes des pronoms personnels compléments ? Pour vérifier vos réponses, allez pages 188–189.

 7 Jeu des pronoms

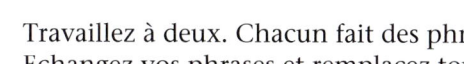

Travaillez à deux. Chacun fait des phrases complètes avec les verbes de la liste ci-dessous. Echangez vos phrases et remplacez tous les compléments par des pronoms. Corrigez vos phrases ensemble. Si vous avez des questions, adressez-vous à votre professeur.

La patronne sert la mousseline à ma femme. La patronne la lui sert.

1 demander : _____
2 donner : _____
3 écrire : _____
4 expliquer : _____
5 présenter : _____
6 montrer : _____
7 offrir : _____
8 proposer : _____

8 Je ne veux pas réclamer, mais…

Vous mangez avec votre famille dans un restaurant français. Mais, malheureusement, votre repas est marqué par une suite de pannes. Comment réagir dans ces situations ? Formulez pour chaque situation une demande en utilisant si possible les débuts de phrases proposés.

> **Exprimer une demande**
>
> Veuillez… ▮ Est-ce possible de… ?
>
> Pourriez-vous… ? ▮ Auriez-vous la gentillesse de… ? ▮ Je vous prie de…
>
> Je voudrais… ▮ Puis-je… ?
>
> S'il vous plaît, … ▮ Excusez-moi, … ▮ Pardon, … ▮ Vous avez du… ?

1 Il y a des courants d'air.
2 Le champagne n'est pas froid.
3 Il manque une fourchette.
4 Le pain n'est pas d'aujourd'hui.
5 La vinaigrette est trop forte.
6 Le vin a un goût de bouchon.
7 La viande n'est pas cuite comme il faut.
8 Une serviette n'est pas propre.
9 Sur le plateau de fromage, il n'y a que deux variétés différentes.
10 Il y a une erreur dans l'addition.

9 Mettre les pieds dans le plat

Faites correspondre les expressions suivantes à leur explication.

1 ne pas avoir inventé le fil à couper le beurre
2 mettre les pieds dans le plat
3 arriver comme un cheveu sur la soupe
4 mettre son grain de sel
5 traiter aux petits oignons

a manquer de tact
b se mêler de ce qui ne nous regarde pas
c ne pas être très intelligent
d entourer de beaucoup de soins
e arriver au mauvais moment

10 Les vins de France

Parler du vin est pour beaucoup de Français un grand plaisir et un sujet de conversation favori pendant les repas en famille, avec des collègues ou entre amis.

a Prenez une feuille de papier, écrivez au milieu le mot *vin* et ajoutez tous les mots qui vous viennent à l'esprit. Comparez votre dessin avec celui de vos voisins. Faites cinq phrases en utilisant chaque fois au moins un mot de votre feuille.

b Connaissez-vous des vins français ? De quelle région proviennent-ils ? Travaillez à deux. L'un de vous complète la liste suivante, l'autre celle de la page 173. Posez-vous des questions.

Chablis (blanc) : _____

Gewurztraminer (blanc) : _____

Muscadet (blanc) : *Pays de Loire* _____

Margaux (rouge) : *Aquitaine* _____

Riesling (blanc) : *Alsace* _____

Sancerre (blanc ou rosé) : *Pays de Loire* _____

Châteauneuf-du-pape (rouge) : *Rhône-Alpes* ____

Moulin-à-vent (rouge) : _____

Champagne (blanc ou rosé) : _____

Sauternes (blanc) : _____

c Situez les appellations sur la carte de France.

Lille

CHAMPAGNE-ARDENNE

Seine

Paris

ALSACE

PAYS DE LOIRE

Loire

BOURGOGNE

Nantes

Lyon

RHÔNE-ALPES

Bordeaux

AQUITAINE

Garonne

Toulouse

LANGUEDOC ROUSSILLON

PROVENCE-ALPES-CÔTE-D'AZUR

Marseille

Rhône

Savez-vous lire une étiquette ? Lisez le texte et cherchez où se trouvent sur l'étiquette les informations suivantes. Ecrivez les numéros des informations dans les cases.

Leçon

4

Mentions obligatoires

1 Zone de production et appellation

Il y a par ordre de qualité :
– A.O.C. (Appellation d'Origine Contrôlée)
– A.O.V.D.Q.S (Appellation d'Origine Vin Délimité de Qualité Supérieure)
– V.D.P (Vin de Pays)
– V.D.T (Vin de Table). Cette appellation doit être répétée s'il est fait mention d'un nom de cru, de marque ou de cépage.

2 Teneur en alcool.

3 Le nom de l'embouteilleur et de sa firme, ainsi que l'adresse de son principal siège.
On préfère en général les vins mis en bouteille à la propriété, au domaine ou au château.

4 L'indication du pays d'origine (Produit de France, Product of France, Produce of France) dès que le vin est expédié hors de France.

5 Volume du vin contenu dans la bouteille.
Il peut être suivi du symbole *e* qui signifie que les contrôles nécessaires ont été effectués à l'embouteillage pour garantir ce volume.

Mentions facultatives

6 Représentation exacte ou stylisée du château, du domaine, de la marque ou du logo concerné.

7 Nom du château, du cru, du domaine ou de la marque.

Le millésime : le vin doit provenir intégralement de l'année de récolte.

La mention *Grand vin* seule est interdite. Elle doit être suivie de la catégorie d'appellation.

Couleur et type du vin.

12 L'Art de déguster

Lisez le poème et décrivez les principales étapes d'une dégustation.

Attention à la langue poétique : dans les vers 13, 15, 19, 21 et 29 le sujet *tu* n'est pas écrit.

Quand du bon vin tu dégusteras
Pour le faire sérieusement
Le pied du verre tu tiendras
Comme il sied convenablement

5 La robe tu observeras
Au travers d'un éclairement
Les tons, les teintes tu admireras
Et tous leurs étincellements

Au verre tu imprimeras
10 Un léger mouvement tournant
Et ainsi tu respireras
Les arômes agréablement

Alors le vin magnifieras
En le buvant joyeusement
15 Et l'amitié dispenseras
Autour de toi allègrement.

Le verre alors tu reposeras
Pour en parler évidemment.

Après, des lèvres aspireras
20 Quelques gouttes très doucement
Tes papilles humecteras
Ainsi dans un enchantement.

Avec la langue tu écraseras
Le nectar tout en le mâchant
25 Enfin… ce vin tu avaleras
A petits coups très calmement.

A mesure qu'il glissera
Vers ton estomac lentement
De sa chaleur t'enivreras
30 Alors voluptueusement.

Et ainsi où que tu seras
Devant un verre évidemment
Ambassadeur on te classera
Œnophile et buveur savant.

René Sauts

Leçon 4

Repère grammatical : la formation des adverbes

Soulignez tous les mots qui se terminent en *-ment*. Lesquels sont des substantifs, lesquels sont des adverbes ? Nommez les adjectifs qui sont à la base des adverbes. Pour vérifier vos réponses, allez à la page 190.

Observez et complétez.

naturelle**ment** : naturel, le
simple**ment** : simple
const**amment** : constant, e
prud**emment** : prudent, e
poli**ment** : poli, e

_____ : sensuel, le
_____ : facile
_____ : élégant, e
_____ : différent, e
_____ : joli, e

13 Le paradis gastronomique ?

Pensez aux repas dans votre pays et en France.
Travaillez en petits groupes et notez les différences les plus visibles (horaires, durée, apéritif, choix des plats, boissons). Comparez les listes.
Que diriez-vous de manger ensemble et de discuter des différences ? Mettez-vous d'accord sur un restaurant dans votre ville. Bon appétit !

Vacances à la carte

1 Le temps des vacances

Discutez à deux des questions suivantes puis présentez vos points communs au groupe.

1 Où et comment avez-vous passé vos dernières vacances ?
2 A quelle époque de l'année partez-vous en vacances ? Pourquoi ?
3 Avec qui passez-vous vos vacances d'habitude ?
4 Quels moyens de transport connaissez-vous ? Lequel préférez-vous ?

2 Infos routières un jour de grands départs

11 a Ecoutez le début de ces infos routières, un jour de grands départs. Notez les bouchons sur la carte et complétez le panneau.

CHAQUE ANNÉE, IL Y A PLUS
DE _ _ _ _ _ _ _ _ MORTS
SUR NOS ROUTES.

www.bison-fute.equipement.gouv.fr, 2004

12 b Ecoutez la suite de ces informations et répondez aux questions.

1 Que propose la Société des Autoroutes du Sud de la France contre la fatigue ?

_____

2 Sur quelle autoroute la vitesse sera-t-elle réglementée ? Comment la vitesse réglementaire est-elle indiquée ? Pourquoi limiter la vitesse ?

_____

> **Repère grammatical : les adjectifs indéfinis**
>
> Observez et complétez.
>
> quelques/plusieurs accidents – quelques/plusieurs étapes
> certains radars – certaines aires
> différents endroits – différentes démonstrations
> chaque jour – chaque année
>
> tous les jours   _____ la journée
> _____ les automobilistes   toutes les voitures
>
> Pour en savoir plus sur les adjectifs indéfinis, allez pages 191–192.

Leçon

5

3 Des bouchons sur la route

Complétez les phrases à l'aide des adjectifs indéfinis proposés. Faites éventuellement l'accord.

chaque **|** tous **|** plusieurs **|** certain **|** quelque

1 Il y a des bouchons sur _____ kilomètres sur l'autoroute A9.

2 _____ jour il y a _____ morts sur nos routes.

3 _____ les automobilistes intéressés pourront s'initier au kendo.

4 Sur _____ aires, les voyageurs peuvent découvrir et pratiquer gratuitement
_____ disciplines sportives.

5 Les voyageurs pensent que _____ les propositions sont très intéressantes.

6 _____ automobiliste reposé représente plus de sécurité sur nos routes.

4 Où dormir ?

a Quels types d'hébergement connaissez-vous ?

b Cochez ce qui est important pour vous, puis comparez
avec votre voisin/voisine
   • la localisation en centre-ville ☐
   • la propreté   ☐
   • la proximité de la nature   ☐
   • la taille des chambres   ☐

c Les Gîtes de France vous proposent des milliers de maisons et d'appartements de vacances, parfois même un véritable château.
Lisez la description des appartements de vacances au château d'Estrac, près de Biarritz, et discutez à deux : quels sont les avantages de la vie *au château* ?

Vacances au château près de Biarritz

Le village de Hastingues, qui date du Moyen Age (XIII⁰ siècle), est situé entre la Gascogne et le Pays basque et se trouve à proximité de la côte d'Argent de l'Atlantique (env. 1/2 h) et des villes sur le tracé du chemin de Saint-Jacques-de-Compostelle, mais assez loin pour échapper aux bains de foule.

Dans cette ambiance calme, vous trouverez notre Château d'Estrac, construit au XIX⁰ siècle. Du grand parc aux arbres majestueux, vous avez une vue splendide sur les eaux *des gaves réunis*, et par temps dégagé, vous ne pouvez pas rester indifférent à l'appel des Pyrénées du Sud.

Nous sommes équipés d'appartements individuels (de 40 à 100 m²) avec cuisine et salle de bain. Sont également à votre disposition la piscine (5x12m), la bibliothèque, le salon et le billard.

Prix par appartement : à partir de 358 € par semaine. Nous sommes à votre disposition pour répondre à toutes vos questions.
Château d'Estrac, 40300 Hastingues, Tél./Fax : 05 58 73 12 20, destrac@online.fr

 d Vous avez envie de passer une semaine de vacances au château d'Estrac.
En petits groupes, choisissez un appartement et justifiez votre choix. Est-ce que les prix vous paraissent raisonnables ?

Bordeaux	Béarn	Irouléguy	Chambre simple
100 m²	70 m²	40 m²	22 m²
un lit 200x160cm et deux lits 200x90cm	un lit 190x150cm et deux lits 200x90cm	deux lits 200x90cm	un lit 190x80cm
une cuisine et deux salles de bain	une cuisine et une salle de bain	une cuisine et une salle de bain	une salle de bain
666 € (589 €)	512 € (461 €)	410 € (358 €)	180 € (180 €)

Tarifs de location : prix à la semaine (entre parenthèses : prix hors saison). Haute saison du 05.07 au 30.08. Nettoyage en fin de séjour : 41 € par appartement. Chauffage selon besoins.

D'après www.destrac.online.fr

5 Les vacances au club

a Connaissez-vous des clubs de vacances ? Avez-vous déjà passé des vacances en club ?

b Lisez le texte et faites ensemble une liste des avantages présentés.

La formule club offre plusieurs avantages à ceux qui ne veulent pas perdre une seconde de leurs vacances : forfait à retirer à l'accueil du village, location des skis et inscription aux cours de ski sur place, local à skis donnant immédiatement sur les pistes... Pas de temps perdu à faire la queue, ou à aller d'un endroit à l'autre : une fois sur place, vous êtes prêt à faire immédiatement du ski.

c   A deux, cherchez d'autres avantages de la formule club en hiver puis imaginez les services proposés par la formule club en été.

 d   Discutez en groupes. Quels sont les avantages et les inconvénients des voyages en individuel et des voyages organisés ?

Parler des avantages et des inconvénients

J'aime, je préfère…	Je n'aime pas, je déteste vraiment…
Vous gagnez…/Vous profitez de…	On perd…
C'est mieux de…	C'est dangereux/fatigant.
C'est moins cher.	C'est trop cher.
C'est plus agréable/pratique…	Ce n'est pas pratique.
Les enfants adorent ça.	C'est triste.

6   Ce n'est pas la mer à boire

Faites correspondre les expressions suivantes à leur explication.

1 Ce n'est pas la mer à boire.
2 Cela nous fera des vacances !
3 prendre congé de quelqu'un
4 prendre le train en marche
5 En voiture !

a Montez dans le train ; le train va partir.
b faire ses adieux à quelqu'un avant de le quitter
c Ce n'est pas difficile, pas important.
d Nous serons enfin tranquilles !
e s'associer à une action déjà en cours

7   Une autre manière de passer ses vacances… Allô-Thalasso

a   Connaissez-vous la thalassothérapie ?
Si non, expliquez ce mot à l'aide de
la photo.
Avez-vous déjà passé vos vacances de
cette manière ?
Qu'est-ce que vous en pensez ?

b   Lisez le texte et répondez aux
questions suivantes :

• quelles sont les caractéristiques
d'une cure de thalassothérapie ?
• que propose Allô-Thalasso
Voyages ?

Plus de 80 centres de Thalassothérapie en France et dans le monde vous offrent des séjours thalasso. Parce que la remise en forme, la santé et l'esthétique marines ne sont pas des produits comme les autres, Allô-Thalasso Voyages vous apporte son expertise et un conseil personnalisé pour que vous puissiez choisir le séjour le mieux adapté à vos besoins.

c Le centre de Thalazur Cap Royan en Poitou-Charentes vous propose plusieurs formules. Lisez les textes et associez un des titres aux descriptions des formules.

1 Vous avez besoin de relaxation profonde et de prendre conscience de la réparation physique de votre corps. Il faut que vous maîtrisiez les résistances, les défenses et les blocages psychologiques responsables de votre état de fatigue et de stress. La thalassothérapie et la relaxation aquatique vous aident à récupérer physiquement et nerveusement. Avant que vous retourniez à la vie quotidienne, nous élaborerons ensemble un plan anti-stress.
4 soins par jour, entretien psychopédagogique, relaxation en piscine.

2 Le mal de dos est considéré comme le mal du siècle et rares sont les personnes qui n'ont jamais eu une sciatique ou un simple mal de dos. Durant ce séjour, nous organiserons une école du dos pour que vous découvriez les mauvaises postures et les gestes à éviter. Une gymnastique innovante, variée et rythmée vous apprendra à vous étirer et à vous renforcer musculairement afin que les tensions s'envolent.
5 soins par jour, 3 séances d'école du dos dans la semaine, 2 séances d'équilibration dans la semaine, 3 séances d'hydrojets dans la semaine.

3 Bien que nous sachions tous que les habitudes alimentaires sont la clé de la minceur, il est très difficile de les changer seul. Pour démarrer en douceur une perte de poids durable, il faut que vous appreniez à manger juste et équilibré. Notre diététicienne élaborera un bilan nutritionnel et un programme personnalisé pour que votre perte de poids soit définitive.
5 soins quotidiens dont soins individuels d'hydrothérapie, hydrojet, massage à sec, enveloppement d'algues.

D'après www.allo-thalasso.com

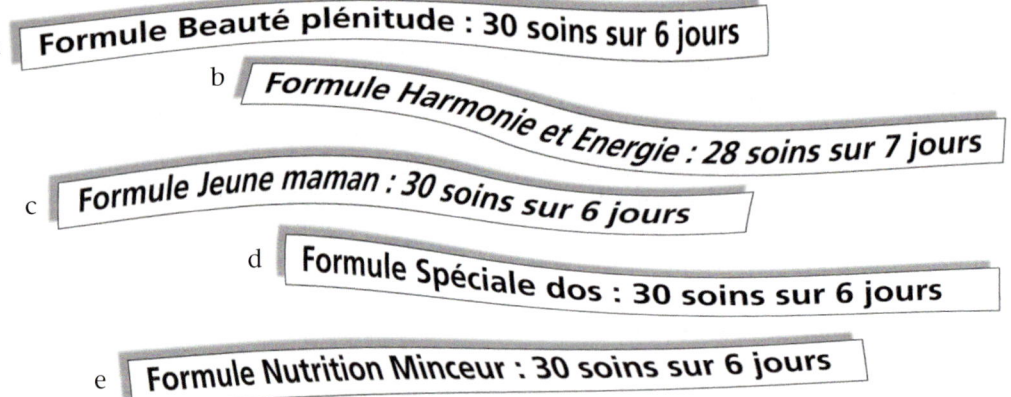

a Formule Beauté plénitude : 30 soins sur 6 jours

b Formule Harmonie et Energie : 28 soins sur 7 jours

c Formule Jeune maman : 30 soins sur 6 jours

d Formule Spéciale dos : 30 soins sur 6 jours

e Formule Nutrition Minceur : 30 soins sur 6 jours

d Vous avez gagné une semaine en centre de thalassothérapie à Royan. Discutez en groupes : quelle formule préférez-vous ? Pourquoi ?

e Ecrivez un mél, pour demander qu'on vous envoie un prospectus ou, si vous êtes déjà décidé, pour réserver une formule en centre de thalassothérapie.

Demander une information par écrit

Monsieur, Madame,
Pourriez-vous m'envoyer… ∎ Je vous prie de bien vouloir… ∎ Je voudrais… ∎
Je souhaiterais… ∎
J'aimerais savoir combien/quand/où/si…
Sincères salutations. ∎ Cordialement.

f Vous ne savez pas quelle formule choisir. A deux, préparez par écrit un appel
téléphonique, puis présentez-le au reste du groupe.

A présente son problème et demande des conseils.
Après avoir choisi une formule,
A pose aussi des questions sur les points suivants :
- disponibilités,
- prix de la chambre double en basse et en haute saison,
- supplément chambre individuelle,
- supplément pension complète, etc.

B répond à l'aide des informations page 173.

Leçon 5

Demander un renseignement à l'oral

Bonjour, excusez-moi de vous déranger…
Vous pourriez m'aider… ❙ Qu'est-ce que vous me conseillez de…
Est-ce que vous pourriez me dire… ❙ J'aimerais bien savoir combien/quand/où /si…
S'il vous plaît, dites-moi combien/quand/où/si…

Repère grammatical : formation du subjonctif et emplois simples (après des tournures impersonnelles et après certaines conjonctions)

Observez et complétez à l'aide des textes de l'activité **7c** si nécessaire.

Il faut que je sache…	Bien que nous _____ …
Pour que tu **puisses**…	Avant que vous _____ …
Bien qu'il **soit**…	Afin que les tensions _____ …

Pour en savoir plus sur le subjonctif, allez à la page 192.

 ## Contraintes des vacances

Mettez les verbes à la forme qui convient.

1 A Quimper, il faut absolument que nous (manger) _____ au restaurant près de la cathédrale Saint-Corentin.

2 Il est important que tu (être) _____ à l'aéroport deux heures avant le départ de l'avion.

3 Bien qu'il (faire) _____ très froid, nous partirons faire une randonnée à bicyclette cet après-midi.

4 Pour confirmer le billet, il est indispensable que nous (téléphoner) _____ à l'aéroport.

5 Il est nécessaire que vous (acheter) _____ un billet le plus vite possible.

6 Le médecin m'a conseillé de partir au moins trois semaines en vacances pour que je (reprendre) _____ des forces.

9 Avant de partir

a Discutez à deux de ce qu'il faut absolument faire avant de partir en vacances et faites ensemble une liste de cinq priorités.

- trouver quelqu'un pour s'occuper des animaux
- prendre la route reposé
- demander aux voisins de surveiller la maison
- ne pas laisser les objets de valeur en évidence
- installer des moyens de sécurité efficaces : une porte blindée, des volets métalliques
- demander à quelqu'un d'arroser les plantes
- ne pas mettre en marche le répondeur téléphonique
- demander aux voisins de ramasser le courrier
- faire suivre le journal
- ne pas oublier les médicaments (pilules contraceptives, Mercalm®)
- faire contrôler la voiture au garage

b Affichez votre liste au tableau et présentez-la au groupe en utilisant les expressions suivantes : *Il faut absolument qu'on.../Il est nécessaire qu'on.../Il est important qu'on...* Mettez-vous d'accord sur une liste commune à tout le groupe.

10 Découvrir la Guadeloupe en VTT des mers

a Lisez le texte et donnez une courte description de l'excursion au reste du groupe.

Aventure des Iles vous propose une excursion exceptionnelle à travers la mangrove et le lagon en VTT des mers, un support merveilleux pour faire de l'écotourisme.

La randonnée se fait dans le cadre du parc national de la Guadeloupe, accompagnée par Laurent, guide naturaliste passionné. Une balade très originale proposant une découverte de l'écosystème mangrove sous ses aspects faune, flore et paysages.

A la mi-journée, arrêt sur les plages désertes de la pointe de sable pour baignade et repas complet (du Ti Punch au café, grillades, jus de fruits frais...).

L'après midi, c'est la découverte d'un canal étonnant, dévasté par le cyclone Hugo.

La randonnée se fait sur des machines à pédales issues de la compétition nautique qui sont très nettement plus performantes que des engins de plage. Ainsi, la randonnée est réellement ouverte à tous – des enfants à partir de 2 ans aux personnes âgées.

Le rendez-vous est à 9 h 15 au port de Vieux-Bourg, retour vers 17 h 30. Le prix de base est de 60 € + 7 € pour le repas. Tarifs de groupes à partir de 4 personnes. Repas gratuit pour les enfants de moins de 8 ans.

Réservation obligatoire. Pour tout renseignement, téléphonez à Aventure des Iles au 05 90 85 02 73.

b   Associez les mots de la liste 1 aux définitions de la liste 2.

Liste 1

la mangrove
le lagon
le support
le Ti Punch
la randonnée
le VTT

Liste 2

vélo tout-terrain
moyen de transport, véhicule
formation végétale des côtes tropicales
promenade longue et sans pause
petit lac d'eau salée
cocktail à base de rhum blanc agricole 55°

 c   Est-ce qu'une excursion en VTT des mers vous tente ? Le prix vous semble-t-il raisonnable ?
Discutez en groupes : avez-vous envie de faire cette excursion ensemble ?

 d   A deux, faites une liste des activités possibles pendant les vacances. Décrivez une journée de
vacances idéale et présentez-la au groupe. Comparez vos journées : laquelle est la plus chère,
la plus relaxante, la plus sportive, laquelle propose le programme le plus varié… ?

(11)   Vacances en groupe

a   Lisez ces annonces. Où avez-vous envie de passer vos vacances ? Ecoutez les réponses des autres
participants et formez des groupes de 3 à 4 personnes en fonction de vos préférences.

**Escapade vélo au Pays
des Châteaux**

(5 jours/4 nuits)

345 € par personne en hôtel**

avec entrée dans les

châteaux de Blois,

Chambord et Cheverny ;

dégustation de vin ;

location de vélos.

Circuit Liberté au Maroc

Formule à la carte (choix de
l'hébergement, etc.)

A quelques heures de l'Europe,
le Maroc offre une grande variété
de paysages et de couleurs et
séduit les fascinés du désert, les
amoureux de la mer et du vent,
les skieurs et… les randonneurs.

 b   Préparez le voyage. Mettez-vous d'accord sur les dates, le moyen de transport, le type
d'hébergement, les activités sur place… Présentez votre voyage au reste du groupe.

Apprendre une vie entière

1 Hier et aujourd'hui

a Dès notre naissance, nous apprenons. Complétez ce schéma puis faites ensemble au tableau une liste de tout ce qu'on peut apprendre.

le français — J'ai appris — à nager

b Précisez maintenant où et comment vous avez appris.

J'ai appris à nager avec des amis pendant les vacances.
J'ai appris le français dans un cours de l'université populaire…

2 Le système éducatif en France

Formez deux groupes.

Groupe 1

a Lisez les informations et regardez le schéma page 174. Qu'est-ce qui caractérise le système éducatif français ?

Les grands principes

Depuis 1882, l'école publique est obligatoire et gratuite. Aujourd'hui en France, toute personne âgée de 6 à 16 ans doit être scolarisée, mais les plus jeunes entrent dès 2 ans à l'école maternelle. La vaste majorité des écoles sont sous le contrôle direct du ministère de l'Education. Il existe également des écoles privées, mais elles doivent se conformer aux directives et programmes officiels du ministère. L'école publique est laïque. Cela signifie que la manifestation des dogmes religieux n'est pas acceptée.

Leçon 6

b Comparez maintenant le système éducatif français avec celui de votre pays. Quelles sont les différences les plus importantes dans l'enseignement préscolaire et secondaire ? Prenez des notes.

Pour faire des comparaisons

Chez nous, les élèves… | Nous trouvons intéressant que…
La plus grande différence c'est que… | Ce qui m'étonne, c'est que…

c Présentez vos résultats à l'autre groupe.

Groupe 2

a Regardez le calendrier scolaire et lisez l'encadré.
Comment sont organisées les vacances et les journées d'école en France ?

• En France, on va à l'école 4 jours par semaine de 8 h 30 à 11 h 30 et de 13 h 30 à 16 h 30 et le samedi matin également ; le mercredi est libre.

• Au collège et au lycée, il peut y avoir cours du lundi au vendredi de 8 h 00 jusqu'à 17 h 00/18 h 00 et parfois le samedi matin.

b Répondez aux questions suivantes en prenant des notes.

1 Combien de semaines de vacances ont les écoliers ? Y a-t-il trop de vacances en France ?
2 Partout en France, les vacances d'été commencent le même jour ! Quelles sont les conséquences pour la vie quotidienne ? Faites une liste, pensez aussi à vos expériences personnelles.
3 Est-ce qu'il y a des différences entre cette organisation et celle dans votre pays ?

c Présentez vos résultats à l'autre groupe.

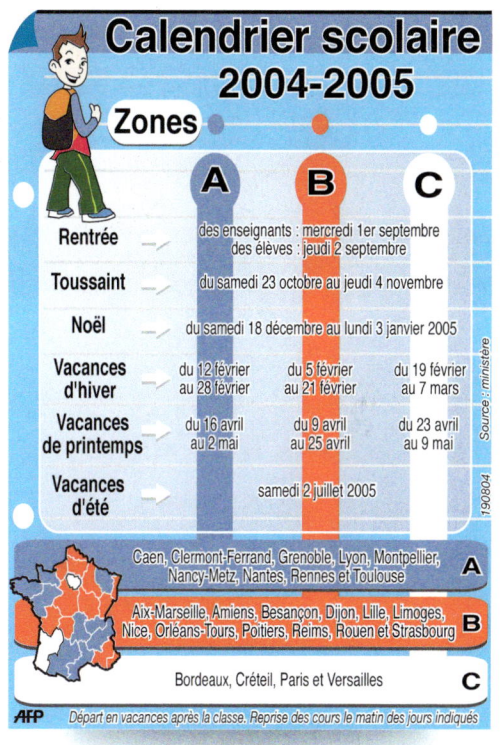

Leçon

6

© AFP, Agence France Presse

Un débat brûlant

a A deux, regardez les titres de quelques articles parus dans des journaux français.
Devinez ce que les journalistes voulaient dire avec ces phrases. Prenez des notes et présentez vos idées aux autres.

« La loi sur le voile pèse sur la rentrée scolaire. »
Les Echos, 27/08/04

« Le voile sème le trouble au bowling. »
Le Parisien, 19/07/04

« Un Land allemand interdit le voile. »
La Croix, 05/03/04

« La République dans un foulard »
Le Monde, 18/01/04

« Une association pro-voile donne des conseils aux jeunes filles. »
Le Figaro, 02/09/04

« Les voiles s'exhibent sur le pavé parisien. »
l'Humanité, 17/01/04

b Vous souvenez-vous de la discussion sur le port des symboles religieux ostensibles à l'école (grande croix chrétienne, foulard islamique, kippa juive) ? Lisez l'extrait d'un discours de Jacques Chirac, président de la République. Quelle est sa position ?

> « ... j'estime que le port de tenues ou de signes qui manifestent ostensiblement l'appartenance religieuse doit être proscrit dans les écoles, les collèges et les lycées publics. Les signes discrets, par exemple une croix, une étoile de David ou une main de Fatima, resteront naturellement possibles. »
>
> Discours de J. Chirac prononcé au palais de l'Elysée le 17 décembre 2003 [www.elysee.fr]

c Quel est votre avis sur la question ?

Souvenir de jeunesse

a A deux, lisez l'extrait du *Petit Nicolas* et cochez la réponse correcte.

	Vrai	Faux
1 La maîtresse demande à Agnan de réciter la fable.	☐	☐
2 Le père de Rufus est agent de police.	☐	☐
3 Rufus est très timide et commence à pleurer.	☐	☐
4 A la fin, Clotaire se bat avec Alceste.	☐	☐

On a eu l'inspecteur.

Situation : une école comme celles que l'on pouvait voir dans les années 1960 dans de petites villes ou des villages. On a annoncé la visite de l'inspecteur dans la classe de Nicolas. La maîtresse, très nerveuse, essaie de préparer ses élèves quand le directeur et l'inspecteur entrent.

[...] « Vous avez, je vois, quelques ennuis avec la discipline, a dit l'inspecteur à la maîtresse, il faut user d'un peu de psychologie élémentaire », et puis, il s'est tourné vers nous, avec un grand sourire et il a éloigné ses sourcils de ses yeux. « Mes enfants, je veux être votre ami. Il ne faut pas avoir peur de moi, je sais que vous aimez vous amuser, et moi aussi, j'aime bien rire. [...] – Nous étions en train d'étudier les fables, a dit la maîtresse, Le Corbeau et le Renard. – Parfait, parfait, a dit l'inspecteur, eh bien, continuez. » La maîtresse a fait semblant de chercher au hasard dans la classe, et puis, elle a montré Agnan du doigt : « Vous, Agnan, récitez-nous la fable. » Mais l'inspecteur a levé la main. « Vous permettez ? » il a dit à la maîtresse, et puis, il a montré Clotaire. « Vous, là-bas, dans le fond, récitez-moi cette fable. » Clotaire a ouvert la bouche et il s'est mis à pleurer. « Mais, qu'est-ce qu'il a ? a demandé l'inspecteur. La maîtresse a dit qu'il fallait excuser Clotaire, qu'il était très timide, alors, c'est Rufus qui a été interrogé. Rufus c'est un copain, et son papa, il est agent de police. Rufus a dit qu'il ne connaissait pas la fable par cœur, mais qu'il savait à peu près de quoi il s'agissait et il a commencé à expliquer que c'était l'histoire d'un corbeau qui tenait dans son bec un roquefort. « Un roquefort ? » a demandé l'inspecteur, qui avait l'air de plus en plus étonné. « Mais non, a dit Alceste, c'était un camembert. – Pas du tout, a dit Rufus, le camembert, le corbeau il n'aurait pas pu le tenir dans son bec, ça coule et puis ça sent pas bon ! – Ça sent pas bon, mais c'est chouette à manger, a répondu Alceste. Et puis, ça ne veut rien dire, le savon ça sent bon, mais c'est très mauvais à manger, j'ai essayé, une fois. – Bah ! a dit Rufus, tu es bête et je vais dire à mon papa de donner des tas de contraventions à ton papa ! » Et ils se sont battus. [...]

Sempé-Goscinny, *Le Petit Nicolas*, folio 423, Paris, Editions Denoël, 1960

Leçon 6

b Répondez aux questions.

    1   La maîtresse demande à Agnan de réciter la fable, pourquoi ?
    2   Pourquoi les élèves se battent-ils ?
    3   Comment étaient vos professeurs ?

c Pensez à votre enfance et racontez par écrit en quelques phrases une aventure ou
un événement marquant vécu dans votre classe. Présentez votre histoire au groupe.
Les autres participants lui donnent un titre.

d Parmi les expressions *être en train de, faire semblant de, se mettre à* et *commencer à*,
lesquelles signifient la même chose ?
Expliquez avec vos propres mots les autres expressions, puis réutilisez les quatre
expressions dans des phrases.

e Les élèves d'aujourd'hui ont-ils beaucoup changé ? Que pensez-vous de la discipline
à l'école ?

Leçon

6

Repère grammatical : les pronoms relatifs *qui, que, où* et *dont*

a Observez les exemples. Que remplacent *que* et *qui* dans la deuxième partie de la phrase ?

    … une école comme celles **que** l'on pouvait voir dans les années 1960…
    … l'histoire d'un corbeau **qui** tenait dans son bec un roquefort…

    Soulignez les sujets dans la deuxième partie de la phrase. Qu'en déduisez-vous sur les
    fonctions de *qui* et de *que* ?

    Attention ! Ne pas confondre *qui* et *que* avec *c'est … qui* ou *c'est … que,* qui servent à
    mettre en relief un sujet ou un complément direct.

    Exemple : *C'est* **Rufus** *qui* a été interrogé.

b Observez les exemples. Que remplacent *où* et *dont* dans la deuxième partie de la phrase ?

    J'ai visité le quartier **où** se trouvait notre école.
    C'est l'année **où** j'ai passé mon examen.

    C'est la méthode **dont** je t'ai souvent parlé. (parler de)
    Jean nous a montré son certificat **dont** il est très fier. (être fier de)
    J'ai rencontré la première de la classe **dont** j'avais oublié le nom. (le nom de la première
    de la classe)

    Pour en savoir plus sur les pronoms relatifs, allez pages 193–194.

5 Minidialogues

Complétez.

1 ● Connaissez-vous l'écrivain __qui__ a écrit le roman

policier __que__ nous allons lire le semestre prochain ?

■ Oui, c'est Fred Vargas. Elle a publié de nombreux romans   *Plural im Artikel entfällt*

__qui__ ont eu un grand succès chez les amateurs de

polars.

2 ● Tu te souviens du texte __que__ monsieur Marty nous a

distribué la dernière fois ?

■ Oui, c'était l'extrait d'un article __qu'__ on n'avait pas   *que l'on*

pu terminer faute de temps.

3 ● Quel est le but de l'exercice __qu'__ elle nous a donné

comme devoir ?

■ Aucune idée ! Mais, je vais demander à mon voisin

__qui__ sait tout !

4 ● Cette stratégie d'apprentissage __que__ madame Fournier

nous a expliquée la semaine dernière, est-ce que ça

fonctionne ?

■ Je ne sais pas. Mais je vais la tester avec les mots __qui__

me semblent difficiles à mémoriser.

5 ● Vous avez lu l'article __dont__ elle est si fière ?

■ Oui, mais j'ai aussi lu le livre __où__ elle a trouvé ses

idées.

6 Faire école

Faites correspondre les expressions suivantes à leur explication.

1 Cela lui sert de leçon.   a Cela devait arriver.
2 faire un mauvais calcul   b apprendre de manière à pouvoir réciter une
                                 leçon, un poème, une liste, un numéro de
                                 téléphone sans regarder le texte
3 C'était écrit.   c se tromper dans ses estimations, des prévisions
4 apprendre par cœur   d avoir de l'influence
5 faire école   e Cela punit quelqu'un, l'endurcit.

7 Les grandes écoles – la voie royale

a   A deux, lisez l'extrait d'un article du magazine *Ecoute* et résumez-le en quelques phrases.

En France comme ailleurs, tous les bacheliers peuvent poursuivre leurs études à l'université. Mais pour les plus brillants d'entre eux, le rêve, le nec plus ultra, est d'intégrer une des 200 grandes écoles de France. Celles-ci sont en effet la garantie du succès professionnel. A part la médecine et le droit, tous les domaines de connaissance y sont enseignés. Pourtant, seulement une petite élite triée sur le volet de quelque 100 000 des 2 millions d'étudiants français fréquentent une grande école. […] Leurs cursus durent en général trois ans.

Les plus anciennes et les plus prestigieuses ont historiquement d'abord eu pour mission de former les élites intellectuelles et techniques de l'Etat : il s'agit de l'Ecole normale supérieure (ENS), de l'Ecole polytechnique, de l'Ecole nationale des ponts et chaussées, de l'Ecole nationale supérieure des mines (toutes trois pour ingénieurs) et de la plus célèbre d'entre elles : l'Ecole nationale d'administration (ENA). A l'exception de l'ENA (fondée en 1945), elles ont été créées dès la fin du XVIIIᵉ siècle. Au XXᵉ siècle cependant, leur prestige a entraîné la multiplication des écoles dans les domaines techniques (télécommunications, informatique) et économiques (gestion, commerce). Certaines de ces nouvelles écoles sont devenues aussi célèbres que leurs aînées : c'est le cas de l'Ecole des hautes études commerciales (HEC), de l'Ecole supérieure de commerce de Paris (ESCP), de l'Ecole supérieure des sciences économiques et commerciales (ESSEC), de l'Institut d'études politiques de Paris (Sciences Po)... La plupart des hommes politiques, intellectuels et chefs d'entreprise sortent de la dizaine d'écoles citées ci-dessus. Leur diplôme est le billet d'entrée dans le petit cercle de l'élite qui dirige la France. […]

D'après © *écoute*, das aktuelle Magazin in Französisch, Spotlight Verlag 2004, www.ecoute.de

Leçon 6

b   Lisez le texte une seconde fois et expliquez les mots suivants :

les bacheliers ▌ intégrer une école ▌ trié sur le volet ▌ le cursus

c   Faites une liste des domaines de connaissance cités. En connaissez-vous d'autres ?

- la médecine, …

d   Vous souvenez-vous ? A l'école, quelle était votre matière préférée ? Pourquoi ? Racontez aux autres !

Moi, j'ai toujours aimé les mathématiques, parce que…

e   Et dans votre pays ? Est-ce qu'il y a aussi une voie royale qui forme une élite ? Qu'en pensez-vous ?

Pour comprendre un pays, il faut apprendre sa langue

La maîtrise d'une ou plusieurs langues étrangères est de plus en plus nécessaire en entreprise
mais aussi dans la vie privée. Un domaine dans lequel les Français ne brillent pas vraiment.

🔊 13   Ecoutez l'interview avec le directeur d'une école de langues et cochez la réponse correcte.

1   Quel est le pourcentage des cours d'anglais dans cette école de langues ?

   • 80 % ☒   • 50 % ☐   • 75 % ☐

2   Combien de langues y sont enseignées ?

   • 20 ☐   • 13 ☒   • 10 ☐

3   Pour quelles langues observe-t-on une demande croissante ?

   • l'allemand, l'anglais et le japonais   ☐
   • le chinois, le polonais et le hongrois   ☒
   • le portugais, l'espagnol et l'italien   ☐

4   Qu'est-ce que la Commission européenne
    recommande pour chaque Européen ?

   • parler deux langues étrangères ☒
     et en comprendre une autre
   • parler une langue étrangère ☐
   • parler deux langues étrangères ☒

5   Comment devrait être l'enseignement
    des langues aujourd'hui ?

   • convivial et vivant   ☒
   • structuré et amusant   ☐
   • varié et bien organisé   ☐

 Le mal d'apprendre

a   Apprendre n'est pas toujours très facile. Lisez les citations suivantes et formulez avec vos
    propres mots l'idée exprimée.

   « Pour apprendre quelque chose aux gens, il faut mélanger ce qu'ils connaissent
   avec ce qu'ils ignorent. »   PABLO PICASSO, PEINTRE (1881–1973)

   « Ce qui est le plus négligé dans nos écoles est justement ce dont nous avons
   le plus besoin dans la vie. »   HERBERT SPENCER, PHILOSOPHE ET SOCIOLOGUE (1820–1903)

Repère grammatical : les pronoms relatifs *ce qui*, *ce que* et *ce dont*

Soulignez les pronoms relatifs dans les citations, puis associez les pronoms à leur fonction.

• *ce qui*   • complément d'objet direct du verbe
• *ce qu'/ce que*   • complément d'un verbe, d'un substantif ou d'un adjectif construit
                          avec *de*
• *ce dont*   • sujet du verbe

Pour vérifier vos réponses, allez à la page 194.

(handwritten at top) ce qui me plaît, c'est qui
(handwritten) ce dont on parle est aussi dans la grammaire

b Complétez.

ce que j'aime beaucoup, c'est sa façon de faire parler ses étudiants.

Elle parle beaucoup, mais _ce qu'_ elle dit n'est pas toujours très raisonnable.

Ce qui ne me plaît pas du tout, c'est qu'il n'écoute pas les arguments des autres.

Pardon, mais je ne comprends pas _ce que_ vous voulez dire.

Travailler dans une équipe très motivée, c'était _ce dont_ elle avait toujours rêvé.

Je voudrais bien savoir _ce qui_ t'a fait réagir comme ça.

Ce qui est fascinant chez Picasso, c'est son imagination.

Dites-moi _ce dont_ le professeur vous a parlé.

(handwritten) ce que direkt vor Subjekt.
(handwritten) ce qui direkt vor Verb

(10) Trois façons d'apprendre

a Vous voulez approfondir vos connaissances en français.
Lisez les trois annonces suivantes et marquez les passages qui
présentent les objectifs de ces cours.

(speech bubble) Tu parles bien l'allemand!

(speech bubble) Und du sprichst gut französisch!

Leçon
6

Université populaire de Lausanne
COURS-ATELIER D'EXPRESSION EN FRANÇAIS POUR VAINCRE LA PEUR, OSER PARLER

Vous comprenez un peu ce qui se dit autour de vous. Vous vous exprimez avec difficulté.
Vous avez peur de vous tromper, de ne pas être compris/e.
Vous voulez :
– améliorer votre prononciation
– prendre de l'assurance quand vous vous exprimez *(handwritten)* sich wohl fühlen
– vous sentir plus à l'aise dans les situations de la vie quotidienne
– jouer et créer avec les mots.
Avec des techniques interactives adaptées, grâce aux ressources de chacune et chacun et à la créativité du groupe, dans un cadre sécurisant et une atmosphère chaleureuse, vous allez découvrir le plaisir d'entendre cette langue que vous trouvez belle sortir de votre bouche et, pourquoi pas, bientôt de votre plume ! *(handwritten)* Feder
Quand : Mercredi de 18 h 30 à 20 h 00
15 séances
Où : Centre Pluriculturel d'Ouchy
Chemin de Beau-Rivage CH-21006 Lausanne
www.uplausanne.ch

Ecole France Langue Nice
LANGUE ET CUISINE
Apprenez le français et préparez des plats typiquement français !
Les étudiants apprennent à préparer des plats typiquement français, en fonction de la saison et des produits locaux disponibles sur les marchés. Ils utilisent un vocabulaire et assimilent des expressions de la vie courante.
Tous niveaux de français
– faire le marché du jour, parler français, rencontrer des Français dans leur vie quotidienne
– élaborer la recette du jour et la reproduire facilement à la maison
– déguster le plat préparé accompagné de vin, s'il s'y prête. *(handwritten)* wenn es sich anbietet
Comment : 10 leçons/semaine
Quand : toute l'année
Où : Ecole France Langue
22, avenue Notre-Dame
F-06000 Nice
www.france-langue.fr

(handwritten) en fonction de / selon } je nach

Université populaire transfrontalière
Forbach-Völklingen
APPRENDRE L'ALLEMAND ET LE FRANÇAIS EN TANDEM
- Pas à pas vers la conversation -
Vous avez suivi les modules d'allemand ou de français et vous avez un niveau moyen : vous pouvez à présent intégrer le tandem débutants.
Allemands et Français apprennent en conversant dans la langue du voisin : une méthode originale basée sur l'oral et sur l'échange avec des apprenants. Des sorties, visites, excursions viennent agrémenter ces cours. En outre, 2 formateurs (un Français bilingue, un Allemand bilingue) sont à votre service.
Durée : 6 x 2 h 30
09 h 00 – 11 h 30
Lieu : F-57600 Forbach
www.upt-vhs.com

b Quel cours vous intéresse le plus ? Formez des groupes selon les préférences de chacun.

c En petits groupes, cherchez des arguments pour convaincre les autres participants de participer au cours que vous avez choisi. Ensuite, chaque groupe présente ses arguments.
Les arguments les plus convaincants permettront de choisir un cours pour l'ensemble du groupe.

Bilan 2

Gastronomie, vacances et apprentissage, des sujets familiers

Je peux à nouveau...	Objectif atteint	Point à travailler	Pour tester mes connaissances dans ce bilan	Pour réviser dans le livre
... faire face à différentes situations au restaurant ou en voyage.			4/2, 5/2	L4 : 1, 2
... réclamer et demander poliment.			4/2	L4 : 6, 8
... comprendre des informations routières.				L5 : 2
... comprendre de brefs témoignages sur un sujet familier.			6/1	L5 : ex. 7 L6 : ex. 3
... repérer des informations spécifiques dans un document écrit.			6/2	L4 : ex. 8 L6 : 4
... demander des renseignements par écrit et par téléphone.				L5 : 7 ; ex. 1
... réserver un séjour.				L5 : ex. 1, ex. 4
... parler des avantages et des inconvénients de quelque chose.				L5 : 4, 5
... donner des conseils.				L5 : 8, 9 ; ex. 5

J'ai revu comment...	Objectif atteint	Point à travailler	Pour tester mes connaissances dans ce bilan	Pour réviser dans le livre
... placer l'adjectif.				L4 : 4 ; ex. 4
... placer les pronoms personnels compléments.			4/1	L4 : 7 ; ex. 5, ex. 6
... former les adverbes en –ment.				L4 : 12
... employer les adjectifs indéfinis.				L5 : 3 ; ex. 3
... former et employer le subjonctif.			5/3	L5 : 8, 9 ; ex. 5, ex. 6
... employer les pronoms relatifs.			6/3	L6 : 5 ; ex. 4, ex. 5, ex. 9

4/1 Pronoms personnels compléments mal choisis ou mal placés. Corrigez !

1 C'est une huile d'olive extra. Je vous la conseille.
2 Il vient de goûter ce vin. On ne l'avait jamais proposé à lui avant.
3 L'addition ? Je vous apporte-la tout de suite.
4 Je n'ai pas de menu. Le serveur a oublié de le me donner.
5 Elles ont commandé les entrées il y a déjà une heure et on ne les leur a toujours pas apportées !

4/2 Que dire dans ces situations ?

Cochez la ou les réponse(s) correcte(s).

1 Il y a des courants d'air.

☐ Fermez la fenêtre, s'il vous plaît !

☐ Auriez-vous la gentillesse de fermer la fenêtre ?

☐ Est-ce possible de changer de place, si cela ne dérange personne ?

2 S'il vous plaît ! Je viens de trouver un cheveu dans ma soupe.

☐ Veuillez accepter nos excuses. Je vous apporte une nouvelle soupe.

☐ C'est effectivement désagréable, mais ce n'est pas de ma faute.

☐ Nous sommes désolés. Voulez-vous autre chose à la place ?

3 Qu'est-ce que je vous sers ? Un café ?

☐ Merci, j'aimerais bien un crème, s'il vous plaît.

☐ Oui, j'aimerais un café au lait, s'il vous plaît.

☐ Oui, j'aimerais un crème, s'il vous plaît.

4 Un loup à l'estragon et un crème, cela vous fait 17 €.

☐ Gardez donc la monnaie.

☐ 18 € !

☐ Silence (Vous attendez qu'on vous rende la monnaie et vous laissez un pourboire sur la table).

5/1 Mots fléchés

Horizontalement

1 affiner sa silhouette
2 somme à payer pour circuler sur l'autoroute en France et en Suisse
3 promenade sportive
4 région du sud-ouest de la France, qui donne sur la côte atlantique
5 moyen de transport pour passer des vacances sur l'eau
6 Il faut y aller pour bronzer et pour nager.
7 la plus grande île française, surnommée l'île de Beauté
8 route à quatre voies
9 objets que l'on emporte avec soi en voyage
10 Vous pouvez y passer vos vacances, plutôt qu'à la mer ou à la campagne.
11 hors du territoire national
12 Il en faut pour skier.

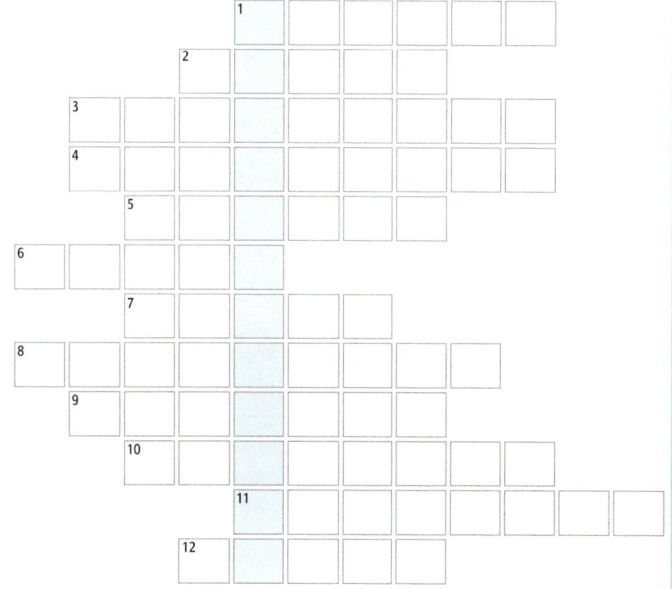

Verticalement

mer intérieure entre l'Europe et l'Afrique

5/2 Est-ce que vous pourriez...

Cochez la ou les réponse(s) correcte(s).

1 Est-ce que vous pourriez me dire ce qu'il faut visiter dans la région ?

☒ Il faut passer par le centre ville.

☐ Je regrette beaucoup, mais je viens d'arriver moi-même.

☒ Il vous faut visiter absolument le gouffre de Proumeyssac.

2 Pourriez-vous m'aider à décharger la voiture ?   *abladen*

☒ Avec plaisir.

☒ Je suis désolé. J'ai mal au dos.   *Rücken*

☐ Attendez, il faut un chargeur.

3 Pouvez-vous me dire, s'il vous plaît, à quelle heure commence le spectacle ce soir ?

☐ Je vous en prie.   *Bitte schön!*

☒ Je ne suis pas sûr. Normalement, ça commence vers 21 heures.

☒ Quel spectacle ?

4 Vous voulez une chambre avec vue sur la mer ?

☐ Oui, je préfèrerais.

☐ Oui, j'aime bien les bains de foule.   *Bad in der Menge*

☒ Combien ça coûte en plus ?

5 Bonjour madame, j'aimerais savoir où se trouve le musée Maeght.

☒ On trouve le musée sur la place Picasso.

☐ Je suis désolée. Je ne suis pas d'ici.

☒ Vous prenez la première à droite après le feu.   *Ampel*

5/3 Indicatif ou subjonctif ?

Cochez la forme verbale correcte.

1 Avec tous ces bagages, il est indispensable que vous _____ la voiture.

☐ prenez   ☒ preniez

2 On va faire cette randonnée bien qu'il ne _____ pas beau.

☐ fait   ☒ fasse

3 Il faut profiter des tarifs réduits des chemins de fer avant qu'il ne _____ trop tard.

☐ est   ☒ soit

4 Il est évident que les prix des chambres _____ plus élevés en haute saison.

☒ sont   ☐ soient

5 Je te conseille un séjour au club Méd pour que tu _____ te relaxer comme il faut.

☐ peux   ☒ puisses

o nach Verben der Willensäußerung
o nach Verben/Ausdrücken des subjektiven Empfindens/ verneinte Meinungsäußerungen
o nach bestimmten Konjunktionen

artisan - Handwerker

6/1 **Et puis, s'il passe son bac…**

🔊 14 Ecoutez ce dialogue entre des parents, puis répondez aux questions.

1 Quel est le point de départ de la conversation ? *Sa fille veut être méchanisienne*
2 De quelles professions parlent-ils ?
3 Que pensent-ils des diplômes à l'heure actuelle ?
4 Que disent-ils du *travail manuel* ? *très bien payé,*
5 Qu'est-ce qui est drôle dans cette conversation ?
   Les parents sont ironique parce que leurs fils veulent devenir des stars.

Ausgangspunkt

6/2 **Comment évaluer ses compétences, sans passer d'examen ? – Le projet Dialang**

Lisez le texte et cochez la réponse correcte.

		Vrai	Faux
1	Avec Dialang on peut tester ses connaissances dans quatorze langues.	☐	☐
2	Le projet Dialang permet d'évaluer la compréhension et l'expression orales.	☐	☐
3	Dialang s'adresse surtout aux débutants.	☐	☐
4	Dialang offre aussi des stratégies pour améliorer ses connaissances.	☐	☐
5	Dialang offre une validation officielle des compétences linguistiques.	☐	☐

Pour répondre à cette question, Dialang a développé des tests d'évaluation dans 14 langues européennes, disponibles sur Internet. Dialang propose des tests séparés pour la compréhension orale ou écrite, l'expression écrite, les structures grammaticales ou le vocabulaire et couvre tous les niveaux, du débutant au locuteur confirmé. Le projet est novateur : il propose à l'utilisateur un véritable diagnostic de ses compétences linguistiques et explique aussi comment améliorer son niveau. Dialang est unique par l'éventail de langues qu'il propose et par sa cohérence : les tests reposent sur les mêmes échelles d'évaluation, quelle que soit la langue concernée. Outil d'autoévaluation, Dialang permet aussi à moindres frais de mesurer des compétences linguistiques non validées par des diplômes.

D'après un article paru dans Le Magazine de l'éducation et de la culture, 22, 2004, p. 23

6/3 **Quelques questions inspirées du questionnaire de Marcel Proust**

a Complétez à l'aide des pronoms relatifs suivants : *qui – que – ce qui – ce que – dont – où*

1 La qualité _que_ je préfère chez les hommes : _____
2 _Ce que_ je déteste par-dessus tout : _____
3 La faute _qui_ m'inspire le plus d'indulgence : _____
4 _Ce qui_ me plaît le plus chez mes amis : _____
5 Le malheur _dont_ je souffrirais le plus : _____
6 L'endroit _où_ j'aimerais vivre : _____

b Et vous ? Notez vos réponses sur une feuille. Votre professeur ramasse votre feuille et vous donne celle d'une autre personne du groupe. Lisez-la à voix haute, les autres devinent qui est l'auteur des réponses.

Vous venez de faire ce deuxième bilan. Comment répondriez-vous maintenant aux questions posées dans le Bilan 1 (p. 35) sur vos acquis et votre méthode de travail ?

TIPP

Pour aller plus loin, je peux encore…
… aller dans un restaurant de cuisine française, belge ou suisse ; … passer mes vacances dans un pays francophone ; … faire le test de Dialang. (http://www.dialang.org)

Qu'est-ce qu'on fait ce soir ?

Les Bidochon-Tome 12 © Binet/Fluide Glacial

1 Les Bidochon téléspectateurs

Regardez cet extrait de bande dessinée et lisez les textes.

a Qui sont les personnages ? Décrivez-les.

b De quoi parlent-ils ? Imaginez la réponse de monsieur Bidochon.

2 Il y a mille et une manières d'occuper son temps libre

 a A deux, complétez les listes suivantes.

sports :
– tennis, …

travaux manuels :
– peinture sur soie, …

sorties culturelles :
– théâtre, …

collections :
– pièces, …

musique :
– piano, …

jeux :
– jeux de société, …

b Mettez en commun vos résultats au tableau.

c Connaissez-vous d'autres loisirs qui n'entrent pas dans ces catégories ?

Freizeit

3 Les loisirs des Français

a Vrai ou Faux ? Lisez le texte suivant et cochez la réponse correcte.

	Vrai	Faux
1 Le travail laisse aux salariés peu de temps pour les loisirs. *different perspective*	☑	☐
2 Les Français préfèrent les activités à pratiquer hors de chez eux. *ausserhalb*	☐	☒
3 On appelle l'ordinateur *petit écran*. *non TV ?*	☐	☒
4 La télévision est une mine de richesses culturelles. *selon le texte c'est un fléau culturel*	☐	☒
5 Le cinéma et le théâtre n'ont absolument aucun problème de financement.	☐	☒
6 La chasse et la pêche ne sont plus à la mode.	☒	☐

Le temps libre est incontestablement une conquête de ce siècle. Outre la baisse continue du temps de travail quotidien, les travailleurs bénéficient en général de deux jours de repos par semaine et de cinq semaines de congés payés *(Urlaub)*. Les sociologues ont ainsi calculé que sur une année de vie, un salarié *(Angestellter)* passe en moyenne 20 % de son temps à travailler ou dans les transports, 33 % de son temps à dormir et consacre le reste à des activités de détente.

Les Français disent se relaxer et se distraire en bricolant *(herumwerkeln/Bastt verplempern)*, jardinant ou lisant (35 % des Français lisent plus de cinq livres par an). Mais la première des distractions des Français est la télévision. Ils lui consacrent en moyenne 1000 heures par an, soit 2 h 45 par jour. Les amateurs du petit écran *(Bildschirm)* y voient un instrument d'ouverture sur le monde et, les personnes âgées principalement, une compagne. Pour ses opposants *(Gefährtin)*, la télévision n'a pas autant de qualités, c'est plutôt un fléau *(Geißel / Plage)* culturel.

Les Français s'intéressent aussi de plus en plus aux autres loisirs domestiques, tels que les jeux vidéo, les cédéroms interactifs et, bien sûr, Internet.

Les grands perdants du progrès technique sont les spectacles traditionnels : si le cinéma et le théâtre, qui bénéficient de subventions, continuent d'attirer un large public, on peut regretter que le cirque ne soit plus une sortie populaire. Enfin, les loisirs traditionnels comme la chasse et la *(Jagd)* pêche *(Fischerei)* sont aussi en net recul *(deutlicher Rückgang)* (1,4 million de pratiquants pour chaque activité en 2003).

 b A deux, réfléchissez aux questions suivantes. Notez vos idées, puis présentez-les au groupe.

1 Cinq livres par an, est-ce peu ou beaucoup ? Qu'avez-vous lu cette année ?
2 2 h 45 par jour devant la télévision ! Est-ce la même chose dans votre pays ?

c La moitié du groupe cherche les avantages de la chasse et de la pêche, deux loisirs qui ont une longue tradition en France, l'autre moitié en cherche les inconvénients. Les deux équipes mettent ensuite leurs résultats en commun.

Repère grammatical : le subjonctif (après les verbes de sentiments et de volonté)

Observez et complétez.

On peut **regretter** que le cirque ne **soit** plus une sortie populaire.

Je **suis désolée** que tu (ne pas pouvoir) _ne puisse pas_ venir ce soir.

Nous **voudrions** que vous (participer) _participiez_ au stage de voile.

Pour vérifier vos réponses et en savoir plus sur le subjonctif, allez pages 194–195.

Peut mieux faire

a   Lisez et classez les affirmations suivantes en points positifs et points négatifs.

Je trouve que le choix d'activités sportives dans notre commune est limité. On ne peut pas les pratiquer dans de bonnes conditions. Il n'y a pas de patinoire, ni d'endroit où faire du roller.
La municipalité n'y met aucune bonne volonté et ne suit pas les recommandations des citoyens. On finit toujours par aller dans la ville voisine pour pratiquer certains sports. Des moutons font souvent la sieste sur terrain de football. L'équipe doit alors attendre qu'ils se réveillent. En plus, l'eau de la piscine est bien trop froide : on prend froid à chaque fois ! Heureusement, la Maison des Jeunes et la Culture reçoit souvent des personnalités intéressantes et le Cinéma Lux passe pas mal de bons films.

b   Transformez ces phrases en commençant, selon les cas par *je regrette que/je voudrais que/je demande que* ou *je suis content que*.

Je regrette que le choix d'activités sportives dans notre commune soit limité.
Je voudrais/demande que le choix d'activités sportives dans notre commune soit plus grand.

 Quels sont vos loisirs ?

a   Sur une feuille de papier, inscrivez trois activités que vous pratiquez pendant votre temps libre. Notez en première position celle à laquelle vous consacrez le plus de temps, etc. Remettez votre fiche au professeur qui lui attribue un numéro, que lui seul et vous-même connaissez. Il affiche ensuite les feuilles au tableau.

b   Allez regarder les fiches des autres participants et choisissez un compagnon de loisirs.

c   Devinez qui se cache derrière la fiche numérotée en posant des questions aux autres participants.

d   Pour finir, demandez à votre compagnon de loisirs où il pratique ses différentes activités. Avec qui ? A quelle fréquence ? Depuis quand ? Pourquoi ?

> **Répondre aux questions *Depuis quand... ? Depuis combien de temps... ?***
>
> Je fais du surf depuis l'été dernier.   Je fais de l'équitation depuis cinq ans.
> J'apprends le français depuis 1995.   Cela fait dix ans que j'apprends le français.
> Je fais de la peinture depuis mon enfance.   Il y a trois ans que je me suis mise au surf.

 Des loisirs devenus des passions

 a   Ecoutez l'enregistrement et complétez si possible les cases du tableau.

la diversité   être chercheur, c'est une passion

	nom de l'activité ?	intérêt trouvé ?	fréquence ?	depuis quand ?
Armelle	elle voit la danse moderne	Pina Bausch ?, différent école	déjà 9,4 spectacle, elle veut aller à plus cette année	
Sébastien	collectionner timbre (Binfmark)	l'histoire de la post, chercheur (collectionner)	chaque semaines	depuis l'âge de 12 ans
Laurent	l'ordination, l'internet informatique		plusieurs heures par jour	1981
Camille	poterie (Topfern)	japanerise, aime les formes et couleurs, elle oublie le monde, un travail des mains	une fois par semaine	3 ans

b   Aimez-vous aussi ces activités ? Pourquoi ?

Workshop

7 Stage de calligraphie

a Lisez le texte. Quel type d'activité nous est présenté ici ?

(● L'interviewer
  ■ M. Han Lin)

● Y a-t-il un nombre minimum de participants ? *stattfinden*

■ Pour que le stage ait lieu, il faut cinq participants
  au minimum, mais huit au maximum. Je ne veux pas
  que le groupe soit trop grand. Ce n'est pas bon pour
  la concentration.

● A qui s'adresse ce cours ?

■ A tous ceux qui ont envie de découvrir la civilisation
  chinoise de l'intérieur.

● Quelles recommandations faites-vous aux débutants ?

■ Bien que la calligraphie soit une activité très relaxante, il vaut mieux que les
  participants évacuent le stress de la journée avant de venir.

● Quel matériel les participants doivent-ils acheter ?

■ Pour se constituer un équipement de base, les participants doivent acheter des
  pinceaux, de l'encre de Chine et du papier de riz, vendu en rouleaux.

● Est-il, à votre avis, nécessaire de connaître le chinois ?

■ Non, je ne pense pas que cela soit nécessaire. Je décompose toujours le mouvement
  du pinceau au tableau. Je pense que c'est utile pour mémoriser les idéogrammes.

spricht @ sie das an ?

b Avez-vous déjà pratiqué cette activité ? Cela vous tente-t-il ?

Leçon

7

Repère grammatical : le subjonctif (après les verbes d'opinion à la forme négative)

Observez et répondez aux questions.

1 Je pense que c'**est** utile pour mémoriser les idéogrammes.
2 Je **ne** pense **pas** que cela **soit** nécessaire.

Verben des Sagens und Denkens
→ kein subjonctif
→ bei Negation doch !!

a Pourquoi a-t-on un subjonctif dans la phrase 2 ?
b Mettez la phrase suivante à la forme négative.

   Je pense qu'il faut avoir de l'expérience.

_____

Pour vérifier vos réponses et en savoir plus sur le subjonctif, allez à la page 195.

Repère grammatical : subjonctif ou infinitif ?

Observez et répondez.

1 Pour que le stage ait lieu, il faut un minimum de cinq participants.
2 Pour se constituer un équipement de base, les participants doivent acheter...

Pourquoi n'a-t-on pas de subjonctif dans la phrase 2 ?
Pour vérifier votre réponse et en savoir plus sur le subjonctif, allez à la page 195.

8   *que* + subjonctif/*de* + infinitif

Complétez les phrases suivantes en utilisant les informations entre parenthèses et
que + subjonctif ou un infinitif comme dans l'exemple.
Je n'ai pas eu le temps de passer à la bibliothèque. Je regrette (je – ne pas avoir) _____
de lecture pour les vacances.

→ *Je regrette de ne pas avoir de lecture pour les vacances.*

a Nous avons acheté une piscine en plastique pour (les enfants – pouvoir s'amuser) *que les enfants puissent s'amuser*

b Viendras-tu à notre fête ? J'aimerais vraiment (tu – être là) *que tu sois là* .

c Es-tu content (il – faire) *qu'il fasse* beau temps ?

d Elle trouve dommage (son fils – ne pas avoir) *que son fils n'ait pas* assez de
temps pour faire de la voile.

e Je fais du yoga pour (je – se détendre) *me détendre* .

9   Le Futuroscope de Poitiers

Voici cinq attractions proposées par ce parc
de loisirs.

 a A deux, lisez les descriptions, puis associez
chaque attraction à un des noms proposés.

> CyberWorld
>
> Voyageurs du Ciel et de la Mer
>
> Le Monde des Enfants   Le Rêve d'Icare
>
> Le Défi d'Atlantis   La Cité du Numérique du Futuroscope
>
> Les Ailes du Courage   La Mer dans tous ses états

1 Volez au cœur d'un ciel d'orage en compagnie d'oiseaux marins ou glissez dans le sillage d'une baleine bleue bousculée par la fureur des vagues… Laissez-vous emporter par cette nouvelle aventure projetée à la fois sur l'écran géant devant vos yeux et jusqu'à 20 mètres sous vos pieds.

2 La sémillante Miss FIG vous accueille pour une visite étourdissante dans une galerie futuriste. Elle vous ouvre les portes de mondes imaginaires, pleins de poésie, de rêve, peuplés de créatures surprenantes. Soudain, trois bugs envahissent et dévorent tous les circuits informatiques.

3 Partez pour l'Argentine en 1930. L'aviateur Henri Guillaumet achemine le courrier venant de France pour l'Amérique du Sud. Il est choisi par Saint-Exupéry pour relier Santiago du Chili à Buenos Aires et survoler l'imposante chaîne montagneuse de la Cordillère des Andes. Pris par la tempête, après le crash de son appareil, il va devoir lutter pendant des jours contre une nature hostile, dans une marche forcée jusqu'à la délivrance finale… Revivez l'aventure en relief d'un des pionniers de l'aviation française.

4 Tous les 1000 ans, les Dieux s'affrontent dans une course de chars ahurissante où tous les coups sont permis. Propulsé à une vitesse vertigineuse par une gigantesque catapulte, vous plongez au cœur de cette course légendaire dans les ruelles de la mythique cité engloutie. Attention aux secousses…

5 N'attendez pas pour devenir pilote de course, samouraï dans le Japon moyenâgeux, archéologue, aventurière… Poussez la porte de la Cité du Numérique du Futuroscope, changez de peau en quelques secondes et vivez 1000 vies trépidantes, seul, à deux ou en réseau. Un espace unique en Europe pouvant réunir jusqu'à 200 joueurs en simultané.
A vous de jouer ! Serez-vous à la hauteur ?

Leçon 7

b A deux. **A** suggère à **B** une des attractions, sachant que **B** est…

1 … un ami célibataire qui n'a peur de rien.
2 … son chef au travail et qu'il n'en connaît pas les goûts.
B répond à ses suggestions.

Inversez les rôles ! **B** suggère maintenant à **A** des attractions, sachant que **A** est…

1 … un client qui adore la mer.
2 … un ami qui a un faible pour les jolies femmes.
A répond à ses suggestions.

Faire une suggestion	Réagir à une suggestion
On pourrait aller au cinéma.	Oui, cela me plairait assez/beaucoup.
Que dirais-tu d'aller au cinéma ?	Oui, cela m'intéresse beaucoup.
Et si on se faisait un ciné ?	Non, je préfèrerais terminer mon livre.
Ça te dirait d'aller voir le dernier (film de Claude) Chabrol ?	Non, je n'en ai pas vraiment envie.
Une sortie au cinéma, ça te dit ?	J'aimerais plutôt faire un peu de sport.

10 Passer le temps

Faites correspondre les expressions et proverbes suivants à leur explication.

1 passer le temps
2 prendre le temps de faire quelque chose
3 Il faut laisser du temps au temps.

4 faire quelque chose en deux temps, trois mouvements

5 Chaque chose en son temps.

a faire quelque chose sans se presser
b faire quelque chose très rapidement
c avoir des activités destinées, paradoxalement, à ne pas voir le temps passer
d On ne peut pas s'occuper de tout en même temps, il faut faire les choses les unes après les autres.
e Tous les problèmes ne peuvent pas se régler d'un seul coup. Il faut de la patience.

Leçon 7

11 La Fête de la musique   le 21 juin 01

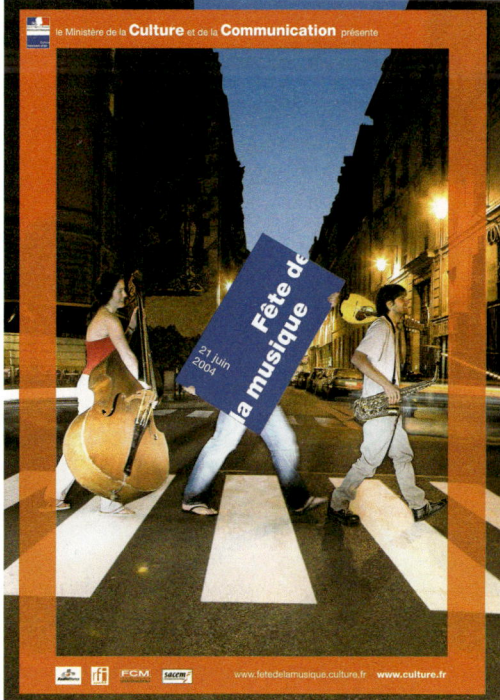

a La musique joue-t-elle un rôle dans votre vie ? Comment et pourquoi ?

 **b** Lisez les questions, puis écoutez Vincent parler de la Fête de la musique, qui tombe le même jour que son anniversaire. Répondez ensuite aux questions.

1 De quoi Vincent a-t-il peur chaque année ? *qu'il y a seulement grandes groups*
2 En quelle année Vincent a-t-il participé pour la première fois à la Fête de la musique ? *1989 0/31*
3 Où a-t-il joué en 2002 ? *commencer Lyon*
4 Quelle musique entend-on toujours à l'occasion de la Fête de la musique ? *la musique classique les Beatles*

c Quels sont pour vous les ingrédients d'une fête réussie ?

12 L'invitation

La préparation d'une fête comporte plusieurs étapes importantes : la personne qui reçoit doit, par exemple, lancer des invitations. Elle peut le faire de différentes manières. En voici deux exemples :

Exemple 1

Samedi 17 janvier 2004
A partir de 16 heures

Julie...

3, allée des fauvettes

91440 Bures-sur-Yvette

J'aurai 40 ans le 15 janvier 2004.
Voilà donc une bonne raison de faire la fête.
Vous êtes cordialement invités à partager ce moment avec moi.
Je me réjouis particulièrement de vous revoir et de vivre avec vous une journée intense.

Quand : le samedi 17.01.2004
Où : adresse au recto

Gästezimmer

Si vous désirez réserver une chambre d'hôtel ou une chambre d'hôtes, appelez-moi avant le 6 janvier pour que je puisse réserver pour vous.

très chaud

Exemple 2

Monsieur et Madame Thierry Danjou

prient _____

_____

de leur faire l'honneur de venir _____

_____

le _____ à _____ heures

R.S.V.P.   Château d'If
Tél. : 02 35 70 48 53

a   Comparez ces deux invitations. Quelles sont les principales différences ?
Sait-on de quelles fêtes il s'agit ?

b   Que signifie le sigle *R.S.V.P.* ?

 c   A deux, rédigez une invitation à une fête. N'oubliez pas les éléments suivants :
Quoi ? Où ? Quand ? Comment ? Date limite pour répondre à l'invitation.
Faites circuler les invitations dans le groupe.

d   Choisissez à deux une invitation et préparez une réponse (carte, mél, texto ou coup
de téléphone) soit pour accepter, soit pour refuser l'invitation.

Accepter une invitation	**Refuser poliment une invitation**
Merci pour la gentille invitation.	Je suis désolé(e) que…/de…
Cela me fait plaisir que…/de…	Je regrette de ne pas pouvoir venir.
Je me réjouis que…/de…	Hélas, … Malheureusement, …
Je suis touché(e) par l'invitation.	Je serai en vacances/en déplacement professionnel.
Je suis libre ce jour-là.	J'ai déjà un engagement pour ce jour-là.

(13) Comment se détendre et s'amuser dans votre ville ?

a   Vous recevez la visite d'amis ou de parents qui ne connaissent pas votre ville.

En petits groupes, préparez de petits guides pour leur présenter ce qu'ils peuvent faire
pendant la journée, pendant que vous travaillez. Ces documents doivent répondre aux
questions *Quoi ? Où ? Quand ? Comment ?*

b   Mettez en commun vos guides. Appréciez les différentes propositions : qu'est-ce qui
vous plaît ou déplaît en particulier dans chacune ? Choisissez la meilleure proposition.

c   Manque-t-il quelque chose à votre avis ? Que suggérez-vous d'ajouter ?

d   Vous pouvez aussi rédiger le guide idéal en choisissant le meilleur de chacun.

Leçon

7

S'informer

 1 Comment s'informer sur l'actualité ?

a Nommez ces sources d'information. En connaissez-vous d'autres ?

1 *les magazines*
   un magazines

2 *un journal*
   un quotidien
   www.franceculture.fr
   www.franceinter.fr

3 *l'internet*
   un journal en ligne

4 *la télévision*
   le journal télévisé

5 *la radio*

6 *la conversation*
   du bouche-à-l'oreille
   la rumeur

 b Travaillez à deux ! Interviewez votre voisin/voisine sur ses habitudes.

Comment vous informez-vous sur l'actualité ?

Nom : _____

_____

1 Comment vous informez-vous sur l'actualité ? *l'internet télé*
2 Si vous lisez le journal ou une revue, l'achetez-vous en kiosque ou êtes-vous abonné(e) ?
3 A quel moment de la journée ou de la semaine vous informez-vous ?
4 Combien de temps y consacrez-vous ?
5 Quel média préférez-vous ?
6 Pourquoi ?

Mettez vos résultats en commun avec les autres tandems. Quel média est le plus populaire ? Pour quelles raisons ?

2 Le poids des mots, le choc des photos

a Observez cette couverture de magazine. Qu'y voyez-vous ? De quels sujets traite ce numéro ? A votre avis, de quel type de revue s'agit-il ? Quel type d'informations pensez-vous y trouver ?

b D'après le commentaire suivant, quelles sont les qualités du magazine français *Paris Match* ? Est-ce que cela correspond à ce que la couverture laisse supposer ?

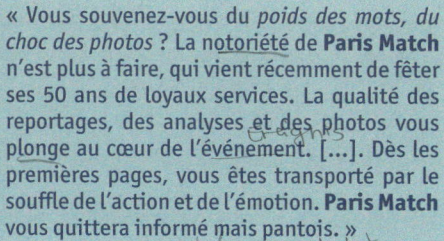

Behanntheit

eintauchen

> « Vous souvenez-vous du *poids des mots, du choc des photos* ? La notoriété de **Paris Match** n'est plus à faire, qui vient récemment de fêter ses 50 ans de loyaux services. La qualité des reportages, des analyses et des photos vous plonge au cœur de l'événement. [...]. Dès les premières pages, vous êtes transporté par le souffle de l'action et de l'émotion. **Paris Match** vous quittera informé mais pantois. »

Gewicht / Bedeutung *verdutzt*

PARIS **MATCH**

Ma vie avec Sacha
FRANCINE, SA FEMME, SE SOUVIENT
Le coup de foudre, le mariage, les enfants
la jalousie, la maladie et l'adieu. **Un témoignage bouleversant**

IRAK
Dans Nadjaf, *heilig*
la poudrière sacrée
pulvermagazin
ALAIN DELON
ASTRID VEILLON
Le duo de la rentrée
LE STYLE
DEAUVILLE
Luxe, stars
et discrétion... tout
un art de vivre
20 pages

c Quelle image *Paris Match* voulait-il donner de lui avec le slogan *Le poids des mots, le choc des photos* ? Y a-t-il une revue équivalente dans votre pays ? Aimez-vous la lire ?

d Connaissez-vous d'autres magazines ou journaux français ?

3 Le mot juste !

a Quels mots reconnaissez-vous dans *journal, quotidien, mensuel, trimestrielle* et *bimensuel* ? A quelle fréquence paraît un journal ? Un quotidien ? Un mensuel ? Une revue trimestrielle ? Un bimensuel ?

 b A deux, choisissez un journal ou une revue parmi le matériel apporté par votre enseignant et remplissez la fiche suivante.

Titre :

Principales rubriques du sommaire :

Type de publication :

Niveau de langue :

Fréquence de parution :

Public ciblé :

Tirage (nombre d'exemplaires publiés) :

c Y a-t-il dans cette publication un éditorial ? Une chronique ? Des dépêches ? Des faits divers ? Des dossiers ? Des petites annonces ? Des analyses ? Laquelle de ces rubriques vous intéresse le plus ? Pourquoi ?

 d A deux, regardez attentivement la *une* d'un journal (choisi dans le matériel apporté par votre enseignant). Où trouvez-vous...

... le gros titre ? ▌ ... l'article ? ▌ ... le titre ? ▌ ... le chapeau ? ▌ ... l'intertitre ?

Qu'a-t-on comme autre information ?

schlagzeilen (handwritten)

(4) Gros titres

Imaginez des titres à partir des informations fournies dans ces chapeaux et sous-titres d'articles.

a. *le match nul* (handwritten) — *Match difficile irlandaise* (handwritten)

Après le match nul contre l'Irlande (0-0), le directeur technique national estime qu'il faut laisser du temps aux Bleus et à Raymond Domenech.

Le Monde, 11.10.2004

b. *Beaucoup de postes libre !* (handwritten)

C'est une véritable foire à l'emploi qui se tient demain et après-demain à Paris. Pas moins de 20 000 postes seront proposés par 280 entreprises à tous ceux qui, jeunes et moins jeunes, sont en quête d'un job.

Le Parisien, 13.10.2004

c. *Nouvelle étude sur les élèves absentéistes* (handwritten)

POUR LA PREMIÈRE FOIS, le ministère de l'Education chiffre l'absentéisme scolaire : selon une étude – pas encore terminée mais qui devrait être publiée le mois prochain –, *sollte* *durchgeführt* (handwritten) menée entre janvier et avril 2004 auprès d'établissements du secondaire, 5 % des élèves des collèges et des lycées sèchent leurs cours régulièrement. C'est-à-dire qu'ils sont absents plus de quatre demi-journées par mois. Soit 275 000 élèves absentéistes.

Le Parisien, 22.09.2004

d. *la grève des paysans* (handwritten)

Après les marins-pêcheurs, les paysans sont passés à l'action, mardi 12 octobre, en bloquant plusieurs dépôts de carburant.

Le Monde, 13.10.2004

Leçon 8

(5) Info Express

17 a Ecoutez ce flash d'information en vous concentrant sur le thème principal de chaque information et complétez le tableau.

sont en vie (handwritten)

	Thème	Rubrique
		les otages (handwritten, circled)
Information 1	*le Pan... la diplomate le gouvernement* (handwritten)	*la politique internationale* (handwritten)
Information 2	*trois ans — préfet, la prisons scandale* (handwritten)	*nationale, politique* (handwritten)
Information 3	*les agriculteurs sont divisé* (handwritten)	*économie* (handwritten)
Information 4	*football* (handwritten)	*le sport* (handwritten)

Quels mots vous ont aidé à déterminer le thème de chaque information ?

17 b Réécoutez ce flash et cochez la réponse correcte.
Corrigez si nécessaire.

	Vrai	Faux
1 Les otages français en Irak ont été libérés.	☐	☒
2 L'ancien préfet de Corse est en prison depuis janvier 2002. *ehemalige Präsident* (handwritten)	☐	☐
3 Les agriculteurs sont tous satisfaits de la baisse des prix des carburants. *Treibstoff* (handwritten)	☐	☒
4 La France gagnera le match Chypre-France.	☐	☒

Repère grammatical : le passif

Observez et complétez.

ACTIF

Le souffle de l'action et de l'émotion vous **transporte**.

On **a confirmé** la condamnation de l'ancien préfet de Corse.

On **avait condamné** l'ancien préfet.

Cette journaliste présentait le journal télévisé tous les soirs.

Le facteur **distribuera** le journal.

Cet article **doit avoir intéressé** les lecteurs.

PASSIF

Vous **êtes transporté** par le souffle de l'action et de l'émotion.

La condamnation de l'ancien préfet de Corse **a été confirmée**.

L'ancien préfet **avait été condamné**.

Le journal télévisé _était présenté_ par cette journaliste tous les soirs.

Le journal _sera distribué_ par le facteur.

Les lecteurs _doivent être intéressés/ doivent avoir été intéressés_ par cet article.

Pour vérifier vos réponses et en savoir plus sur le passif, allez à la page 196.

6 Cadavres exquis

Une agression étrange a eu lieu dans le village de Paleyrac. Qui en est l'auteur ? Pour le savoir, reconstituez les informations suivantes en formant des phrases passives au temps indiqué.

ce matin – par terre – dans son fournil – retrouver – le boulanger (passé composé)
→ Ce matin, le boulanger a été retrouvé par terre dans son fournil.

1 sur le sol – remarquer – des traces de pas étranges (passé composé)
   Des traces de pas étranges ont été remarquées sur le sol. / On a remarqué des traces

2 emporter – tous les croissants (plus-que-parfait)
   Tous les croissants avaient été emportés. / On avait emporté

3 les pots de miel et de confiture – et – ouvrir – casser (plus-que-parfait)
   Les pots de miel et de confiture avaient été ouverts et cassés. / On avait ouvert et cassé

4 hier – près de la boulangerie – apercevoir – un ours (passé composé)
   Hier un ours a été aperçu près de la boulangerie / On a aperçu

5 dresser – pour voler des friandises – l'animal (plus-que-parfait)
   L'animal avait été dressé pour voler des friandises / On avait dressé

Leçon 8

7 Etre au courant

Faites correspondre les expressions et proverbes suivants à leur explication.

1 être au courant de quelque chose
2 Savoir c'est pouvoir.
3 Je ne veux pas le savoir !
4 Ça se saurait ! _Macht_
5 le quatrième pouvoir

Das würde man doch wissen

a Se dit pour mettre en doute une information.
b la presse
c être informé de quelque chose
d Se dit pour refuser toute excuse, explication ou contradiction.
e La connaissance scientifique a une très grande importance en politique.

T'es au courant de la dernière ?

Oui, je sais... André m'a informée.

⑧ Une simple affaire de style ?

a   Lisez ces deux documents et associez-les au titre correspondant.

FAUX ESPOIR POUR LES OTAGES FRANÇAIS ?

Irak : accord pour la libération des otages français, selon un « médiateur »

La libération des deux journalistes français détenus en otages en Irak est "une affaire conclue", a affirmé mercredi à Bagdad M. Philippe Brett, un Français qui se présente comme un médiateur, leur départ attendant une autorisation américaine pour "préparer un couloir aérien". "J'ai rencontré les deux otages. Leur libération est une affaire conclue, sans aucune ambiguïté", a-t-il dit à l'AFP. "Il n'y a eu aucune négociation, pas de compensation pour les ravisseurs", a-t-il ajouté dans un entretien téléphonique.

AFP | 29.09.04

UN FRANÇAIS que la télévision arabe Al-Arabiya a présenté comme un membre de la délégation qui suit l'affaire de nos deux otages en Irak a affirmé qu'il avait vu les deux hommes et était parvenu à un accord avec les ravisseurs. L'émissaire français aurait obtenu la remise d'une cassette audio dans laquelle « Christian et Georges » annonceraient personnellement leur prochaine libération. Une heure plus tard, le Quai d'Orsay indiquait ne pas avoir « connaissance d'un accord ».

Le Parisien, 29 septembre 2004

Leçon 8

b   Quelle information centrale retrouve-t-on dans ces deux documents ? Résumez-la en une phrase qui répondra, dans la mesure du possible, aux questions *Qui ? Quoi ? Où ? Quand ? Comment ?*

c   Quelles sont les principales différences d'un point de vue informatif et stylistique entre les deux titres et entre les deux documents ? Leurs auteurs pensent-ils que Charles Brett est un *médiateur* dans l'affaire des otages ? Croient-ils que les otages vont être bientôt libérés ? Notez les formulations qui vous font penser cela.

d   Quelle est la nature de ces documents ?

e   Pensez-vous que les journalistes sont suffisamment prudents dans ce qu'ils annoncent ? Vous souvenez-vous d'informations présentées comme vraies par la majorité de la presse de votre pays alors qu'elles étaient fausses ?

f   La prise d'otages, un moyen efficace et juste pour obtenir quelque chose ? Pensez à des exemples de prises d'otages. Considérez la question du point de vue des preneurs d'otages et de celui des otages. Quels peuvent être les sentiments et pensées des uns et des autres ?

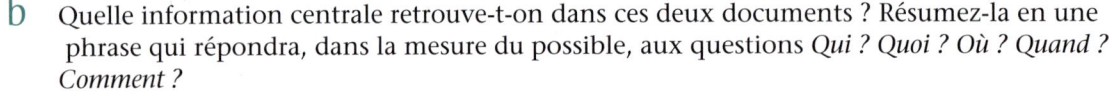

Comment porter un jugement moral

C'est inadmissible/intolérable/inhumain. ▮ C'est légitime. ▮ Cela se comprend.
La fin justifie les moyens.

Repère grammatical : le conditionnel (expression du doute)

a   Observez et complétez.

futur	conditionnel présent	conditionnel passé
je ferai	je ferais	j'aurais fait
tu _feras_	tu _ferais_	tu _aurais fait_
il/elle _fera_	il/elle _ferait_	il/elle _aurait fait_
nous ferons _____	nous ferions _____	nous aurions fait _____
vous _ferez_	vous _feriez_	vous _auriez fait_
ils/elles _feront_	ils/elles _feraient_	ils/elles _auraient fait_

b   Dans les phrases suivantes, pourquoi le journaliste a-t-il écrit *aurait obtenu* et *annonceraient* ? Que veut-il montrer ?

L'émissaire français **a obtenu** la remise d'une cassette audio dans laquelle « Christian et Georges » **annoncent** personnellement leur prochaine libération.
L'émissaire français **aurait obtenu** la remise d'une cassette audio dans laquelle « Christian et Georges » **annonceraient** personnellement leur prochaine libération.

Pour vérifier vos réponses et en savoir plus sur le conditionnel, allez pages 196–197.

9   Complétez le tableau.

infinitif	futur	conditionnel présent	conditionnel passé
être	je _serai_	je _serais_	j' _aurais été_
avoir	tu _auras_	tu _aurais_	tu _aurais eu_
chanter	il/elle _chantera_	il/elle _chantrait_	il/elle _~~chantaurait~~ chanté_
finir	nous _finirons_	nous _finirions_	nous _aurions fini_
prendre	vous _prendriez_	vous _prondriez_	vous _auriez pris_
venir	ils/elles _viendront_	ils/elles _viendraient_	ils/elles _seraient venus / venues_

Leçon
8

10   Rendez à César ce qui est à César.

18 a   Ecoutez l'enregistrement et cochez au fur et à mesure la réponse correcte.

	Vrai	Faux
1 Internet et la presse ne sont pas compatibles.	☐	☒
2 L'accès payant aux archives des journaux est un inconvénient pour les lecteurs.	☒	☐
3 Avoir un site Internet est très coûteux pour un journal.	☐	☒
4 La presse en ligne est entièrement payante.	☒	☒
5 Les newsletters des journaux sont excellentes.	☒	☐
6 Les internautes ont du mal à comprendre le style des journalistes en ligne.	☐	☒

b   Pour vérifier vos réponses, lisez le texte.

Interviewer
Violaine de Marsangy

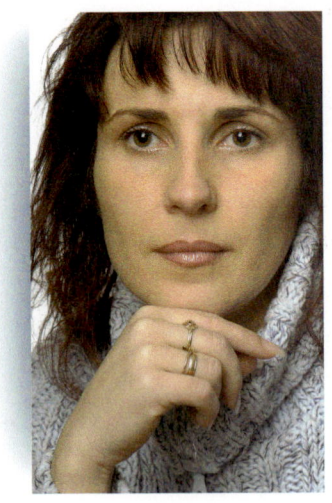

■ Internet et la presse font-ils bon ménage ?

● Bien sûr. Surtout dans la presse hebdomadaire et mensuelle où Internet est le relais au quotidien.

■ La tendance actuelle serait au passage du gratuit au payant, notamment pour l'accès aux contenus des sites de presse. Qu'en pensez-vous ?

● C'est déjà souvent le cas pour les archives. En tant qu'utilisatrice, je ne trouve pas cela génial… Mais vu l'état assez sinistré de la presse actuellement, je trouve normal que les journaux essaient de gagner de l'argent là où ils ont investi.

■ Quelles grandes tendances voyez-vous se profiler pour la presse en ligne ?

● Je pense que c'est un service indispensable, que beaucoup de lecteurs sont contents de s'informer sur Internet ou d'y rechercher des archives. Mais je pense que ces services sont maintenant de plus en plus payants et je trouve cela tout à fait normal. Ce qui n'empêche pas de lire les actualités gratuitement et d'être abonné à des newsletters de qualité, gratuites également.

■ Le métier de journaliste en ligne a-t-il des particularités propres ?

● Il faut être très réactif et peut-être avoir un style plus direct, des phrases courtes, simples, sinon l'internaute ne comprend rien…

D'après www.revue-referencement.com

Leçon
8

Comment montrer que l'on cite quelqu'un

Selon X, … ▌ …, a-t-il dit. ▌ a dit X. ▌ …, a-t-il affirmé. ▌ …, a affirmé X.
D'après X, … ▌ …, a-t-il ajouté. ▌ …, a ajouté X. ▌ …, a-t-il demandé.
…, a demandé X. ▌ …, a-t-il répondu. ▌ …, a répondu X.

c   Utilisez ces outils pour rapporter les paroles de Violaine de Marsangy, journaliste en ligne.

Internet et la presse font bon ménage, a répondu la journaliste.
Selon la journaliste, Internet et la presse feraient bon ménage.

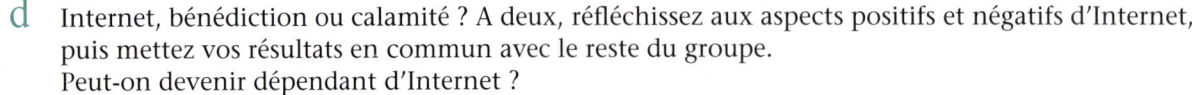 d   Internet, bénédiction ou calamité ? A deux, réfléchissez aux aspects positifs et négatifs d'Internet, puis mettez vos résultats en commun avec le reste du groupe.
Peut-on devenir dépendant d'Internet ?

(11) Savoir argumenter

a Ecoutez l'enregistrement et complétez.

_____ , il n'y a pas de baisse ou de hausse de la crédibilité des journalistes.

_____ en ce moment on est dans un bas.

_____ c'est un peu à cause des scandales, avec le sentiment qu'on recherche plus l'audience que la vérité. _____ dans les affaires politico-sanitaires par exemple – vache folle, sang contaminé, uranium appauvri –, les gens ont l'impression qu'on ne leur explique pas grand-chose ou qu'on leur explique trop tard.

_____ les journalistes, en général, sont plus soucieux d'épouser les peurs du moment ou, à l'inverse, se faire les porte-parole de différents intérêts économiques.

_____ , les erreurs commises par les journalistes sont dues soit à un manque de rigueur ou de travail, soit à une soumission excessive aux contraintes du journalisme,

_____ à la forme, à l'urgence.

_____ , le but de notre émission, c'est de vivre avec ce *machin* qui s'appelle la télé tout en conservant notre liberté d'opinion et d'expression.

b Lesquels de ces mots et expressions que vous avez notés dans **a** utilise-t-on pour… :

a … introduire la même idée, exprimée avec d'autres mots ? _____

b … introduire un second argument ? _____

c … indiquer la fin d'une argumentation ? _____

d … introduire un premier argument ? _____

e … opposer à ce que l'on a dit un nouvel argument ou un fait particulier ? _____

f … nuancer ce qu'on a dit ? _____

g … introduire son opinion personnelle ? _____

h … introduire une explication ? _____

c En utilisant ces mots et expressions, présentez votre opinion personnelle sur les émissions de télé-réalité.

(12) Revue de presse

a Formez quatre équipes de reporters, selon vos centres d'intérêt : actualité internationale, nationale, locale et informations insolites ou amusantes.

b Pendant la semaine, cherchez dans la presse de votre pays deux informations que vous trouvez intéressantes pour la rubrique de votre équipe et faites des photocopies des articles pour les autres membres de votre équipe.

c Au cours suivant, mettez en commun vos articles et choisissez entre vous les deux informations les plus intéressantes. Prenez des notes par écrit, avant de présenter vos informations au groupe entier en prenant de la distance.

d Demandez ensuite aux autres participants s'ils ont eu d'autres informations sur le sujet et quel est leur avis sur la question.

Leçon

8

Loin de Paris

1 Les régions de la France

Connaissez-vous des régions françaises ? A deux, parlez des régions de la France que vous avez déjà visitées et faites l'inventaire des particularités de ces régions. Mettez en commun au tableau vos résultats avec les autres tandems.

Nom de la région	Spécialités Produits typiques	Patrimoine naturel et culturel	Autres

2 Les plus beaux villages

© PBVW-Scripto

A Rodès

B Falaën

C Audierne

D Cacouna

Bretagne   Québec   Wallonie   Roussillon

a Travaillez en petits groupes. Choisissez une des photos et faites-en une description. Devinez dans quelle région ce village est situé. Présentez la description aux autres participants.

> **Situer dans l'espace**
>
> à droite (de), à gauche (de) | en bas | en haut | au centre (de)
> au premier plan | devant
> au fond | derrière
> près de | autour de | à côté de
> il y a | se trouver | être situé | être placé | être

b Travaillez à deux. L'un de vous pose des questions pour obtenir des informations sur chaque village (population, industrie, histoire, monuments à voir) ; l'autre répond grâce aux informations qui se trouvent dans les annexes (page 175). Présentez un des villages au groupe.

c Quel village avez-vous le plus envie de visiter ? Pourquoi ?

3 F comme « France profonde »

a Prenez une feuille de papier, écrivez au milieu le mot *Province* et ajoutez tous les mots qui vous viennent à l'esprit. Comparez avec votre voisin/voisine. Y-a-t-il de grandes différences ?

b Mettez en commun tous les mots du groupe au tableau.

c Travaillez à deux et écrivez cinq phrases en utilisant chaque fois au moins un mot de votre feuille.

d Travaillez en deux groupes.

Groupe 1 Lisez le texte ci-dessous et répondez aux questions suivantes :
Nommez trois définitions différentes de *France profonde* ; laquelle préférez-vous ? Pourquoi ?

> [...] La France profonde, qu'est-ce que c'est ? C'est là où les routes sont trop étroites pour aller vite ? C'est là où il n'y a que des bois et des champs avec des sangliers qui traversent brusquement, la nuit, devant votre voiture ? C'est là où l'on recense 40 habitants/km² ? C'est là où certaines gens ne parlent toujours pas le français ? C'est là où, au bout de deux jours, on s'ennuie tellement qu'on veut rentrer dans son appartement ? C'est là où il n'y a pas d'esthéticienne à moins de 30 kilomètres ? C'est là où la cuisine est trop grasse ? Et bien oui, la France profonde c'est tout cela et bien plus encore, vous diront certains. Ceux qui y viennent en vacances, qui y sont accueillis et qui [...] la jugent ainsi.
>
> La France profonde pour moi, c'est celle qui est en dessous du niveau de la mer. Rien de plus. C'est juste une déduction géographique qui me le fait dire. De toutes façons, le nom France suivi de l'adjectif profonde, ça ne va pas ensemble. Est-ce que vous avez déjà entendu dire *la France haute* ?
>
> **D'après Frédérick Boucher www.18heures.org**

Groupe 2 Lisez le texte page 175 et répondez aux questions de la page 175.

Les deux groupes échangent ensuite leurs informations.

e Est-ce que le phénomène des *régions profondes* existe aussi dans votre pays ?
S'il existe, nommez les régions qui, d'après vous, sont concernées.
Est-ce que la capitale de votre pays joue le même rôle que Paris en France ?

Leçon
9

Une randonnée particulière – Le pèlerinage
à Saint-Jacques-de-Compostelle

a Avez-vous déjà fait une grande randonnée pendant vos vacances ?
Connaissez-vous le chemin de Saint-Jacques ou quelques-unes de ses étapes ?

OCEAN ATLANTIQUE

FRANCE

Poitiers
St-Jean-d'Angély
Saintes
Noblat
Limoges
Autun
Cluny
Souvigny
Blaye
Périgueux
Rocamadour
Conques
Aubrac
Bordeaux
Belin
Moissac
St-Guilhem
St-Gilles du Gard
Garonne
Toulouse
Bayonne
Ostabat
St-Jean-Pied-de-Port
Roncevaux
Port-de-Cize
P Y R E N E E S
Oviedo
Col du Somport
Saint-Jacques-de-Compostelle
Mellid
Puertomarin
Palas de Rey
Barbadelo
Rabanal
Puente la Reina
Pamplona
Jaca
Ponferrada
León
Estella
Sangüesa
San Juan de la Pena
Astorga
Hospital de Orbigo
Sahagún
Villafranca
Logroño
Ebre
Miño
Burgos
Santo Domingo de la Calzada
Benavente
Santo Domingo de Silos
PORTUGAL
E S P A G N E
MER MEDITERRANÉE

Leçon
9

1 _____ 2 _____ 3 _____ 4 _____

b Lisez le texte et placez les villes de départ sur la carte.

Tout au long du Moyen Age, Saint-Jacques-de-Compostelle a été la plus importante de toutes les
destinations pour d'innombrables pèlerins venant de toute l'Europe. Pour atteindre l'Espagne,
les pèlerins devaient aussi traverser la France. Les quatre principales routes de pèlerinage
menant à Saint-Jacques-de-Compostelle partaient respectivement de Tours, de Vézelay, du Puy
et d'Arles, et chacune d'entre elles était rejointe par plusieurs routes secondaires. En les parcou-
rant, on traverse les plus beaux paysages des régions françaises et sur les chemins se trouvent
beaucoup de monuments historiques impressionnants, dont 71 ont été sélectionnés pour une
inscription sur la liste du patrimoine mondial de l'Unesco. Beaucoup de pèlerins-randonneurs
ont une source de motivation supplémentaire : sur ce chemin à la fois mythique et mystique, ils
trouvent aussi une partie d'eux-mêmes en arrivant à Saint-Jacques-de-Compostelle.

D'après www.bfc.france3.fr

20 c Ecoutez le témoignage de Margot et Jules, qui ont suivi le chemin de Saint-Jacques-de-Compostelle pendant leurs vacances. Relevez les informations suivantes :

1 Combien de jours ont-ils suivi le chemin de Saint-Jacques-de-Compostelle ? *18 jours*
2 Combien de parties du chemin ont-ils faites ? Jusqu'où sont-ils allés ? *2 parties jusqu'à Saint-Jacques*
3 Pourquoi ont-ils décidé de faire le pèlerinage ? *n'avais pas envie de venir à la plage 3 semaines, émotions inoubliable*
4 Comment s'appelle le passeport des pèlerins ? *la créédentiale ?*
5 Combien de kilomètres faut-il effectuer à pied pour accomplir le pèlerinage ? *600 km à pieds*

d Avez-vous déjà fait un pèlerinage ou connaissez-vous quelqu'un qui en a déjà fait un ?
Que recherchent les personnes qui vont à Saint-Jacques-de-Compostelle ?

> **Repère grammatical : le gérondif**
>
> Observez et complétez.
>
> *En* _____ les quatre principales routes, on traverse les plus beaux paysages des régions françaises…
> Ils trouvent aussi une partie d'eux-mêmes _____ à Saint-Jacques-de-Compostelle.
>
> Pour en savoir plus sur le gérondif, allez à la page 199.

Gérondif : kann man durch Relativsatz ersetzen

e Formez des phrases en chaîne en utilisant le gérondif comme dans l'exemple.

Nous faisons des randonnées **en discutant**. → Nous discutons **en buvant** du café. →
Nous buvons du café **en lisant** le journal. → …

5 ## Tu ne serais pas Marseillais ?

Faites correspondre les expressions suivantes à leur explication.

1 donner une réponse de Normand
2 faire une offre de Gascon
3 « Tu ne serais pas Marseillais ? »
4 être parent à la mode de Bretagne
5 faire du parisianisme

a faire une promesse ou une proposition qui n'est pas sérieuse
b tout juger en fonction de la capitale
c dire qu'on est parent proche, alors que les liens de parenté sont moins étroits en réalité
d Se dit à quelqu'un qui a tendance à exagérer.
e ne répondre ni par oui ni par non

Leçon **9**

6 ㅤ Les loups en Provence – Une discussion sur Internet

a ㅤ A deux, lisez les titres de journaux et imaginez de quoi parlent les articles. Mettez vos idées en commun avec les autres participants.

> **Un crime contre la nature : de plus en plus d'ordures dans nos forêts**

> **Provence : un deuxième campeur attaqué par des loups**

> **Des crocodiles dans les rivières en Corse ?**

> *Eté 2005 : encore le feu sur la Côte d'Azur*

> **Exode rural : chaque année, trois villages disparaissent en Provence**

 b ㅤ Lisez le texte et, à deux, relevez les arguments pour et contre les loups en Provence.

Leçon

9

[Sylphide] C'est pas vrai !!! Les écolos essaient une fois de plus de sauver le monde… cette fois, ils s'occupent des loups dans l'arrière-pays niçois…

[Vanille] Les loups ne sont nullement responsables de la bêtise humaine ! 40 loups venus d'Italie… faut pas exagérer quand même ! Quand je pense aux espèces d'animaux qui n'existent déjà plus en France. Mais je préfère ne pas y penser…

[Sylphide] Certes, mais pourquoi pas introduire des crocodiles dans les rivières françaises pendant qu'on y est ? Histoire d'enrichir la faune locale ! Pas drôle de randonner dans ces régions et coucher à la belle étoile quand les loups y rôdent… Quand je pense que je m'y promenais seule, il y a une quinzaine d'années… je le ferai plus aujourd'hui…

[Vanille] Eh ben, si vous voulez, on peut ainsi faire l'inventaire de l'arche de Noé. Désolée, mais le loup a aussi droit à un territoire de vie et de mort… comme l'homme ! Dans les rues de votre ville non plus, vous ne pouvez plus vous promener seule la nuit…

[Sylphide] En effet, il y a assez d'hommes dangereux… si en plus on réintroduit des animaux dangereux de manière artificielle, des loups qui tuent nos moutons ! Pourquoi pas s'occuper des rhinocéros, hein ? Je suis presque sûr qu'il y a des idéalistes qui s'en occupent. Que ceux qui éprouvent une nostalgie de l'arche de Noé aillent vivre en Afrique pour y faire la connaissance des crocodiles.

[Coco] Pourquoi vous parlez encore des crocodiles ? Il n'y en a jamais eu dans les rivières françaises alors qu'il y a eu des loups dans les montagnes jusqu'à une époque pas si lointaine.

[Sylphide] Faux ! Il y en a eu ! Renseignez-vous ! C'était bien avant votre naissance, certes ! Il me semble qu'il y a des urgences en France plus préoccupantes que de faire vivre ces animaux n'importe où, n'importe comment !

c Au tableau, faites l'inventaire des mots en relation avec la *nature* qui se trouvent dans les textes. Ajoutez les mots que vous connaissez.

d Faites correspondre les mots et expressions suivants à leur définition.

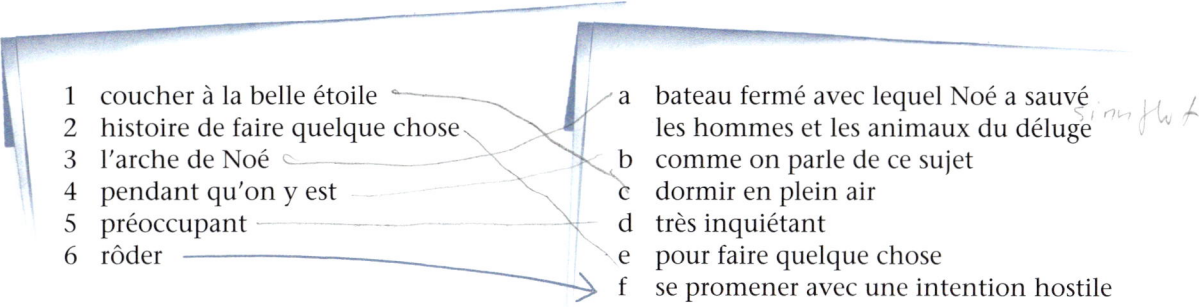

1 coucher à la belle étoile
2 histoire de faire quelque chose
3 l'arche de Noé
4 pendant qu'on y est
5 préoccupant
6 rôder

a bateau fermé avec lequel Noé a sauvé les hommes et les animaux du déluge
b comme on parle de ce sujet
c dormir en plein air
d très inquiétant
e pour faire quelque chose
f se promener avec une intention hostile

e Il s'agit d'une discussion sur Internet. A deux, cherchez les particularités linguistiques de cette discussion.

f « … il y a des urgences plus préoccupantes… ». D'après vous, qu'est-ce qui est plus urgent en ce moment ? A deux, réagissez à un des arguments de la discussion et ajoutez un message.

● ● ●	Nouveau message	
Envoyer Joindre Adresses Polices Couleurs Enreg. comme brouillon		
À :		
Cc :		
Objet :		

Leçon

9

Repère grammatical : les pronoms *en* et *y*

Observez et cherchez dans le texte les pronoms qui manquent.

… pour faire la connaissance des crocodiles **en Afrique**.
… pour _____ faire la connaissance des crocodiles.

Mais je préfère ne pas penser **aux espèces d'animaux qui**…
Mais je préfère ne pas _____ penser.

Il n'y a jamais eu **de crocodiles** dans les rivières françaises.
Il n'y _____ a jamais eu dans les rivières françaises.

… il y a des idéalistes qui s'occupent **des rhinocéros**.
… il y a des idéalistes qui s' _____ occupent.

Pour vérifier vos réponses et en savoir plus sur les pronoms *y* et *en*, allez pages 197–198.

 **7** A vous !

a A l'oral, retrouvez ce que les pronoms *en* ou *y* remplacent dans ces phrases et transformez comme dans l'exemple.

Elle n'y va certainement pas. → Elle ne va certainement pas **à Paris** cette année.

1 Nous n'en sommes pas responsables. *Nous ne sommes pas de sa faute.*
2 Vous vous y intéressez vraiment ?
3 Je n'y participe pas. *à la discussion*

4 Ne lui en parle pas. *Ne lui parle pas de mes problèmes*
5 Ils s'en occupent.

 b Expressions idiomatiques avec *en* ou *y*. A deux, imaginez à l'écrit une phrase qui précède.

1 _____ . Je m'en vais. *ich gehe weg*
2 *J'ai fait le ménage tout le jour* . J'en ai assez. *ich habe genug davon*
3 *J'ai fait beaucoup de sport* . Je n'en peux plus. *ich kann nicht mehr*
4 *Il a oublié mon anniversaire* . Je lui en veux. *ich bin ihm (ihr) deswegen böse*
5 *Je chercherais votre portable* . Ne vous en faites pas. *machen Sie sich keine Sorgen*
6 _____ . Il s'y connaît. *Sie kennen sich damit aus*
7 *Ce n'est pas de ma faute* . Je n'y suis pour rien. *ich kann nichts dafür*
8 *Je suis prête* . Ça y est. *es ist soweit / fertig*

Repère grammatical : la place des pronoms dans la phrase

Observez et complétez.

« Je vous **le** dis franchement : le loup a aussi droit à un territoire de vie et de mort. »
« Des loups ? Il **y en** a eu dans nos montagnes. »

sujet	me te se nous *vous* se	*le* la les	lui leur	*y*	*en*	verbe

Pour vérifier vos réponses et en savoir plus sur la place des pronoms, allez pages 188–189.

---

 8 Pronoms à placer

Répondez aux questions en remplaçant les groupes de mots surlignés par les pronoms correspondants.

1 As-tu parlé de nos vacances en Franche-Comté à ton chef ? *en ... lui*
2 Es-tu sûr qu'on trouve le repos et le calme au cœur du parc naturel du Haut-Jura ? *les ... y*
3 Allez-vous visiter les célèbres salines de Nicolas Ledoux à Arc-et-Senans ? *les ... y*
4 Achetez-vous de nouvelles chaussures à vos enfants pour faire cette randonnée ? *en ... leur*
5 Vas-tu offrir les deux semaines de vacances à ta femme pour votre anniversaire de mariage ? *les ... lui*
6 As-tu écrit à ton père que tu pars vivre au Québec ? *lui ... le*
7 Y a-t-il beaucoup de pèlerins sur le chemin de Saint-Jacques ? *y*

9 La France des trois océans

🔘 21 a
Ecoutez l'enregistrement et cochez la réponse correcte.

	Vrai	Faux
1 La France, c'est l'Hexagone. *Sechseck*	☒	☐
2 Tous les territoires français d'outre-mer se trouvent dans l'océan Atlantique.	☐	☐
3 Les territoires français d'outre-mer sont un patchwork de cultures différentes.	☐	☐
4 Le peuple kanak vit à la Martinique.	☐	☐
5 On peut voir des volcans à Saint-Pierre-et-Miquelon.	☐	☐
6 La Polynésie française est constituée de 2 314 îles.	☐	☐

b Connaissez-vous une île des Antilles ? Laquelle ? Que pensez-vous du fait que la France possède encore des territoires d'outre-mer ? Est-ce que d'autres pays européens sont dans le même cas ? *la Grande-Bretagne / l'Angleterre → Gibraltar*

10 Comment améliorer son cadre de vie ?

Travaillez en petits groupes et développez ensemble un programme pour améliorer votre cadre de vie.
Faites un bilan. Quels sont les points forts de votre village ou, si vous habitez en ville, de votre quartier ? Que peut-on y améliorer ?
Cherchez des propositions concrètes.
Présentez vos réflexions aux autres groupes.

Bilan 3

Loisirs, médias et régions francophones, des sujets familiers.

Je peux à nouveau...	Objectif atteint	Point à travailler	Pour tester mes connaissances dans ce bilan	Pour réviser dans le livre
... décrire mes désirs, mon enthousiasme ou ma déception.				L7 : 9
... exprimer mes remerciements.				L7 : 12 ; ex. 7
... repérer des informations spécifiques dans un document oral.			7/1	L7 : 6, 11 L8 : 10 ; ex. 1 L9 : 4, 9 ; ex. 4
... chercher des informations spécifiques dans plusieurs textes courts pour accomplir une tâche.				L7 : 9 ; ex. 5
reconnaître les conclusions principales de textes argumentatifs écrits clairement.			8/3	L8 : 11
... comprendre dans le détail un document écrit.			8/3	L7 : 3 L8 : 8 L9 : 6
... dégager les informations principales d'un flash d'information.				L8 : 5 ; ex. 10
... rédiger une invitation, en accepter ou en refuser une.			7/2	L7 : 12
... je peux écrire des rapports courts qui rendent compte d'informations factuelles.			8/3	L8 : 12 ; ex. 4
... décrire un paysage.			9/1	L9 : 2 ; ex. 2
... apprécier des propositions.				L7 : 13
... argumenter sur un sujet abstrait.				L8 : 11
... faire une suggestion et réagir à une suggestion.			7/2	L7 : 9
... participer à un forum de discussion.				L9 : 6

J'ai revu comment...	Objectif atteint	Point à travailler	Pour tester mes connaissances dans ce bilan	Pour réviser dans le livre
... employer le subjonctif (emplois complexes).			7/3	L7 : 4, 8 ; ex. 1, ex. 3, ex. 4
... former et employer le conditionnel.			8/1	L8 : 9, 10 ; ex. 5 – 7
... former et employer le passif.			8/2	L8 : 6 ; ex. 3, ex. 4
... former et employer le gérondif.			9/2	L9 : 4 ; ex. 3, ex. 5, ex. 6
... employer les pronoms *y* et *en*.			9/3	L9 : 7, 8 ; ex. 8 – 10

7/1 Notre société de loisirs

22 Ecoutez cette chronique radiophonique de Janine Perrimond *(C'est juste mon avis-RTL)* et répondez aux questions.

1 Quelles sont les trois manifestations sportives mentionnées par la journaliste ?
l'Euro football, le Tour de France, les jeux olimpiques

2 Pourquoi avons-nous beaucoup plus de loisirs que nos grands-parents ?
parce que' on travaille moins, congé, retraite

3 Dans quelle industrie la France est-elle championne ?
le tourisme, loisir

4 Qui travaille un tiers de plus que les Européens ?
les Américains

5 Quelle est, selon la journaliste, la priorité des Américains ? Et celle des Européens ?
l'argent   le temps libre

7/2 Ça te dirait de faire du roller ?

Complétez.

1 ● Ça te dirait de faire du roller sur les Champs-Elysées ? ■ Oui, *ça me plairait* .

2 ● Etes-vous libre à dîner le 14 juillet ? ■ Non, *je ne suis pas libre* .

3 ● J'organise une fête samedi prochain. Tu viendras ? ■ Oui, *j'aimerais de venir à toi* .

4 ● Tu es content de ton séjour chez nous ? ■ Oui, je *suis très contente* .

5 ● *Est-ce que tu as envie à faire une partie d'échecs* ? ■ Une partie d'échecs ? Pourquoi pas ?

7/3 *Que* + indicatif, *que* + subjonctif ou *de* + infinitif ?

Complétez.

1 ● Je regrette *que tu n'ailles pas* (tu – ne pas aller) à la remise des Césars. Toi aussi, n'est-ce pas ?

■ Non, je ne regrette vraiment pas *de ne pas y aller* (je – ne pas y aller).

2 ▲ Est-il nécessaire *que nous apprenions* (nous – apprendre) le chinois ?

❖ Oui, il faut absolument *que vous étudier* (vous – étudier) cette langue avant *de vous participer* (vous – participer) au stage.

3 ◆ Je suis content *qu'il fasse* (il – faire) beau temps depuis le début des vacances !

■ Moi, je trouve dommage *qu'il ne pleuve pas* (il – ne pas pleuvoir) de temps en temps pour rafraîchir l'atmosphère.

4 ◆ Je crois *qu'il y a* (il y a) encore beaucoup de chasseurs et de pêcheurs en France.

■ Tu te trompes, je ne crois pas *qu'il y en ait* (il y en a) encore beaucoup.

5 ◆ Je trouve *que la radio permet* (la radio – permettre) d'améliorer son orthographe. Pas toi ?

■ Moi, je ne trouve pas *qu'elle permette* (elle – permettre) d'améliorer son orthographe, mais plutôt sa prononciation.

8/1 Comment serait la vie sans le progrès technique ?

Terminez les phrases en employant les verbes suivants au conditionnel présent ou passé, selon le sens de la phrase.

ne pas guérir de certaines maladies | ne pas pouvoir faire cette traduction la semaine dernière cuire les aliments au feu de bois | aller sur la Lune en 1969 | ne pas être détruites en 1945 lire davantage

1 Sans le progrès technique, les hommes _ne serait pas allés sur la lune en 1969_

2 Sans gaz, ni électricité, nous _cuirions les aliments au feu de bois_

3 Sans la pénicilline, on _ne~~guérait~~ pas de certaines maladies_ . (guérirait)

4 Sans l'invention de la bombe atomique, Hiroshima et Nagasaki _n'auraient pas été détruites en 1945_ .

5 Sans télévision, vous _liriez davantage_ .

6 Sans Internet, je _ne ~~pourrais fair~~ cette traduction la semaine dernière_
   n'aurais pas pu

8/2 Quelques dates dans l'histoire du journal télévisé français

Retrouvez les formes passives correspondant aux verbes entre parenthèses. Faites attention au choix du temps.

En France, le premier journal télévisé _a été expérimenté_ (expérimenter) en juillet 1949 avec le Tour de France. La confection du journal était alors plutôt « artisanale » : les films en 16 mm _étaient développés_ (développer) à la hâte, les commentaires _étaient improvisés_ (improviser).

En 1956, le journal télévisé _~~était intégré~~_ (intégrer) à la Direction de l'information et a pris une dimension plus politique. (a été intégré) Le gouvernement invitait à ses réunions les responsables des journaux, afin d'en contrôler le contenu. La censure était devenue omniprésente, faisant du journal télévisé l'un des enjeux majeurs des revendications de 1968.

En 1969, les journaux des deux chaînes de télévision _ont été mis_ (mettre) en concurrence. Dès lors, certains tabous _ont été brisés_ (briser).

La forme du journal télévisé a continué à évoluer : en 1979, l'édition de la mi-journée _a été lancée_ (lancer) –, le présentateur unique a fait son apparition et avec lui les stars du petit écran, tels Yves Mourousi, Jean-Pierre Elkabbach ou Roger Gicquel.

Après 1981, les rédactions ont conquis progressivement leur indépendance face au pouvoir politique.

wann imparfait, wann passé composé ?

8/3 Au-delà des mots

a Selon le document de l'exercice 8/2, quelles sont les grandes étapes dans l'histoire du journal télévisé français ? Donnez un titre à chacune d'elles.

b Quels mots ou expressions du texte associez-vous à *censure* ? Lesquels pourriez-vous ajouter ?

9/1 Critique d'art

23 **a** Ecoutez le guide. De quel tableau parle-t-il ?
    b Devenez critique d'art et faites par écrit une description d'un des deux autres tableaux.
       Présentez-la au groupe.

Paul Signac,
Les Andelys – La Berge

Jan Vermeer,
Vue de Delft

Arthur Gue,
Royan, la plage de la Conche

9/2 C'est en...

Complétez les phrases en utilisant une des expressions suivantes au gérondif.
sortir de l'immeuble ▌ courir un marathon sous la pluie ▌ travailler dans un foyer pour sans-abri
jeter une cigarette mal éteinte ▌ boire un verre de bon vin ▌ faire le tour du monde

obdachlose

1 En **Buvant un verre de bon vin** , vous oublierez tous vos soucis.
2 Il a attrapé froid **en courant un marathon sous la pluie** .
3 Nous avons beaucoup appris **en travaillant dans un foyer pour sans-abri**
4 Tu découvriras mille et une civilisations étrangères **en faisant le tour du monde**
5 **En sortant de l'immeuble** , il a vu la femme de ses rêves.
6 C'est **en jetant une cigarette mal éteinte** qu'il a mis le feu à la forêt.

9/3 Aimer la Provence

Remplacez chaque groupe de mots surligné par un pronom.

1 Depuis plusieurs années, je m'intéresse particulièrement à la Provence. **je m'y intéresse**
2 J'ai visité beaucoup de villes et de villages dans cette région. **J'y en ai visité**
3 Je me souviens très bien de ma première visite en 1987. **je m'en souviens**
4 Par la suite, je suis souvent retourné en Provence. **j'y suis**
5 Il y a deux ans, j'ai acheté la maison de mes rêves près de Lourmarin. **je l'ai acheté**
6 Je parle souvent de la Provence à mes amis. **Je leur en parle**
7 J'ai invité mes amis à m'accompagner en Provence. **Je les ai invités à m'y accompagner**
8 En Provence, j'ai retrouvé la joie de vivre. **je l'y ai retrouvé**

Vous venez de faire ce troisième bilan. Comment répondriez-vous maintenant aux questions posées
dans le Bilan 1 (p. 35) sur vos acquis et votre méthode de travail ?

TIPP

Pour aller plus loin, je peux encore...

... jouer à des jeux de société en français avec d'autres apprenants intéressés.
... écouter régulièrement le journal en français facile diffusé par Radio France Internationale.

Travailler pour vivre, ...

1 Histoires drôles

Lisez ces histoires drôles. Trouvez pour chacune de quel métier on se moque parmi les propositions suivantes :

le dentiste | la vendeuse | le professeur | l'ingénieur | la coiffeuse | l'historienne
le gendarme | le pharmacien | le boulanger | la chanteuse | le serveur

1 ■ Chef, chef ! Il y a eu un vol cette nuit au supermarché !
On a volé 2 000 cartouches de cigarettes et 1 500 salades.
● Bien, et vous avez des soupçons ? verdacht
■ Oui, on recherche un lapin qui tousse. husten

les gendarme

2 ■ Quelle coupe désirez-vous ?
● Je voudrais : rasé sur le côté gauche. La brosse sur le dessus mais avec un trou au milieu. La nuque dégarnie mais avec quelques touffes par-ci, par-là.
■ Voyons, monsieur, ce n'est pas possible, ce n'est pas une coupe.
● Ah bon, pourtant, c'est ce que vous m'avez fait la dernière fois !

la coiffeuse

3 ■ Monsieur ! Vous désirez ?
● Vous avez des meugnagnaburfs à la pomme ?
■ A la quoi ???

le boulanger

4 ■ Que fait cette mouche dans ma soupe ?
● Heu… du dos crawlé, il me semble, monsieur !
Rück Crawlen

le serveur

5 ■ Auriez-vous un produit vraiment très efficace pour la repousse des cheveux ?
● Vous tombez bien ! Je viens de recevoir ce produit miracle qui vient de Chine…
■ Et c'est vraiment efficace ? Haare
● Vous voyez la boule de poils derrière moi ? C'est mon assistante qui a essayé d'ouvrir un flacon ce matin.

la vendeuse /
le pharmacien /
coiffeur

② **Qui fait quoi ?**

a Associez les professions de la liste **A** aux définitions de la liste **B**.

A		**B**
1 Un charcutier	a	organise et conserve des collections de livres.
2 Une infirmière	b	recherche les auteurs de crimes ou de délits.
3 Un pâtissier	c	prépare et vend de la viande de porc.
4 Une caissière	d	éteint des incendies.
5 Un notaire	e	fait des affaires ou des opérations de vente.
6 Un bibliothécaire	f	reçoit et rédige les contrats, les testaments, etc.
7 Une femme d'affaires	g	traduit des textes écrits d'une langue dans une autre.
8 Un maçon	h	conçoit et réalise des décors pour des spectacles.
9 Un commissaire	i	vend des gâteaux et des tartes.
10 Une traductrice	j	soigne les malades.
11 Un pompier	k	construit des bâtiments en béton, en briques ou en pierre.
12 Une décoratrice	l	travaille à la caisse d'un supermarché.

b En France, comme dans beaucoup d'autres pays, on classe les métiers en plusieurs groupes de professions, par exemple :

1 Artisans : boulanger, _pâtissier, un maçon, (chanteur)_
(personnes exerçant à leur compte un métier manuel)

2 Cadres : banquier, _le professeur, une femme d'affaires_
(personnes qui participent à la direction d'une entreprise ou d'un organisme)

3 Employés : programmeur, _une infirmière, une caissière_
(salariés travaillant dans un bureau, un magasin ou un autre service)

4 Fonctionnaires : magistrat, _un notaire, un bibliothécaire, un comissaire_
(personnes qui occupent un emploi dans une administration publique)

5 Ouvriers : mineur, _un charcutier, un maçon, le boulanger_
(salariés travaillant dans la production ou dans l'entretien d'un produit)

6 Professions libérales : médecin, _une traductrice, une décoratrice, arch. tecte_
(profession exercée librement et rémunérée par des honoraires)

Classez maintenant les professions présentées en **a** dans les groupes ci-dessus.

c Masculin – féminin ?
Ajoutez aux listes suivantes les formes féminines et masculines des professions citées dans l'activité **1** (sans faire de classement).

Masculin	Féminin	Masculin	Féminin
étud**iant**	étud**iante**	informatic**ien**	informatic**ienne**
épic**ier**	épic**ière**	institut**eur**	institut**rice**
vétérin**aire**	vétérin**aire**		
un infirmier	_une infirmière_	_un traducteur_	_une traductrice_
un charcutier	_une charcutière_		
un pâtissier	_une pâtissière_	_le serveur_	_la serveuse_
un caissier	_une caissière_		
un notaire	_une notaire_		
un pompier	_une pompière_		

Leçon 10

AB → 2   Leçon 10   93

3 Que faites-vous dans la vie ?

a Choisissez une profession – la vôtre ou un métier qui vous intéresse. Notez par écrit dix mots clés en rapport avec cette profession et donnez-en trois aux autres participants sans mentionner la profession. Les autres doivent la deviner. A chaque réponse fausse, vous donnez un mot clé supplémentaire jusqu'à ce que quelqu'un trouve la réponse.

> **boulanger**
> un sandwich | la farine | cuire | un croissant | vendre | au beurre
> la flûte | frais/fraîche | le four | pain complet

b Quelle est la profession de vos rêves ? Décrivez-la par écrit en quelques phrases et expliquez pourquoi. Votre professeur ramasse les feuilles, les mélange et les redistribue. Circulez dans le groupe et posez des questions à vos camarades pour trouver l'auteur du texte que vous avez en main.

4 La cote de popularité des métiers

a Lisez le texte et discutez ensemble. Les professions ne bénéficient pas partout de la même considération. Que pensez-vous de la situation en France ?

> Les professions qui inspirent le plus confiance aux Français sont celles de pompier (99 %), médecin (93 %), scientifique (87 %), gendarme (84 %), instituteur (84 %), commerçant (77 %), policier (76 %) et plombier (74 %).
> 63 % des Français ont plutôt confiance dans les fonctionnaires, 58 % dans les juges, 54 % dans les avocats, 52 % dans les chefs d'entreprise, 51 % dans les notaires, 51 % dans les garagistes, 49 % dans les prêtres, 36 % dans les journalistes, 18 % dans les hommes politiques.
>
> G. Mermet, *Francoscopie 2003* © Larousse 2002, p. 307 et 317

 b Dans tous les pays industrialisés, le rôle et la réputation des professions ont souvent changé. Pensez par exemple aux prêtres, aux journalistes, aux commerçants ou aux médecins. A deux, donnez quelques raisons pour expliquer ces changements.

5 Ma profession – Ma vie

24 **a** Ecoutez le témoignage de Marie-Hélène, sage-femme, 35 ans. Répondez ensuite aux questions suivantes :

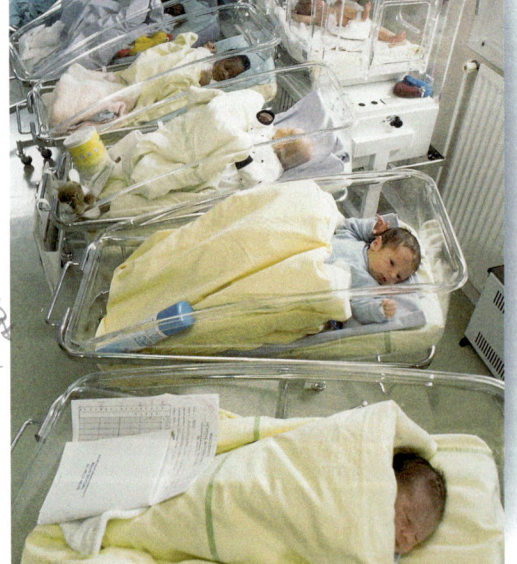

1 Comment Marie-Hélène a-t-elle eu l'idée de devenir sage-femme ?

C'était l'idée de sa mère

2 Quels sont les différents rôles de Marie-Hélène dans sa vie professionnelle ?

les cours de préparation, des consultations Gebyr l'accompagnement de l'accouchement et après

3 D'après Marie-Hélène, quelles sont les qualités nécessaires pour devenir sage-femme ?

Il faut avoir des capacités
• besoins du contact
• être passionnée
• bon condition physique et psychologique
• être ouvert aux autres

Leçon 10

Repère grammatical : le discours indirect introduit par un verbe au présent

Observez et complétez.

Prés.
« C'est un métier intéressant. »

« Ma profession a toujours été très intéressante. »

« Il faut être assez mature pour aborder ce métier ».

Prés.
Elle **dit** que **c'est** un métier intéressant.

Elle **déclare** que sa profession **a toujours été** très intéressante.

Elle **croit** qu' *il faut être assez mature pour aborder ce métier*

Pour vérifier votre réponse et en savoir plus sur le discours indirect, allez à la page 200.

24 b Réécoutez le témoignage et prenez des notes. Rapportez le contenu en faisant toutes les transformations nécessaires.

> Marie-Hélène raconte que… ┃ dit que… ┃ déclare que… ┃ explique que…

Marie-Hélène raconte qu'elle travaille à l'hôpital Rothschild à Paris depuis 1996. Elle dit que son rôle varie selon le service. Elle déclare que le travail comme une femme de sage demande beaucoup d'énergie. Elle explique qu'il faut être ouvert aux autres.

c Aimeriez-vous exercer une telle profession ?

6 A la recherche d'un emploi

a Travaillez à deux. Lisez les petites annonces, choisissez-en une et expliquez avec vos propres mots ce que les entreprises recherchent.

1 **CACHEMIRE ET SOIE** Cannes, recrute pour son magasin rue d'Antibes, vendeuse-responsable minimum 30 ans, anglais italien exigés, salaire motivant. CV par Fax au 04 93 88 47 09 ou Tél. : 06 75 74 80 57.

2 Urgent, **SOCIETE IMMOBILIERE,** St. Raphaël embauche comptable expérimenté (H/F) avec expérience cabinet, polyvalent, pour CDI. Adresser curriculum vitae, lettre de motivation + prétentions à EUROSUD, Le Palais Royal, Bât. C, rue des Frères Pons, 83700 St. Raphaël, réf 194770 sur l'enveloppe, qui transmettra.

CDI = Contrat à Durée Indéterminée
CDD = Contrat à Durée Déterminée

3 **RESTAURANT LA LOUCHE DE LOUIS XIV** Draguignan, recherche chef de cuisine en CDI ; sérieux, motivé, novateur, ayant des notions de manager et possédant un CV qui justifie d'un parcours professionnel réussi dans des établissements de qualité. Salaire à négocier. Tél. : 06 17 78 23 54, Fax : 04 94 50 88 47. *verhandeln*

4 **CHARLESTOWN GRAND SUD** recherche hôtesse d'accueil/standardiste, bilingue anglais, connaissances d'allemand, maîtrise word, excel, messageries, motorisée, pour CDD et CDI sur régions Nice et Sophia-Antipolis. Envoyer CV + photo + LM à CHARLESTOWN, S. Calvo, 2 Traverse de Picourenc, 06530 Peymeinade. Tél. : 06 11 32 58 04 ou par mail : s.calvo@wanadoo.fr

5 **RESTAURANT,** proche Cannes, recrute : commis de cuisine + chef de partie, nourris(es), logés(es), libres de suite, Tél. : 04 93 75 40 11. *Kost + logi*

Lettre de Motivation

Leçon

10

b   Lisez les deux CV suivants et dites lesquelles de ces annonces pourraient
     être intéressantes pour Bruno et Aude. Expliquez pourquoi.

Aude Durand
3, rue de l'Oratoire
13250 Cornillon-Confoux
Tél. : 04 90 50 43 27

Née le 26.09.1961
Mariée – 2 enfants (24 et 20 ans)

Expérience professionnelle

1993 à ce jour	Groupe Flo, Cannes Secrétaire - accueil et assistance téléphonique auprès de la clientèle - gestion des délais de règlement clients - tableaux et statistiques - secrétariat courant
1980 – 1992	Etude de maître Bagot, Notaire, Brest Secrétaire - accueil de la clientèle - constitution et suivi administratif des dossiers - rédaction des actes notariés - secrétariat courant, téléphone
1977 – 1979	Mairie de Quimper Sténodactylographe - courrier - relances écrites - travaux comptables

Formation

1976	C.A.P. de Sténodactylographie

Formation complémentaire

Word 2000
Excel 2000

Langues

Anglais : maîtrise convenable

Activités extraprofessionnelles

Randonnée, cinéma

 (4)

Bruno Sabatier
19, rue Paul-Guillon
33000 Bordeaux
Tél. : 05 56 49 88 11

Né le 22 avril 1970
Célibataire

Expérience professionnelle

4 années	Gérant du Restaurant Le Chapon fin, Bordeaux (33) - relations clientèle, fournisseurs - choix des produits - établissement des menus - encadrement du personnel
13 années	Chef de cuisine – Divers établissements - Le Parasol, Royan (17) - Le Corsaire, Rennes (35) - Une Affaire de goût, restaurant gastronomique, Nantes (44) - Hôtel Les Mouettes, Ajaccio (20)

Formation

1992	Deuxième prix concours gastronomique – Paris (75)
1990	Stage de Gestion Commerciale
1986	C.A.P. Cuisine

certificat d'aptitude professionnelle

Divers

Permis A et B
Sports pratiqués : rugby – parachutisme – moto
Autres loisirs : pêche – chant dans une chorale

B. peut se présenter (5) au poste 3
parce que son parcours professionnel
correspond à l'annonce et parce qu'il
a l'air novateur.

7 La lettre de motivation : donner envie d'en savoir plus

a Le CV donne des indications sur le profil professionnel, la lettre de motivation devrait susciter l'intérêt du lecteur.
Complétez la lettre de motivation suivante en ajoutant les mots manquants :

> assuré | capacités | compétences | exigences | postes | motivations
> objet | obtention | référence | salutations
>
> *For ordering* (handwritten above "exigences")

Sophie Leblanc
15, rue Joseph-d'Arbaud
83700 Saint-Raphaël
Tél. : 04 94 53 43 50

Saint-Raphaël, le 14 octobre 2004

Cabinet d'architectes Marignan
A l'attention de monsieur Doublet
10 rue Giacometti
06000 Nice

Objet : annonce parue dans Nice Matin
Référence : A598

Monsieur,

Votre annonce pour un poste d'assistante de direction a retenu toute mon attention. Depuis l'_obtention_ du BTS Secrétariat de Direction en juin 2002, j'occupe différents _postes_ à responsabilité en intérim.

Ces missions m'ont donné l'occasion de découvrir des activités variées : j'ai assisté pendant deux mois le Directeur Financier d'une grande entreprise industrielle, puis j'ai _assuré_ le secrétariat du Directeur d'une agence immobilière de dix employés pendant trois mois. J'ai également remplacé pendant cinq mois l'assistante de direction d'une agence de publicité.

Ces emplois m'ont permis d'accroître mes _capacités_ d'adaptation et d'apprendre à résoudre les problèmes humains et organisationnels.

Par ailleurs, mon CV, ci-joint, vous exposera mes _compétences_ techniques. Cependant, je souhaite vous préciser que ces expériences professionnelles m'ont aussi aidée à réfléchir aux types d'entreprises dans lesquels je serais le plus susceptible de m'épanouir. Le milieu des architectes en fait incontestablement partie, en ce sens qu'il est l'un des seuls qui allie créativité et les _exigence_ imposées par les contraintes du réel.

Bien sûr, j'aimerais vous rencontrer et vous exposer de vive voix l'ensemble de mes _motivations_.

Je vous prie d'agréer, Monsieur, l'expression de mes _salutations_ distinguées.

Sophie Leblanc

Leçon
10

b A deux ! Regardez de nouveau les CV de l'activité 6 et formulez ensemble une lettre de motivation. N'oubliez pas les formules de la correspondance officielle.

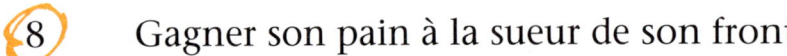

Ecrire une lettre officielle

La correspondance écrite en français suit toujours des règles traditionnelles bien que le courrier électronique fasse évoluer ces règles vers une simplification. Voici quelques formules indispensables dans la correspondance officielle :

M. - Monsieur ┃ MM. - Messieurs ┃ Mme - Madame ┃ Mmes - Mesdames
Mlle - Mademoiselle ┃ Mlles - Mesdemoiselles

Suite à votre annonce du…

Veuillez agréer, messieurs, l'expression de mes sentiments distingués.
Veuillez agréer, monsieur, mes sincères salutations.
Nous vous prions d'agréer, madame, nos salutations les meilleures.
Je vous prie d'agréer, M. le directeur, l'assurance de ma haute considération.
Je vous prie de bien vouloir agréer… ┃ Je vous prie de bien vouloir accepter…
Je vous prie d'accepter… ┃ Veuillez agréer… ┃ Agréez… ┃ Recevez…
Dans l'attente de votre réponse, je vous prie…

(8) ## Gagner son pain à la sueur de son front

Associez les expressions et proverbes suivants à leur explication.

1 gagner son pain à la sueur de son front	a Se dit d'une personne qui possède une autorité hiérarchique modeste et fait preuve d'une autorité déplacée.
2 faire quelque chose comme un chef	b un travail gigantesque et difficile
3 Tout travail mérite salaire.	c gagner sa vie durement
4 un travail de titan	d Il est normal d'être payé pour chaque travail ou effort – sa nature et ses résultats n'ont aucune importance.
5 jouer au petit chef	e faire quelque chose à la perfection et avec facilité

9   L'entretien d'embauche

25 **a**   Ecoutez Marine et Marc, qui parlent d'un entretien d'embauche et complétez.

1 Marc s'est présenté dans l'entreprise « _Publicis (Marseille)_ ».

2 Marc pense que l'entretien s'est _vachement bien_ passé.

3 Plusieurs personnes participent à l'entretien : il y a _deux hommes, une femme qui savait toujours sans regarder_

4 La question « quelle est votre principale faiblesse ? » pose des problèmes à Marc.
Marc répond que « _Je ne fait pas des reproches à mon equipe. Il minimise l'importance des erreurs_ ».

> **Repère grammatical : le discours indirect introduit par un verbe au passé**
>
> Réécoutez le dialogue et complétez.
>
> Ils m'**ont demandé** ce que je _____ de leur entreprise.
>
> Ils **voulaient** savoir ce que je _____ différemment si…
>
> Je leur **ai dit** que j' _____ heureux et que je ne _____ rien changer.
>
> Pouvez-vous retrouver les questions initiales ?
> Pour vérifier vos réponses et en savoir plus sur la concordance des temps, allez à la page 200.

b   Et vous ? Comment s'est passé votre dernier entretien d'embauche ?
Est-ce que vous avez aussi dû répondre à des questions difficiles ?

10   Le travail et nous

a   Lisez les citations suivantes et expliquez leur idée principale en les reformulant.
Quelle citation vous plaît le plus ? Pourquoi ?

1 « J'ai trop d'énergie pour travailler. »

Marcel Achard, auteur dramatique (1899–1974)

2 « La vie n'est pas le travail : travailler sans cesse rend fou. »

Charles de Gaulle, général, président de la République (1890–1970)

3 « Le travail c'est la santé ; ne rien faire, c'est la conserver. »

Henri Salvador, Auteur, compositeur, interprète (*1917)

4 Si le travail est l'opium du peuple, alors je ne veux pas mourir drogué. »

Boris Vian, romancier, humoriste, dramaturge (1920–1959)

5 « L'homme n'est pas fait pour travailler, la preuve c'est que cela le fatigue. »

Voltaire (François-Marie Arouet), écrivain (1694–1778)

 b   Et maintenant à vous ! Travailler, qu'est-ce que cela représente pour vous ?
Réfléchissez avec votre voisin/voisine, notez vos idées et présentez votre philosophie
du travail aux autres. Est-ce qu'il en ressort des idées communes ?

Leçon

10

Liberté, égalité, solidarité

1 Liberté, égalité, fraternité et... solidarité

a   Qu'est-ce que ce bâtiment ? A quoi correspond l'inscription sur sa façade ?

b   Connaissez-vous d'autres symboles de la France ?

 c   Formez quatre groupes. Chaque groupe cherche des exemples concrets pour illustrer les quatre valeurs de *liberté, égalité, fraternité* et *solidarité*. Mettez ensuite vos résultats en commun.

2 Etre libre de dire oui, de dire non

a   Classez les verbes suivants en deux colonnes.

	Dire oui à	Dire non à			Dire oui à	Dire non à
1 s'engager pour/contre	☐	☐	6 apporter son soutien à	☐	☐
2 lutter pour/contre	☐	☐	7 s'opposer à	☐	☐
3 soutenir	☐	☐	8 se battre pour/contre	☐	☐
4 combattre	☐	☐	9 partir en guerre contre	☐	☐
5 défendre	☐	☐	10 encourager	☐	☐

Leçon
11

b   Complétez les listes.

On peut s'engager…

… pour
les pauvres
les animaux
un homme/une femme
_____
_____

… dans
une association sportive
l'aide humanitaire internationale
un parti politique
_____
_____

… contre
la pollution
le racisme
la fermeture d'une piscine
_____
_____

 3   La vie associative, c'est pour vous ?

a   Quelle question avait-on posée aux personnes interrogées ?

Type d'association	Ensemble des membres d'association	
	%	Rang
… sportive	43	1
… culturelle	27	2
… de loisirs	21	3
… de personnes âgées	15	4
… de parents d'élèves	13	5
… de santé et d'action sociale	12	6
… religieuse	9	7
… de défense de l'environnement	9	7
… humanitaire internationale	8	9
… d'aide aux pauvres	7	10

Fiche Technique : Sondage exclusif CSA / LA MISSION INTERMINISTERIELLE DU CENTENAIRE DE LA LOI DE 1901 réalisé par téléphone les 8 et 9 novembre 2000 auprès d'un échantillon national représentatif de 1042 personnes âgées de 15 ans et plus, constitué d'après la méthode des quotas (sexe, âge, profession du chef de ménage), après stratification par région et catégorie d'agglomération.

b   Que révèle ce sondage sur les centres d'intérêt et valeurs des Français ?

43 % des Français font partie d'une association sportive. Ce type d'association joue un rôle plus important dans leur vie que les associations religieuses.

c   Connaissez-vous des associations françaises d'aide aux pauvres ou d'action humanitaire internationale ?

d   Quelles associations vous semblent indispensables ? Pourquoi ? Faites, pour votre groupe, un classement des associations.

Exprimer un jugement de valeur

C'est… … utile ▌ … indispensable ▌ … primordial
C'est… … inutile ▌ … superflu ▌ … secondaire
Il faut des associations.
On peut se passer des associations. ▌ On a besoin des associations.

---

e   Faites-vous vous-même partie d'une association ? Présentez-la au groupe.

Leçon

11

4 Donner ou pas ?

Formez des petits groupes. Certains préparent la
question **a**, les autres la question **b**.

a   Observez la photo.

    Que représente-t-elle ?
    Comment sont ces personnes ?
    Que font-elles ?
    Où sont-elles ?
    Que s'est-il passé ?

De quoi s'agit-il dans ce document ? Décrivez le logo
du *Secours populaire*. Prenez des notes, puis mettez vos
résultats en commun avec les autres groupes.

_____

_____

_____

_____

b   Lisez cette contribution.

> On ne dira jamais assez de ne rien donner aux
> enfants, même à manger, sauf si vous connaissez
> parfaitement le pays. Si vous ne voulez pas retrouver
> le même enfant dans cinq ans au même endroit et
> toujours là à demander de l'argent, stopppp. Les
> enfants marocains peuvent presque tous aller à
> l'école mais s'ils reviennent un jour avec un euro,
> c'est terminé. Vous aurez fait un pauvre de plus.
>
> D'après www.marocensolitaire.com

A votre avis, qui a écrit ce texte ? De quoi parle cette
personne ? Qu'explique-t-elle ? Quelles peuvent être
ses expériences ? Prenez des notes, puis mettez vos
résultats en commun avec les autres groupes.

_____

_____

_____

_____

c   A deux, comparez les deux situations. Quels arguments peut-on donner pour ou contre
les dons d'argent ? Quels arguments vous semblent valables ?

d   Comment peut-on aider autrement qu'en donnant de l'argent ?

e   Mettez vos résultats en commun au tableau avec les autres tandems et donnez votre avis.

Leçon

11

> **Repère grammatical : l'expression de la condition (potentiel)**
>
> Observez et répondez aux questions.
>
> S'ils **reviennent** un jour avec un euro, c'**est** terminé.
>
> Si vous leur **donnez** un euro, ils n'**auront** plus envie de travailler.
>
> Quel temps y a-t-il après le *si* ? Quels temps a-t-on dans l'autre partie de la phrase ?
>
> Pour vérifier vos réponses et en savoir plus sur l'expression de la condition, allez à la page 201.

 5 **Si les enfants…**

Associez les propositions afin de formuler des hypothèses sur l'avenir, comme dans l'exemple :

Si les enfants vont au lit trop tard ce soir, ils seront très fatigués demain.

1 Si les enfants _____ (aller) au lit trop tard ce soir, …

2 Si les dons _____ (ne pas atteindre) une certaine somme, …

3 Si les électeurs _____ (ne pas exprimer) leur opinion, …

4 S'il _____ (pleuvoir) trop fort samedi, …

5 Si je _____ (arrive) avant toi au cinéma, …

6 Si tu _____ (mentir), …

7 Si nous _____ (entendre) parler d'un appartement à louer, …

a … on _____ (ne pas pouvoir) financer le projet.

b … nous _____ (annuler) la randonnée.

c … ils _____ (être) très fatigués demain.

d … tu _____ (être puni).

e … nous vous _____ (avertir).

f … ils _____ (ne pas avoir le droit de) se plaindre.

g … je te _____ (garder) une place.

 6 **Si toutes les filles du monde…**

a Quel est le thème central du texte suivant ?

Si toutes les filles du monde voulaient se donner la main,
tout autour de la terre, elles pourraient faire une ronde.
Si tous les gars du monde voulaient bien être marins,
ils feraient avec leurs barques un joli pont sur l'onde.
Alors on pourrait faire une ronde autour du monde,
si tout le monde voulait bien se donner la main.

D'après Paul Fort, *Ballades françaises*,
© Editions Flammarion, Paris 1982

Leçon
11

b Quelle est la nature de ce texte ? Quelles images Paul Fort utilise-t-il ?

Repère grammatical : l'expression de la condition (irréel du présent)

Observez et répondez aux questions.

Si toutes les filles du monde **voulaient** se donner la main,
tout autour de la terre, elles **pourraient** faire une ronde.

Quel temps y a-t-il après *si* ? Quel temps a-t-on dans l'autre partie de la phrase ?

Pour vérifier vos réponses et en savoir plus sur l'expression de la condition, allez à la
page 201.

 c En petits groupes, recherchez des images sur le thème de la *liberté* ou de l'*égalité* et créez un
poème sur le même modèle.

7 Le jeu du conditionnel

> Si je **gagnais** au loto, je **ferais** un don important à Médecins sans frontières. Et toi ?
> Si je faisais un don important à Médecins sans frontières, …

A vous de jouer, les uns après les autres. Vous pouvez aussi commencer une toute nouvelle
phrase si vous le souhaitez.

8 Une longue conquête

 a A deux, observez ce tableau et réfléchissez aux questions.

1862	Première bachelière
1868	Première diplômée de l'enseignement supérieur
1881	Enseignement primaire obligatoire pour les filles comme pour les garçons
1924	Equivalence entre les baccalauréats féminins et masculins
1945	Droit de vote pour les femmes
1945	L'ENA, première grande école mixte
1946	Le principe de l'égalité absolue des droits entre hommes et femmes est posé dans le préambule de la Constitution.
1947	Première femme ministre (Germaine Poinso-Chapuis)
1965	La femme peut exercer une activité professionnelle sans l'autorisation de son mari.
1967	Autorisation de la contraception
1968	Généralisation de la mixité dans l'enseignement
1972	Principe « A travail égal, salaire égal »
1980	Première femme à l'Académie française (Marguerite Yourcenar)
1991	Première femme Premier ministre (Edith Cresson)
2000	Loi sur la parité

Leçon 11

1 Dans quels domaines, l'égalité entre les hommes et les femmes a-t-elle avancé ?
2 Relevez les trois événements qui, à votre avis, ont été les plus importants.
3 Savez-vous à peu près à quelle époque ces trois changements ont eu lieu dans votre pays ?
4 Le contexte historique a-t-il, selon vous, joué un rôle ?

b Mettez vos résultats en commun avec les autres groupes.

9 1965, une année clé ?

 a Lisez les questions suivantes, écoutez l'interview de ce couple, puis répondez aux questions.

1 Quel était le métier de la femme ?

_____

2 Est-ce que la femme a arrêté de travailler après son mariage ?

_____

3 Son mari s'est-il opposé à ce qu'elle travaille ?

_____

4 A quel mouvement appartenait ce couple ?

_____

b Qu'est-ce que cette femme et son mari auraient pu dire sur le thème des femmes dans la vie politique ?

_____

_____

_____

_____

_____

_____

10 La liberté n'est pas l'anarchie

Faites correspondre ces proverbes et expressions à leur explication.

1 La liberté n'est pas l'anarchie.
2 prendre des libertés avec quelqu'un
   ou quelque chose
3 être sur un pied d'égalité
4 Les joueurs sont à égalité.
5 être uni par une fraternité d'esprit

a ne pas se gêner
b Se dit quand des personnes
   bénéficient du même traitement et des
   mêmes avantages.
c Se dit de personnes partageant les
   mêmes idées.
d Ils ont autant de points l'un que l'autre.
e Il y a des limites à ne dépasser.

11 Le Rendez-vous citoyen

27 **a** Cochez la ou les réponses correctes.

1 Depuis quand n'y a-t-il plus de service militaire traditionnel en France ?

- le 1er janvier 1997 ☐
- le 1er janvier 1979 ☐
- le 1er janvier 1996 ☐

2 Où a eu lieu la journée citoyenne pour François ?

- au ministère de la Défense ☐
- au quartier général de l'Armée ☐
- à l'Ecole militaire ☐

3 Quels sont les objectifs de cette journée ?

- faire un bilan de santé des participants ☐
- vérifier l'alphabétisation des participants ☐
- favoriser l'insertion sociale des participants ☐

4 Comment François qualifie-t-il le rendez-vous citoyen ?

- de court, soudain et instructif ☐
- de court, succinct et général ☐
- de court, général et instructif ☐

5 Comment François a-t-il trouvé les militaires qui se sont occupés de son groupe ?

- sympathiques ☐
- antipathiques ☐
- énervants ☐

6 Pour François, les filles auraient dû faire leur service militaire parce que...

- ... c'est la conséquence de la loi sur la parité. ☐
- ... les filles de sa génération font les mêmes choses que les garçons. ☐
- ... les filles de sa génération aiment se battre. ☐

7 François aurait été de toute façon volontaire pour participer au rendez-vous citoyen parce que...

- ... c'est utile. ☐
- ... c'est une journée payée. ☐
- ... c'est une forme de service. ☐

 **b** Formez plusieurs groupes. Chaque groupe cherche les arguments pour et contre la suppression du service militaire et la création d'une armée de métier. Mettez vos résultats en commun au tableau.

> **Repère grammatical : l'expression de la condition (irréel du passé)**
>
> a Observez et répondez aux questions.
>
> Si vous **aviez** eu le choix, **auriez**-vous volontairement **participé** à la journée citoyenne ?
>
> Quel temps trouve-t-on après le *si* ? Quel temps a-t-on dans l'autre partie de la phrase ?
>
> b Complétez.
>
> Si le mari _____ (vouloir) s'y opposer, il _____ (pouvoir) le faire.
>
> Pour vérifier vos réponses et en savoir plus sur l'expression de la condition, allez à la page 201.

Leçon

11

12 Eternels regrets

Complétez avec le temps qui convient.

1 Si nous avions eu votre adresse, nous vous _____ (envoyer) une carte postale.

2 Si je n'avais pas perdu mon porte-monnaie, je _____ (donner) de l'argent au mendiant.

3 Si tu _____ (dire) que tu étais malade, nous t'aurions rendu visite.

4 S'il avait noté le rendez-vous dans son agenda, il _____ (ne pas oublier) de venir.

5 Si vous _____ (connaître) les coutumes du pays, vous _____ (ne pas faire) ce grave faux-pas.

6 Si nous _____ (découvrir) ce restaurant plus tôt, nous y _____ _____ (aller) tous les soirs pendant notre séjour en Dordogne.

13 Campagne électorale au pays des utopies

LE PARTI DES LANGUES RÉGIONALES

POUR la diversité linguistique
POUR le droit de choisir la langue que l'on parle
CONTRE l'hégémonie d'une langue internationale

Si vous votez pour nous...

Si vous ne votiez pas pour nous...

 Formez plusieurs groupes : le parti des amateurs de beaux paysages, le parti des amateurs des plaisirs de la table, le parti des partisans du progrès technique ou encore le parti de votre choix. Chaque groupe prépare un tract électoral dans lequel il présente son action pour ou contre quelque chose ou quelqu'un et explique ce qu'il fera si on vote pour lui et ce qui se passerait si on ne votait pas pour lui.
Chaque parti présente ensuite son programme électoral au reste du groupe. Pour finir, on vote à bulletin secret.

Culture et langue

 ① Vous avez dit culture ?

 a A deux, parlez de vos sorties culturelles :

- Sortez-vous souvent ?
- Où allez-vous ? Pourquoi ?
- Quels sont vos goûts communs ?

 b Avec votre voisin/voisine, regardez les différentes rubriques culturelles ci-dessous et cherchez des mots associés. Complétez les listes.

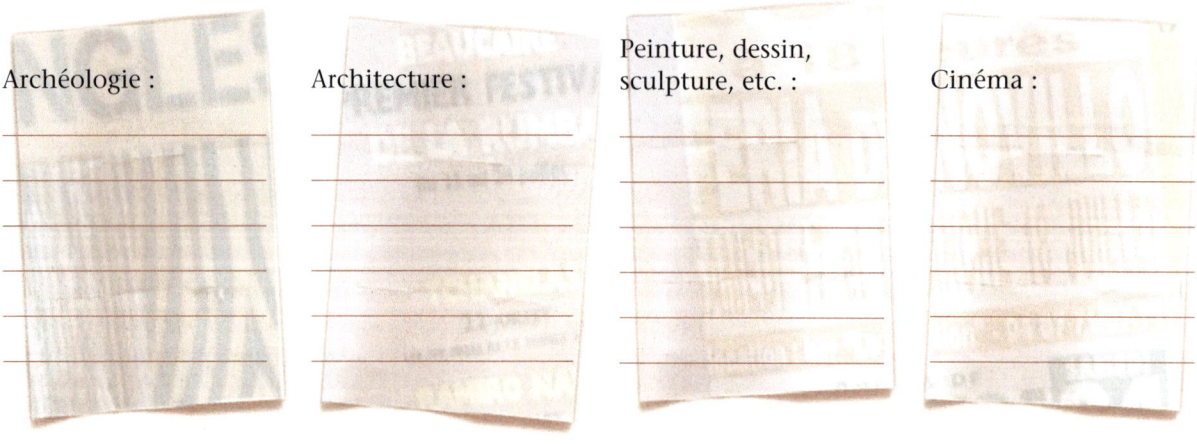

Archéologie :

Architecture :

Peinture, dessin, sculpture, etc. :

Cinéma :

Littérature :

Musique, concert, opéra, chanson, etc. :

Théâtre :

Danse :

Leçon 12

c Lisez ces textes sur différentes manifestations culturelles et classez-les sous la rubrique appropriée.

1 **Les enfants du soleil**

Ce spectacle musical va faire parler de lui... Avec les paroles écrites par Didier Barbelivien, la musique de Cyril Assous et la mise en scène d'Alexandre Arcady, c'est le succès assuré. C'est à Alger en 1962, que hommes, femmes et enfants embarquent à bord du Kairouan.
Ils quittent une Algérie pleine de souvenirs heureux mais c'est aussi une déchirure pour les uns et les autres. Le temps de cette traversée, ils vont apprendre à tout partager, que ce soit leurs rêves, leurs regrets ou encore leurs espoirs. Ils vont vers une France recomposée, ils s'éloignent de leurs racines pour en former d'autres. Entre la crainte, la joie et l'espoir, c'est une leçon de vie que les spectateurs vont vivre avec les acteurs.

2 **Mur**

Documentaire sur le conflit israélo-palestinien, *Mur* longe le gigantesque chantier de séparation qui coupe la Cisjordanie, enfermant les uns et encerclant les autres.
La réalisatrice présente les pistes de la haine en affirmant sa double culture juive et arabe.
Grand Prix du Festival International du Documentaire de Marseille 2004

3 **Bouli Miro**

de Fabrice Melquiot dans une mise en scène de Christian Gonon.
A la naissance, il pesait 9 kilos ; à 3 mois, il en faisait 33 ; à un an 49 !
Bouli a peur de tout et de lui-même. Alors, pour tromper ses angoisses, il mange.
De plus en plus boulimique, il se met à la gym, maigrit et devient presque comme tout le monde...

d Soulignez les mots ou expressions qui vous ont aidé à trouver la rubrique culturelle correcte.

e Quelle manifestation culturelle pourrait vous intéresser ? Expliquez aux autres pourquoi.

② Où sortir ce soir ? Au théâtre ?

a Regardez ces affiches de théâtre et décrivez-les. Laquelle vous plaît le plus ?
Connaissez-vous les pièces, les auteurs ou les acteurs ? Notez vos informations au tableau.

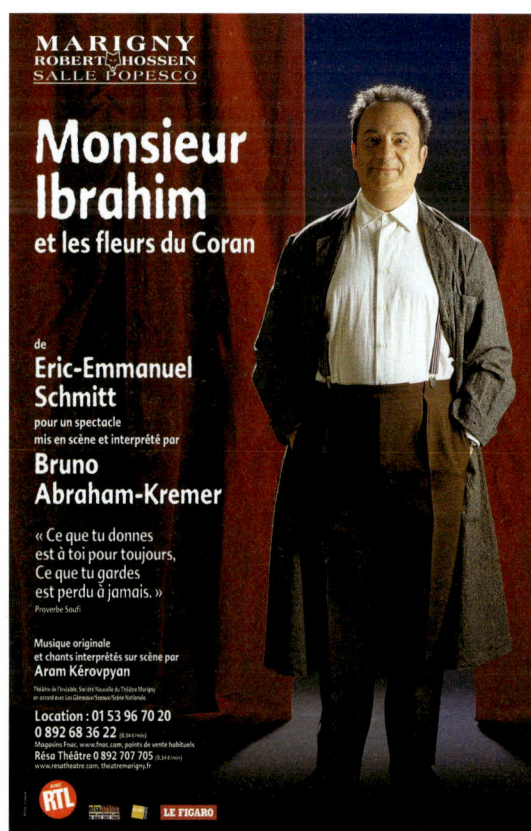

Leçon

12

b   Comparez vos impressions aux résumés des pièces.

Les Montagnes russes,
d'Eric Assous
avec Alain Delon et Astrid Veillon

Résumé de la pièce :

« Il est marié et père d'un adolescent. Sa femme et son fils sont absents toute la semaine pour cause de vacances. Pour lui, pas de vacances, il travaille. Il est resté cloué à Paris. Célibataire donc ! Elle, jolie brune souriante et esseulée, elle était ce soir-là dans ce bar, tout comme lui. Ils ont sympathisé assez vite et, assez vite, il lui a proposé de venir boire un dernier verre chez lui. Il n'a pas exactement son âge, mais disons qu'il a le physique avantageux des hommes qui grisonnent avec élégance. »

Monsieur Ibrahim et les fleurs du Coran,
d'Eric-Emmanuel Schmitt
avec Bruno Abraham-Kremer

Résumé de la pièce :

« Paris dans les années 60 – Momo, juif, a 13 ans, il est livré à lui-même. Il a un ami, un seul, M. Ibrahim, l'épicier arabe de la rue Bleue. La rue Bleue n'est pas bleue, mais entre ses conserves, ses fruits et légumes et son sourire on trouve tout chez M. Ibrahim. C'est le récit d'un enfant révolté par ce qu'il pense être l'injustice de sa vie, un enfant rebelle, abîmé par la violence de son enfance. Monsieur Ibrahim, sage, croyant mais pas rigoriste, va aider Momo à déposer les armes. Il va lui ouvrir le chemin du véritable *Amour de soi*, qui seul permet de se réconcilier avec soi-même et donc avec les autres. »

 c   A deux, imaginez que vous êtes à Paris et que vous voulez aller au théâtre. Mettez-vous d'accord sur une pièce, un jour, une heure et un tarif. Si vous n'êtes pas d'accord, essayez de convaincre votre partenaire. Notez vos arguments.

Quelle pièce arrive en tête dans l'ensemble du groupe ?

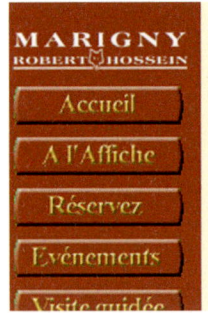

THEATRE MARIGNY 🦊 ROBERT HOSSEIN

Réservations

Théâtre MARIGNY – ROBERT HOSSEIN
Carré Marigny - 75008 PARIS
Métro : Champs-Elysées Clémenceau ou Franklin Roosevelt

Salle Marigny : Les Montagnes Russes	Salle Popesco : Monsieur Ibrahim
Représentations : du mardi au samedi à 20 h 45 ; le samedi à 16 h 00	Représentations : du mardi au samedi à 21 h 00, le dimanche à 16 h 00
Réservations : 01 53 96 70 00	Réservations : 01 53 96 70 20
Tarifs : 55 €, 45 €, 30 €	Tarifs : 32 € et 22 €

③   # Les prix littéraires : une tradition française

 28 a   Ecoutez cet extrait d'une émission culturelle à la radio et répondez aux questions.

1   Depuis quand y a-t-il des prix littéraires en France ?

_____

2   Quels prix l'animateur mentionne-t-il ?

_____

3   Pourquoi l'organisatrice du prix de Flore n'aime-t-elle pas l'expression *branché* ?

_____

4   Qu'est-ce qu'on attend de l'œuvre primée ?

_____

5   Quelle était l'idée à l'origine de la création du prix ?

_____

6   En quoi consiste le prix ?

_____

 b   Et votre prix littéraire personnel ? Choisissez un livre qui, d'après vous, mériterait un prix et expliquez à votre voisin/voisine pourquoi.

Leçon
12

④ La fin d'un amour ?

a Lisez l'extrait suivant du roman *Amants*, de Catherine Guillebaud, et résumez la situation.

« Elle lui dit qu'elle allait partir. Quelqu'un pouvait venir. Il prit encore une fois le carnet et traça un je vous aime, qu'il souligna. Puis, il lui donna toutes les feuilles qu'il avait couvertes de son écriture de malade. Elle les **prit** et les mit dans sa poche.

Et leurs mains **se détachèrent**, et leurs yeux se quittèrent. Elle eut un élan à peine perceptible, son corps vers le sien, penché en avant. Il **ferma** les yeux, tranquillisé de la savoir là. Elle sentait que le sommeil le prenait. Elle prononça quelques mots très doucement. Elle eut envie de pleurer, puis elle se reprit et sortit de la chambre sans respirer, comme lorsqu'elle plongeait dans l'eau froide, petite fille. Sans comprendre comment, elle se retrouva dans la rue. Sur sa droite, elle vit la grande verrière de la gare d'Austerlitz qui **brillait** dans le soleil. On aurait dit un champ de neige. Le boulevard était plein d'agita-tion. La circulation était dense et l'on entendait presque sans arrêt les sirènes des ambulances. Le métro aérien faisait un bruit sourd.

Elle alla au hasard et se retrouva bientôt le long des grilles du jardin des Plantes. Elle regarda un moment les autruches et les loups qu'on pouvait apercevoir du trottoir.

Elle l'**avait vu**, et autour d'elle la ville continuait, la vie continuait. Le temps s'écoulait et rien n'avait changé.

Elle serra tout le temps de sa marche les feuilles du carnet qu'elle **avait** dans sa poche. Elle marchait **en tenant** les lettres d'amour qu'elle avait tant attendues et qu'il lui avait écrites enfin. »

Catherine Guillebaud, *Amants*,
Editions du Seuil, Paris 2002, p.170-171

 b D'après vous, quels sont les sentiments de la femme ? Qu'est-ce qu'elle va faire après ? Avez-vous envie de lire le roman entier ? Pourquoi ? Discutez en petits groupes.

 c A deux, classez les verbes en gras dans le tableau.

Infinitif	Imparfait	Plus-que-parfait	Gérondif	Passé simple
partir	*pouvait*			

> **Repère grammatical : le passé simple**
>
> je donn**ai** ▐ tu donn**as** ▐ il/elle donn**a**
> nous donn**âmes** ▐ vous donn**âtes** ▐ ils/elles donn**èrent**
>
> Pour en savoir plus sur le passé simple, allez à la page 202.

d Relisez le texte et remplacez les formes du passé simple par les formes correspondantes du passé composé. Attention à l'accord des participes.

⑤ La culture, c'est comme la confiture…

 Faites correspondre les expressions et proverbes suivants à leur explication.

1 La culture, c'est comme la confiture ; moins on en a, plus on l'étale.

2 Ce n'est que littérature.

3 Arrête ton cinéma !

4 On connaît la chanson !

5 faire chanter quelqu'un

a menacer quelqu'un de faire des révélations scandaleuses à son sujet, en général pour en obtenir de l'argent

b Se dit quand on connaît d'avance le déroulement de quelque chose.

c Se dit à quelqu'un qui se fait remarquer par son comportement.

d Se dit de quelque chose qui est artificiel ou n'existe pas dans la réalité.

e Se dit de quelqu'un qui n'est pas très cultivé mais fait comme s'il l'était.

Leçon 12

6 Le français dans le monde

a « La francophonie est l'ensemble des personnes et des pays utilisant le français à des titres divers. » Onésime Reclus (1837–1916), géographe

Voici quelques villes-phares ou centres régionaux de la francophonie. Situez-les sur la carte.

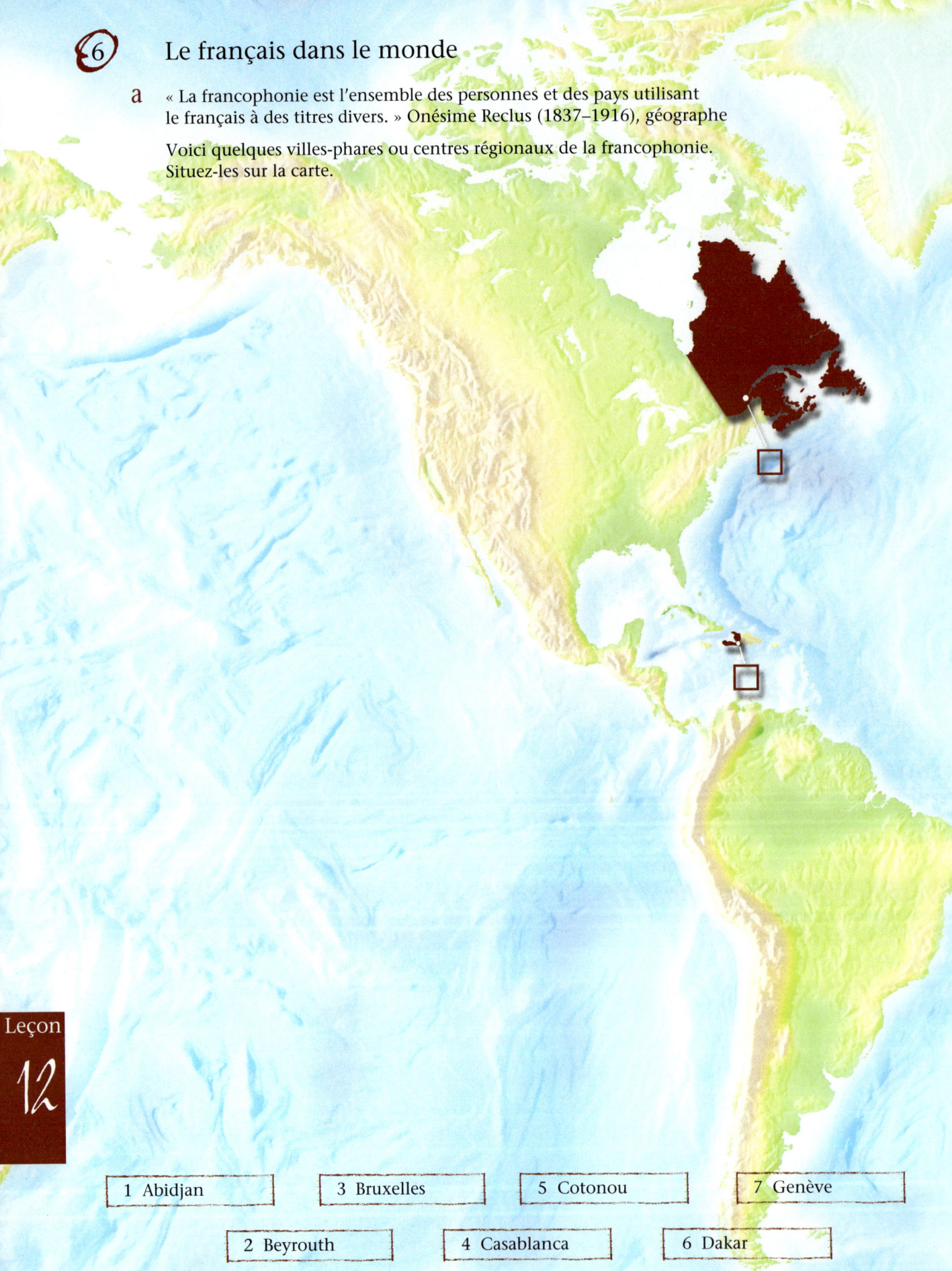

1 Abidjan	3 Bruxelles	5 Cotonou	7 Genève
2 Beyrouth	4 Casablanca	6 Dakar	

Leçon

12

| 8 Hanoï | 10 Ouagadougou | 12 Port-au-Prince | 14 Québec |
| 9 Kinshasa | 11 Paris | 13 Port Louis | 15 Tunis |

b Les francophones dans le monde
Travaillez à deux et répondez aux questions suivantes. Lisez ensuite le texte et vérifiez vos réponses.

1 Sur combien de continents est-ce qu'on parle le français ?
2 Quel est le rang du français dans le monde ?
3 Quelle est la différence entre un francophone et un francophone partiel ?

Le français est avec l'anglais l'une des deux seules langues parlées sur tous les continents. Il est en outre la 9ᵉ langue la plus utilisée dans le monde. Dans son rapport *La Francophonie dans le monde 2002 – 2003*, le Haut Conseil de la Francophonie estime que le nombre de francophones dans le monde serait d'environ 110 millions, et le nombre de franco-phones partiels dépasserait les 65 millions.

Par *francophone*, le rapport désigne une personne capable de faire face, en français, aux situations de communication courante. Par *francophone partiel*, il entend une personne ayant une compétence réduite en français, lui permettant de faire face à un nombre limité de situations.

D'après *La Francophonie dans le monde 2002–2003*
© Larousse 2003

c Notez ensemble quelques situations dans lesquelles le francophone partiel pourrait employer la langue française.

d Au XVIIIᵉ siècle, Antoine de Rivarol, essayiste d'origine italienne, expliquait dans son *Discours sur l'universalité de la langue française* le rôle du français en raison, notamment, de sa clarté. On cite toujours sa phrase célèbre : « Ce qui n'est pas clair n'est pas français. »
Discutez ensemble :

• Que pensez-vous de cette affirmation ?
• Quel est le rôle du français aujourd'hui ?
• Est-ce qu'on a besoin d'une langue universelle ?

 7 Le français en Belgique et en Suisse

 29   Ecoutez le dialogue entre un Suisse et un Belge et complétez la liste si possible.

	mots/expressions utilisés en...	
... France	... Belgique	... Suisse
1 soixante-dix		
2 quatre-vingt-dix		
3 quatre-vingts		
4 la boîte postale		
5 la couverture		
6 le secouriste		
7 le toast		
8 avoir un compte à régler		
9 se débrouiller		
10 déjeuner/dîner au restaurant		
11 le maire		
12 faire la queue		
13 la serviette de bain		

Leçon

12

8 Parlez-vous franglais ?

a Formez deux groupes.

Groupe 1

Lisez l'extrait d'un article du journal *La Montagne* et répondez ensuite aux questions.

1 Quelle est l'idée principale de ce concours ?
2 Que pensez-vous de ce concours ?
3 Quelle est la situation dans votre pays ?

Prenez des notes et choisissez un porte-parole.

Mot d'Or. Contre le franglais des affaires…
C'était mardi la journée de la Coupe francophone des affaires *Le Mot d'Or*. Plus de 2 600 élèves ont participé à cette épreuve qui vise à encourager les candidats à utiliser le français pour désigner les concepts du vocabulaire des affaires.
Clermont-Ferrand. – Il ne faut pas dire *startup*, mais *jeune pousse*. Et au lieu de *chatter sur le web*, vous ferez désormais une *causette sur la toile*. Pour barrer la route à tous les anglicismes et aux termes franglais, l'association Actions pour promouvoir le français des affaires (AFPA) organise au plan international la Coupe francophone des affaires

Le Mot d'Or. En Auvergne comme partout ailleurs, cette épreuve a eu lieu mardi après-midi, entre 14 et 15 heures. Elle a rassemblé dans la région, rien moins que 2 666 élèves et étudiants […].
Il s'agit tout d'abord d'encourager les candidats, tous volontaires, à utiliser leur langue maternelle pour désigner les concepts du vocabulaire des affaires. […]
Tout cela, dans le concret, devait avoir pour résultat final de remplacer, par exemple, *e-businessman* par *cyberentrepreneur*, *billet open* par *billet ouvert*, *discount* par *à bas prix*.

La Montagne, 22 mars 2001

Groupe 2

Lisez les deux premiers articles de la loi Toubon p. 176 et présentez les idées exprimées avec vos propres mots. Quel est votre avis sur cette loi ? Prenez des notes et choisissez un porte-parole.

b Les porte-parole des deux groupes présentent leur document. Echangez vos expériences personnelles et pesez le pour et le contre d'une telle politique.

9 Nous, on s'intéresse à…

a A deux, choisissez un aspect culturel de la France qui vous intéresse. Notez tout ce que vous savez déjà sur le sujet et ce qui vous paraît important à savoir.

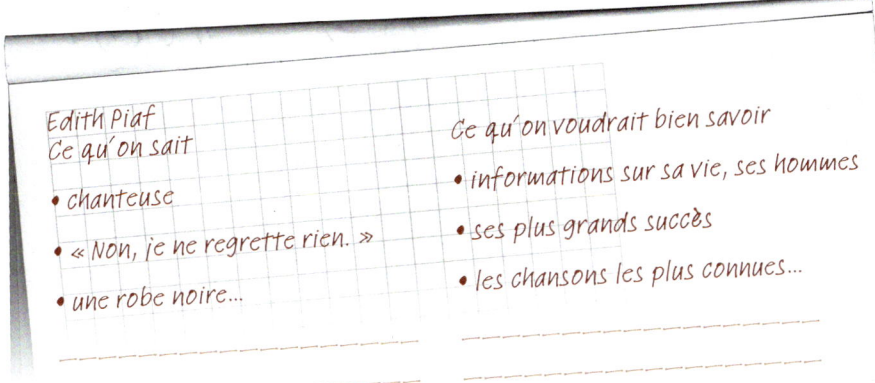

b Présentez votre liste au groupe et demandez aux autres de vous donner des informations supplémentaires. Notez-les.

c A la maison, complétez votre dossier, vérifiez les informations à l'aide des dictionnaires, d'Internet, etc. Présentez votre dossier au groupe.

Bilan 4

Travail, valeurs républicaines, langue et culture, des sujets familiers

Je peux à nouveau…	Objectif atteint	Point à travailler	Pour tester mes connaissances dans ce bilan	Pour réviser dans le livre
… parler de mes convictions et valeurs.				L10 : 4, 10 ; ex. 5 L11 : 2, 3, 4, 11, 13
… rapporter les paroles de quelqu'un.			10/3	L10 : 5, 9 ; ex. 4–6
… comprendre des offres d'emploi.				L10 : 6
… comprendre des textes légèrement techniques (sur les méthodes de travail ou critiques littéraires ou de cinéma).			10/1	L12 : 1, 2 ; ex. 5
… aborder la lecture de textes littéraires.			11/3	L12 : 4 ; ex. 3
… repérer des informations très précises dans une conversation.			10/2	L12 : 3, 7
… écrire une lettre de motivation.				L10 : 7
… rédiger un C.V.				L 10 : 6 ; ex. 3
… écrire une histoire d'après un schéma.			12/1	L12 : ex. 4
… formuler des hypothèses sur l'avenir.			11/2	L11 : 5, 13 ; ex. 3–4
… formuler des hypothèses irréelles dans le présent.			11/3	L11 : 6, 7 ; ex. 5–6, ex. 9
… formuler des hypothèses irréelles dans le passé et exprimer des regrets.			11/3	L11 : 12 ; ex. 8, ex. 9

J'ai revu comment…	Objectif atteint	Point à travailler	Pour tester mes connaissances dans ce bilan	Pour réviser dans le livre
… former le féminin des noms de métiers.				L10 : 2
… mettre des phrases au discours indirect.			10/3	L10 : 5, 9 ; ex. 4–6
… utiliser les formules de la correspondance officielle.				L10 : 7
… exprimer la condition (potentiel).			11/2	L11 : 5 ; ex. 3–4
… exprimer la condition (irréel du présent).			11/3	L11 : 6, 7 ; ex. 5–6 ; ex. 9
… exprimer la condition (irréel du passé).			11/2, 11/3	L11 : 12 ; ex. 8
… reconnaître le passé simple.				L12 : 4 ; ex. 2–3

10/1 Savoir gérer son temps au travail

a Voici quelques conseils pour bien gérer son temps au travail. Lisez les extraits et choisissez le titre qui correspond le mieux à chaque texte.

1 Apprenez à dire « Non » !

2 Déléguez au maximum !

3 Divisez les tâches importantes en plusieurs séquences !

4 Planifiez vos activités !

5 Prévoyez des moments de détente !

A Etablir un emploi du temps bien étudié ne suffit pas ; il faut aussi s'y tenir. Cela signifie que vous devez vous préparer au jour le jour à tous les contretemps éventuels qui peuvent survenir dans votre vie professionnelle ou privée. Tout comme un vêtement neuf, votre emploi du temps doit s'adapter à vous.

B Repeindre la maison est moins motivant et plus fatigant que de choisir la couleur de la peinture, acheter les pots et commencer à peindre le mur du fond. Divisez un travail important en une série de petites séquences plus faciles à gérer – et vous parviendrez à réaliser tous les projets.

C Nous connaissons tous des personnes qui savent clairement faire comprendre leurs limites, qui savent dire : « Je ne ferai pas cela, ce n'est pas mon travail ! » ou encore « Il est six heures, je m'en vais. » Certains devraient prendre exemple sur eux.

b Avez-vous d'autres conseils ? Discutez ensemble.

10/2 Prendre un message

a Ecoutez deux conversations téléphoniques et notez, si possible, les informations suivantes :

	dialogue 1	dialogue 2
Qui appelle :		
Heure du rendez-vous :		
Lieu du rendez-vous :		
Les personnes qui seront présentes :		
Objet du rendez-vous :		

b A votre tour, prenez rendez-vous par téléphone.

10/3 Qu'est-ce qu'ils disent ?

Mettez les phrases suivantes au discours indirect. Utilisez les verbes suivants pour les introduire :
se demander ▮ expliquer ▮ vouloir savoir ▮ annoncer ▮ dire ▮ demander

1 Marie-Hélène : « J'ai exercé le métier de sage-femme pendant dix ans. »
2 François : « Je travaille comme surveillant pour financer mes études. »
3 Charly et Lisa : « Nous nous marierons l'année prochaine. »
4 Géraldine : « Est-ce que les collègues partent tous en vacances au mois d'août ? »
5 Lisa : « Qu'est-ce que tu penses de mon idée ? »
6 Alain : « Comment faut-il parler au patron ? »

11/1 Cherchez l'intrus !

1 encourager ▮ soutenir ▮ défendre ▮ combattre ▮ aider
2 égalité ▮ solidarité ▮ entraide ▮ amour du prochain ▮ générosité
3 mendier ▮ quêter ▮ faire la manche ▮ donner ▮ recueillir des dons
4 mendiant ▮ pauvre ▮ désintéressé ▮ sans-abri ▮ dans le besoin

11/2 Si tu ne manges pas ta soupe…

Complétez.

1 Si tu ne manges pas ta soupe, _____ .

2 Si _____ , vous devez être plus gentil avec votre collègue.

3 Si les météorologues avaient prévu le tsunami, _____ .

4 Si _____ , il n'aurait jamais appris le français.

5 Si les entreprises européennes ne faisaient pas fabriquer leurs produits dans les pays en développement, _____ .

11/3 Comment faire fortune ?

a Complétez les phrases suivantes en mettant les verbes au conditionnel présent.

C'était un problème insoluble. […]

Ils _____ (avoir) une pièce en trois actes au fond d'un tiroir. Leur jardin _____ (contenir) du pétrole, de l'uranium. Ils _____ (vivre) longtemps dans la misère, dans la gêne, dans l'incertitude. Ils _____ (rêver) de prendre, ne _____ (être) -ce qu'une seule fois, le métro en première. Et puis, soudain, […] : la fortune ! Leur pièce _____ (être accepté), leur pétrole et leur uranium découverts, leur génie confirmé. Les contrats _____ (tomber) à la pelle et ils _____ (allumer) leurs havanes avec des billets de mille.

D'après Georges Perec, Les Choses – une histoire des années soixante, Editions Julliard 1993

b Qu'est-ce qui permettrait aux personnages de faire fortune ? Que feraient-ils de leur argent ?

c Et vous, qu'auriez-vous fait à leur place ? Faites cinq propositions en utilisant le conditionnel passé.

12/1 « Moi, j'ai aimé… » – « Moi, je n'ai pas du tout aimé… »

Quel film avez-vous vu récemment ? Présentez les personnages et résumez l'intrigue.

12/2 Vous souvenez-vous ? Dix questions tirées des leçons de *Reprise*

Cochez la réponse correcte.

1 Dans quel rayon d'un supermarché trouvez-vous des glaces ?

   a alimentation ☐   b laitages ☐   c produits ménagers ☐   d surgelés ☐

2 Quelle est l'abréviation de « Pacte civil de solidarité » ?

   a PACS ☐   b PCDES ☐   c PACI ☐   d PCS ☐

3 Quel plat n'est pas une entrée ?

   a salade de crevettes ☐   b filet de bœuf à la moelle ☐   c saumon fumé ☐
   d consommé à l'ail ☐

4 Quel mot n'appartient pas au vocabulaire de la circulation ?

   a le bouchon ☐   b l'embouteillage ☐   c le gîte ☐   d l'aire d'autoroute ☐

5 Comment s'appelle le copain du petit Nicolas ?

   a Clotaire ☐   b Rufus ☐   c Agnan ☐   d Alceste ☐

6 Combien d'heures par jour les Français passent-ils devant la télévision ?

   a 1 h 30 ☐   b 2 h 35 ☐   c 2 h 45 ☐   d 3 h 45 ☐

7 Le slogan du magazine *Paris-Match,* c'était : Le poids des mots...

   a ... la beauté des photos ☐   b ... le choix des photos ☐   c ... le choc des photos ☐

   d ... le choc des propos ☐

8 A quelqu'un qui a tendance à exagérer, on dit : « Dis, tu serais pas...

   a ... Parisien ? » ☐   b ... Lyonnais ? » ☐

   c ... Marseillais ? » ☐   d ... Brestois ? » ☐

9 Depuis quand les Françaises ont-elles le droit de vote ?

   a 1789 ☐   b 1901 ☐   c 1945 ☐   d 1959 ☐

10 Quelle est la citation correcte ?

    a « Ce qui n'est pas clair, n'est pas français. »   ☐

    b « Ce qui n'est pas vrai, n'est pas français. »   ☐

    c « Ce qui n'est pas intelligent, n'est pas français. »   ☐

    d « Ce qui n'est pas éminent, n'est pas français. »   ☐

12/3 Les langues en contact

Au XVIIIe siècle, le roi de Prusse Frédéric II parlait le français et écrivait ses lettres dans la langue de Voltaire. Depuis, l'allemand a gardé et assimilé un grand nombre de mots français.

Retrouvez le mot français d'origine.

ambitioniert : _____   brüskieren : _____   Dementi : _____

eklatant : _____   Finanzen : _____   genieren : _____

Jacke : _____   konstruieren : _____   Leutnant : _____

Maskottchen : _____   Onkel : _____   Profiteur : _____

raffiniert : _____   servieren : _____   Weste : _____

Vous venez de faire ce quatrième et dernier bilan. Comment répondriez-vous maintenant aux questions posées dans le Bilan 1 (p. 35) sur vos acquis et votre méthode de travail ?

TIPP

Pour aller plus loin, je peux encore...

... déposer mon CV sur un site consacré à l'emploi, comme www.cadremploi.fr.
... consulter le site d'une association d'aide humanitaire.
... lire des recueils de nouvelles dans des éditions bilingues.

(1) **Comment apprenez-vous ?**

TIPP

Jeder Mensch lernt anders. Es gibt auditive (hören), visuelle (sehen) und kinästhetische Lernertypen (fühlen, riechen, schmecken). Bei den meisten Lernenden liegt eine Kombination verschiedener Lernertypen vor, wobei jedoch oft eine Ausprägung hin zu einem Typ deutlich zu erkennen ist. Und Sie? Welcher Typ sind Sie?

31 **a** Ecoutez un par un les mots et expressions de la liste suivante. Fermez les yeux et demandez-vous si vous l'associez plutôt à une image (vue), à un son (ouïe) ou à une odeur (odorat), ou encore à une saveur (goût) ou à une impression tactile (toucher). Discutez en groupe du type d'apprenant que vous êtes.

Mot/Expression	Image	Son	Odeur	Saveur	Impression tactile
un quai de gare					
un petit-déjeuner					
une plage en hiver					
une imprimante					
un cheval					
une bière à la pression					
un marché					
un pain					
un jardin botanique					

 b Ce n'est pas la première fois que vous apprenez quelque chose ! Quelles techniques utilisez-vous pour retenir du vocabulaire ou une règle de grammaire ? Choisissez un exemple ci-dessous, discutez à deux et présentez ensuite votre technique au groupe.

peindre ▮ le sac à main ▮ la nature humaine ▮ le projet ▮ apprendre ▮ le portrait
le vernissage ▮ une anthologie ▮ le tableau ▮ le livre ▮ résumer

• Le futur simple se forme à partir de l'infinitif et des terminaisons *-ai, -as, -a, -ons, -ez* et *-ont*.

 Mots fléchés

a   Complétez les phrases à l'aide des verbes suivants.

> structurez ▮ patienter ▮ travaillez ▮ préparez ▮ analysez ▮ traduire
> utilisez ▮ se motiver ▮ chercher

Horizontalement

1   _____ en groupe ! Ensemble on arrive mieux à réactiver ses connaissances dans une langue.

2   Apprendre une langue n'est pas un projet d'une semaine ou d'un semestre, mais c'est un processus qui dure parfois une vie entière. Il faut savoir _____ .

3   Vous parlez mieux au téléphone, si vous _____ d'abord l'entretien. Quelles sont les réponses possibles ? Comment l'autre va-t-il réagir ?

4   Pour mieux retenir le vocabulaire d'une langue, _____ -le. Faites des listes thématiques ou selon vos préférences et associations.

5   Apprendre n'est pas une torture, mais un plaisir. Pourtant, il faut toujours _____ , parfois avec l'aide du professeur.

6   On ne peut pas comprendre tous les mots. _____ la structure grammaticale d'une phrase ou le contexte dans lequel se situe le mot inconnu, et vous comprendrez plus que vous ne pensez.

7   Il ne faut pas tout comprendre. _____ un texte mot par mot prend souvent trop de temps. Concentrez-vous sur la compréhension des mots clés et des informations vraiment importantes.

8   Il faut _____ le plus souvent possible le contact avec la langue : écoutez la radio française, regardez la télé française, lisez un livre ou un journal français, apprenez par cœur le texte d'une chanson que vous aimez bien…

9   _____ votre dictionnaire. Il vous donne beaucoup plus d'informations que la simple traduction d'un mot.

b   Notez dans la grille les mots trouvés. Quel mot apparaît verticalement ?

3 Enigmes

 a Travaillez en groupes. Lisez ces petites histoires et formulez pour chacune cinq questions qui vous aideront à découvrir la clé de l'énigme.

Leçon

1

> 1 Un homme habite au 25ᵉ étage d'un gratte-ciel. Pour rentrer chez lui, il prend l'ascenseur jusqu'au 20ᵉ étage et ensuite l'escalier pour arriver au 25ᵉ étage. S'il y a une autre personne dans l'ascenseur ou s'il fait mauvais temps, il monte directement au 25ᵉ étage. Pourquoi ?

> 2 Un homme entre dans un bar du Far West et demande un verre d'eau. Le barman sort son revolver et menace l'homme. Celui-ci le remercie et s'en va satisfait. Pourquoi ?

b Discutez en groupes pour découvrir la clé de ces énigmes. Votre professeur connaît la solution.

c Connaissez-vous d'autres énigmes de ce type ? Racontez-les aux autres participants. Pour trouver la solution, ils vous poseront des questions.

4 Tabous

a Préparez par écrit une définition pour trois des idées ou objets suivants sans utiliser le mot même, ni ses dérivés.

> le jardin | le travail | la ville | le mariage | la pomme | le journal
> l'amour | la solidarité

Exemple : pour *livre*, il est interdit d'utiliser les mots *livre, lire, librairie*, etc.
C'est une chose qui contient beaucoup de textes, de phrases, de mots ou d'images sur beaucoup de pages. C'est imprimé…

_____

_____

_____

b Présentez-la au groupe et parlez le plus longtemps possible sans nommer la chose. Répondez ensuite aux questions des autres.

5 Je me rappelle…

Complétez les phrases avec un des verbes pronominaux de la liste suivante. Faites attention à la négation et à l'interrogation.

> se décider | se dépêcher | s'écrire | s'excuser | s'inquiéter | se rappeler | se trouver

1 Je _____ , c'est bien de ma faute.

2 Nous _____ toutes les règles de grammaire – ou presque…

3 Pourquoi les choses _____ toujours au dernier endroit où on les cherche ?

4 Il est la tranquillité même. Il (ne jamais) _____ de rien.

5 Les deux paires de lunettes vous vont très bien. Vous devez _____ .

6 Le mot grammaire _____ avec un ou deux *m* ?

7 Tu arrives toujours en retard. Pourquoi tu (ne pas) _____ un peu ?

Exercices   Leçon   1   123

6 L'année prochaine, je viendrai certainement…

Faites correspondre les verbes à l'infinitif aux formes irrégulières du futur. Formez ensuite une phrase au futur.

L'année prochaine, je viendrai certainement te voir dans ton nouvel appartement.

Leçon

1

1 aller	a je viendrai _____
2 avoir	b tu iras _____
3 devoir	c elle pourra _____
4 être	d il aura _____
5 faire	e nous serons _____
6 pouvoir	f vous verrez _____
7 venir	g elles devront _____
8 voir	h ils feront _____

7 Si tout va bien…

Complétez les phrases en utilisant le futur des verbes.

Si tout va bien, l'année prochaine, après avoir rafraîchi mes, tes … connaissances en français, …

1 … je _____ (comprendre) des textes clairs relatifs à mes centres d'intérêt.

2 … tu _____ (reconnaître) les points importants dans des articles de journaux.

3 … j' _____ (expliquer) par écrit mes opinions, mes projets et mes actes.

4 … nous _____ (écrire) des lettres personnelles et des rapports.

5 … il _____ (saisir) l'essentiel des programmes de télévision.

6 … vous _____ (suivre) une conversation sur la vie quotidienne ou le travail.

7 … elles _____ (pouvoir) raconter l'histoire d'un film ou d'un livre.

8 … tu _____ (passer) sans problème un coup de téléphone pour réserver une chambre d'hôtel ou une table au restaurant.

8 Comment j'ai appris

Ecoutez deux témoignages sur la langue française dits par des jeunes immigrés en Belgique. Associez à chaque témoignage un des titres suivants et expliquez votre choix.

A **On a écouté des centaines de chansons en français.**

B **L'orthographe et les conjugaisons en français : quels cauchemars !**

C **Apprendre une langue est une richesse.**

D **La déclaration d'amour est plus belle en français.**

Exercices Leçon 2

1 Apprendre des listes de mots

TIPP

Viele einzelne Wörter lassen sich nur schwer merken. Es ist dagegen einfacher, sich Wörter in Strukturen einzuprägen. Dabei spielt es keine Rolle, ob Sie die Wörter nach grammatischen Kategorien (Substantive, Adjektive, Verben und andere), nach Vorlieben, mit Hilfe von Assoziationen oder wie hier im Beispiel thematisch ordnen.

Lisez les différentes listes attentivement. Vous avez cinq minutes pour le faire. Puis, sans regarder les listes, répondez aux questions page 176.

Liste n°1 : l'abricot – la groseille – l'orange – la pomme – la poire
Liste n°2 : le basilic – l'ail – le sel – le thym – le persil
Liste n°3 : la caisse – le caddie – le rayon – le supermarché – la queue
Liste n°4 : le distributeur – la banque – la monnaie – le virement – l'argent
Liste n°5 : l'épinard – le haricot – le brocoli – la pomme de terre – la courgette

2 Qu'est-ce qu'il faut pour préparer…

… une ratatouille ? … des crêpes ? … un coq au vin ? … une raclette ?

du ▌ de la ▌ de l' ▌ des un peu de
beaucoup de ▌ une branche de
une bonne bouteille de/d'
une cuillère à soupe de/d' ▌ trois
un ▌ une ▌ 200 g de/d' ▌ 250 g de/d'
un litre de/d' ▌ 10 cl de/d' ▌ 80 g de/d'

aubergine ▌ gousses d'ail ▌ tomates
pommes de terre ▌ lardons
champignons coupés en quartiers
poivre noir ▌ farine ▌ huile d'olive
lait ▌ poivrons ▌ vin rouge
beurre ou huile ▌ sel ▌ beau coq
courgettes ▌ marc de bourgogne ▌ œufs
▌ beurre ▌ thym ▌ basilic
persil ▌ fromage

Pour préparer une ratatouille, il nous faut des tomates…

Passé composé 1

Complétez le tableau.

Infinitif	Participe passé	Passé composé
acheter		il _____
_____	fait	vous _____
_____	vu	elles _____
aller	_____	je/j' _____
être	_____	on _____
_____	pris	tu _____
_____	mangé	elle _____
réussir	_____	je/j' _____
vouloir	_____	tu _____
_____	choisi	vous _____
boire	_____	nous _____
_____	venu	ils _____
comprendre	_____	je/j' _____

Leçon 2

 Passé composé 2

Mettez les phrases au passé composé selon le modèle.
Tu achètes du persil. → *Tu as acheté du persil.*

1 Je dors très bien.

_____

2 Les enfants vont au marché.

_____

3 Mon mari ne veut jamais faire les courses.

_____

4 Nous invitons nos amis à dîner ce soir.

_____

5 Après le cinéma, ils boivent un verre au bar.

_____

6 Vous prenez la voiture pour aller en ville ?

_____

⑤ Les commerces

Associez chaque verbe de la liste 1 à un commerce de la liste 2 et formez une phrase au passé composé selon le modèle.

acheter + marché → *Hier, j'ai acheté des pommes au marché.*

Liste 1

1 choisir
2 prendre
3 voir
4 acheter
5 faire
6 essayer
7 faire changer
8 prendre

Liste 2

a bijouterie-horlogerie
b station-service
c pharmacie
d boucherie
e photographe
f droguerie
g marchand de chaussures
h marchand de journaux

1 _____
2 _____
3 _____
4 _____
5 _____
6 _____
7 _____
8 _____

⑥ Mieux manger

Votre collègue de travail/votre voisin/voisine a des problèmes de santé et veut se nourrir sainement. Vous faites depuis longtemps attention à votre alimentation et vous lui donnez des conseils. Respectez l'ordre des éléments indiqués ci-dessous.

| les carottes crues | contenir des vitamines | les carottes cuites |

→ *Mange des carottes crues parce qu'elles contiennent plus de vitamines que les carottes cuites.*

a le miel	être sain	la confiture
b le yaourt nature	être calorique	la mousse au chocolat
c le lait écrémé	contenir des matières grasses	le lait entier
d l'eau	faire grossir	les boissons sucrées
e manger régulièrement	être bon pour la digestion	manger beaucoup le soir
f le pain complet	avoir du goût	la baguette

a _____
b _____
c _____
d _____
e _____
f _____

7 Faire les courses sur Internet

Quel est votre auteur français préféré ? Allez sur le site Internet de deux librairies comme www.amazon.fr ou www.fnac.fr. et comparez les prix pratiqués pour un livre de cet auteur. (Attention : les frais de livraison hors de France sont souvent plus élevés.) Remplissez le bon de commande.

8 Faire les courses aux alentours

On ne connaît pas toujours les meilleurs endroits où faire les courses. Présentez les commerces de votre ville ou région en utilisant des superlatifs.

On trouve le plus grand choix de meubles chez But.
La pharmacie la plus proche se trouve dans la rue Lamartine.

1 livres – intéressants

_____

2 supermarché – cher

_____

3 parking – dangereux la nuit

_____

4 bas – prix en électroménager

_____

5 magasin de meubles – proche du centre-ville

_____

6 bons – croissants

_____

7 fruits – frais

_____

8 grand – choix de chaussures

_____

9 Le saviez-vous ?

Formulez une question comme dans l'exemple et posez-la au groupe.

superficie/grand : la Belgique, la Suisse, les Pays-Bas
→ Lequel de ces trois pays a la superficie la plus grande, la Belgique, la Suisse, les Pays-Bas ?

1 bâtiment/être haut : la tour Eiffel, l'arche de la Défense, la cathédrale Notre-Dame de Paris
2 ville/être peuplé : Bruxelles, Genève, Marseille
3 ville/se trouver au nord : Chinon, Nevers ou Beaune
4 pont/être long : pont du Gard, pont de Normandie, pont de Millau
5 ville/être ancien : Arles, Liège, Nîmes

Exercices Leçon 3

1 Enrichissez votre vocabulaire en groupe grâce aux associations d'idées

TIPP

Mit *Mind-Maps* werden gezeichnete Gruppierungen von Vokabeln zu einem Thema bezeichnet. Diese grafische Darstellung eines Konzepts erleichtert das Verständnis und das Einprägen.

a A quels autres mots vous fait penser le mot *grands-parents* ? Notez-les dans le schéma.

b Comparez votre collection de mots à celle de votre voisin/voisine puis mettez en commun en groupe.

2 Révisez votre vocabulaire : membres de la famille et état civil

Cherchez les 24 mots cachés. Faites-en la liste et ajoutez d'autres mots de votre vocabulaire.

	1	2	3	4	5	6	7	8	9	10	11	12	13	14	15	16	17	18	19	20
a	J	V	Y	C	O	B	E	A	U	X	-	P	A	R	E	N	T	S	L	Y
b	H	E	L	F	W	N	L	R	V	E	I	L	H	T	E	I	F	D	B	O
c	J	U	M	E	A	U	X	Q	V	J	B	C	L	G	J	B	W	O	E	R
d	I	V	W	M	V	O	R	E	Y	C	O	K	R	J	E	T	J	L	E	
e	W	E	O	M	O	R	J	K	U	X	R	U	X	A	G	A	K	D	L	B
f	N	W	P	E	T	I	T	-	F	I	L	S	F	N	Y	U	W	V	E	V
g	D	P	Q	K	X	C	U	R	G	G	K	I	B	D	D	-	R	U	-	V
h	B	E	L	L	E	-	M	E	R	E	L	N	Z	-	Y	P	J	Z	S	T
i	L	L	N	J	X	H	Y	M	Y	P	X	H	K	P	B	E	V	P	O	Z
j	C	E	L	I	B	A	T	A	I	R	E	J	J	E	C	R	X	X	E	W
k	Y	K	T	S	O	O	S	T	M	V	H	P	D	R	J	E	Q	M	U	T
l	F	V	C	G	G	R	A	N	D	-	M	E	R	E	M	Y	M	A	R	I
m	P	Q	O	E	D	L	S	R	Q	O	O	C	L	K	C	B	F	J	M	B
n	A	Z	U	P	G	R	A	N	D	S	-	P	A	R	E	N	T	S	R	S
o	R	I	S	P	O	B	Y	N	T	R	L	A	L	A	O	H	K	L	D	O
p	E	V	I	P	N	I	E	C	E	O	B	E	A	U	-	F	R	E	R	E
q	N	T	N	C	E	G	C	I	T	K	W	F	J	C	F	T	M	U	W	U
r	T	N	E	X	V	L	P	E	T	I	T	E	-	F	I	L	L	E	W	R
s	S	W	U	L	E	N	F	A	N	T	S	J	X	X	K	M	J	Q	Q	J
t	O	Q	I	Z	U	O	Y	M	F	A	T	M	R	D	I	V	O	R	C	E

3 **Changements connus par la famille depuis les années 1960**

a La famille a beaucoup changé. Reconstituez ces changements en associant un mot de la liste 1 à une expression de la liste 2.

Liste 1

1 la diminution
2 la progression
3 la multiplication
4 la baisse
5 l'évolution
6 le développement
7 l'augmentation

Liste 2

a du nombre de personnes vivant seules
b du nombre d'enfants/de la natalité
c des familles monoparentales et des familles recomposées
d de l'union libre
e du nombre des mariages
f des divorces
g de la législation

Leçon 3

b Réexprimez la liste obtenue en **a** sous forme de phrases au passé composé.

la diminution du nombre des mariages → Le nombre des mariages a diminué.

2 _____

3 _____

4 _____

5 _____

6 _____

7 _____

4 **Les grands classiques du mariage**

Racontez par écrit l'événement en prenant dans la liste suivante les mots qui vous sont nécessaires.

la pièce montée
le trousseau
la mairie
l'église
la robe blanche
le bouquet de la mariée

la jarretière
jeter du blé/du riz
les cadeaux
la cérémonie
le grand repas
la danse

la liste de mariage
le faire-part de mariage
le cortège
les mariés
les alliances
les demoiselles et les garçons d'honneur

5   Qui s'occupe des enfants ?

Allez sur le site www.insee.fr. Dans la rubrique « La France en faits et chiffres », cliquez sur « Population ». Sélectionnez l'onglet « Recherche » et tapez « activités domestiques et parentales » dans le champ « Mot dans le titre ». Ouvrez l'étude « Offre de travail et répartition des activités domestiques et parentales au sein du couple : une comparaison entre la France et la Suède ».

a   Répondez aux questions suivantes en vous aidant des tableaux 1 et 2 (p. 130–131 du document).

En France quelles étaient, en 1998, …

1   … la part de la femme dans le temps de travail professionnel total du couple ?

_____

2   … la durée du travail des hommes ?

_____

3   … la durée des activités parentales des hommes ?

_____

4   … la durée du travail des femmes ?

_____

5   … la durée des activités parentales des femmes ?

_____

b   Comparez ces chiffres avec ceux donnés pour la Suède en 1993. Quelles sont les principales différences ? D'après vous, votre pays est-il plus proche du modèle français ou du modèle suédois ?

_____

_____

Leçon

3

6   Une rencontre importante

a   Mettez les verbes au passé composé ou à l'imparfait puis vérifiez vos réponses à l'aide de l'enregistrement.

Paris au mois d'août. Il (fait) _____ très chaud, beaucoup de magasins (sont) _____ fermés, les touristes (peuplent) _____ les grands boulevards. Je (suis) _____ étudiante et je (travaille) _____ dans une compagnie d'assurances pour gagner un peu d'argent. Un soir, je (suis) _____ fatiguée, je (prends) _____ l'ascenseur au lieu de descendre par les escaliers, comme je le (fais) _____ d'habitude. Je (dois) _____ attendre quelques minutes ; quand la porte (s'ouvre) _____ , je (vois) _____ un homme qui me (sourit) _____ , il (est) _____ grand et mince et…

b   Imaginez la suite de ce récit au passé, en faisant attention aux temps.

c   A votre tour, décrivez une rencontre importante.

7 Que s'était-il passé auparavant ?

Conjuguez les verbes entre parenthèses au plus-que-parfait, sans oublier d'accorder les participes passés.

1 Hier, vous avez invité toute votre famille pour fêter votre anniversaire. La veille, vous _____ (cuisiner) plusieurs plats, _____ (mettre) les boissons au frais et vous _____ (choisir) les vins. Enfin, vous _____ (ranger) et _____ _____ (décorer) l'appartement.

2 Il y a quinze jours, Marion a participé au marathon de Paris. Pendant les trois mois précédents, elle _____ (se préparer) : elle _____ (courir) dans les bois trois fois par semaine, _____ (manger) plus sainement, _____ _____ (arrêter) de fumer et elle _____ (réduire) sa consommation d'alcool.

3 Ils se sont mariés l'an dernier. Un an auparavant, ils _____ (se rencontrer) à une exposition de peinture ; ils _____ (tomber) amoureux immédiatement l'un de l'autre quand ils _____ (se voir).

 8 Meurtres en famille

a Mettez les verbes à l'imparfait, au passé composé ou au plus-que-parfait sans oublier d'accorder les participes passés.

Isabelle _____ (avoir) 40 ans quand elle est morte dans des conditions mystérieuses, le 16 août 2004. Sa famille _____ (apprendre) sa mort apparemment par la presse : tous les journaux en _____ (parler). Ses parents _____ (dire) qu'ils _____ _____ (ne pas savoir) qu'elle _____ (être) mariée depuis une dizaine d'années.
En effet, Isabelle _____ (se fâcher) avec ses parents dix ans auparavant.
A cette époque, elle _____ (aussi cesser) de voir sa sœur, qu'elle _____ (aimer) cependant beaucoup.
Une semaine après la mort d'Isabelle, l'inspecteur Roger Le Dœuff _____ (interroger) la famille pour connaître la personnalité de la victime. Isabelle _____ (être) une jeune femme secrète, qui _____ (parler) peu d'elle-même. Elle _____ (adorer) la peinture italienne et _____ (lire) beaucoup de romans policiers.
Le même jour, le policier _____ (fouiller) le sac à main de la victime quand, tout à coup, son regard _____ (s'arrêter) sur la photo d'un homme d'une soixantaine d'années, qui _____ (ressembler) étrangement à la mère d'Isabelle.

Deux mois auparavant, Isabelle _____ (écrire) une lettre à sa sœur Margot pour lui confier un lourd secret.

La mère d'Isabelle affirme que sa fille _____ (se suicider). L'inspecteur Le Dœuff pense plutôt que quelqu'un _____ (assassiner) Isabelle.

 b Travaillez en petits groupes. D'après vous, s'agit-il d'un suicide ? Si, oui, pour quelles raisons ? Ou s'agit-il d'un meurtre ? Si oui, qui est l'assassin ? Quel est son mobile ? Mettez vos résultats en commun avec les autres groupes.

Exercices Leçon 4

1 Réactivez votre vocabulaire

TIPP

Methode 543 oder wie entsteht neuer gemeinsamer Wortschatz in der Gruppe?

Bilden Sie eine Kleingruppe mit fünf Personen. Wählen Sie ein Thema aus. Schreiben Sie zuerst auf ein leeres Blatt drei Begriffe, die Ihnen spontan zum Thema (z. B. *restaurant*) einfallen. Geben Sie dann das Blatt nach links weiter. Ergänzen Sie auf dem für Sie jetzt neuen Blatt drei weitere Begriffe zum Thema. Wiederholen Sie diesen Vorgang viermal. Am Ende der Übung stehen auf jedem Blatt 15 verschiedene Wörter zum selben Thema. Erstellen Sie eine gemeinsame Liste aller Wörter, die auf den Blättern vorhanden sind und klären Sie unbekannte Begriffe.
Gruppieren Sie die Wörter nach Substantiven, Verben, Adjektiven und sonstigen.
Schreiben Sie eine kleine Geschichte, in der möglichst viele der Wörter enthalten sind.

Leçon

4

2 Cherchez l'intrus

a la serveuse : gentille, souriante, mal habillée, rapide, efficace
b le client : aimable, poli, énervant, généreux, gourmand
c les légumes : parfumés, trop cuits, frais, bien présentés, variés
d le repas : lourd, cher, savoureux, long, pas équilibré
e le vin : acide, superbe, fin, intense, fruité

3 Vieux comme Hérode

a De nombreuses expressions idiomatiques sont formées à partir d'un adjectif. Associez les adjectifs de la liste 1 aux mots de la liste 2.

b Connaissez-vous l'équivalent en allemand ?

Liste 1

1 dur
2 noir
3 fidèle
4 fort
5 léger
6 lent
7 rapide
8 rusé
9 vieux
10 connu

Liste 2

a comme un chien
b comme du bois
c comme une plume
d comme une tortue
e comme Hérode
f comme un renard
g comme l'éclair
h comme un bœuf
i comme le loup blanc
j comme de l'encre

_____
_____
_____
_____
_____
_____
_____
_____
_____
_____

4   Avez-vous bien compris ?

9   **a**   Réécoutez attentivement le dialogue de l'activité 1 (page 36) et répondez aux questions.

1   Est-ce que Pierre connaît le restaurant ?   _____

2   Pourquoi a-t-il choisi ce restaurant ?   _____

3   Qui l'a recommandé ?   _____

4   Qu'est-ce que les amis commandent ?   _____

5   Est-ce qu'ils boivent de l'eau minérale ?   _____

b   Ecoutez une seconde fois. Dans le texte se trouvent les adjectifs *bon, campagnard, bourguignon* et *grand*. Notez leurs formes exactes (masculin/féminin/singulier/pluriel) et les substantifs respectifs.

bon :   _____

campagnard :   _____

bourguignon :   _____

grand :   _____

5   Le savez-vous ?

Répondez aux questions suivantes en remplaçant les mots surlignés par un pronom.

1   Peut-on utiliser l'huile d'olive pour la cuisson ?

_____

2   Est-ce qu'on peut éliminer le sucre de son alimentation sans risque pour la santé ?

_____

3   Quand on souffre d'hypertension, faut-il absolument supprimer le sel ?

_____

4   Est-ce qu'il faut varier les eaux minérales de temps en temps ?

_____

5   Est-ce que l'alimentation moderne nous apporte les vitamines et les minéraux nécessaires ?

_____

6   Faut-il réduire l'apport en calories pour maigrir ?

_____

7   Est-ce que les enfants peuvent supprimer totalement la viande ?

_____

Recomposez les phrases selon le modèle.

la – lui – elle – envoie ————➤ Elle la lui envoie.
ne – pas – la – lui– elle – envoie ————➤ Elle ne la lui envoie pas.
Elle n'envoie pas la lettre à son frère.

1 la – lui – il – raconte _____

2 ne – pas – la – lui – il – raconte _____

3 _____

4 la – leur – on – annoncer – va _____

5 ne – pas – la – leur – on – annoncer – va _____

6 _____

7 le – lui – je – donner – peux _____

8 ne – pas – le – lui – je – donner – peux _____

9 _____

10 le – me – vous – demandé – avez _____

11 ne – pas – le – me – vous – demandé – avez _____

12 _____

 Une découverte imprévue

Complétez le texte en ajoutant les adverbes suivants :

> bien ▮ brillamment ▮ heureusement ▮ intelligemment ▮ joliment ▮ malheureusement
> rarement ▮ savoureusement ▮ sérieusement ▮ vraiment

_____ que je connais _____ la région de Cannes, parce que j'ai

découvert il y a quelques jours tout à fait par hasard un petit restaurant où un jeune chef fait son

travail _____ et _____ . C'est *le Petit Prince* à Cabris dans les

collines de Grasse. Il s'agit d'un de ces restaurants qui, _____ , sont devenus très

rares de nos jours. Deux menus à 20 et à 35 € et quelques plats à la carte, c'est tout. Le choix

n'est pas grand mais tout ce qui sort de la petite cuisine est _____ excellent. Les

langoustines au basilic en papillote, la tartelette niçoise ou le lapin à la moutarde, tout préparé

_____ et avec ce brin d'imagination qu'on retrouve _____ dans

nombre de restaurants de la Côte d'Azur. Le service fait son travail _____ et avec

beaucoup de compétence. Les tables sont _____ décorées et la terrasse vous offre

une vue magnifique sur la baie de Cannes. Une adresse à donner aux meilleurs amis.

8   Le paradoxe français

a   Lisez le texte. Quel est le rôle du vin dans l'alimentation des Français ?

Les Français vivent en moyenne deux ans de plus que les Nord-Américains et ont 40 % moins de problèmes cardiaques qu'eux. Pourtant, ils mangent des charcuteries, du fromage, du beurre et boivent du vin. En outre, ils fument autant et ne font pas plus de sport. Comment expliquer cette différence ?

On n'y comprend toujours pas grand-chose, et c'est la raison pour laquelle on parle du *paradoxe français*. La paternité de cette expression revient au docteur lyonnais Serge Renaud qui affirme qu'une consommation modérée d'alcool peut réduire jusqu'à 50 % le risque de maladie cardiovasculaire.

Mais ce n'est pas uniquement grâce à leur consommation quotidienne d'alcool que les Français souffrent moins de maladies cardiovasculaires. Dans l'ensemble, les habitudes alimentaires des deux peuples diffèrent considérablement. Ainsi, les Français mangent plus de fruits et de légumes frais que les Américains. Par ailleurs, ils les consomment souvent crus ou peu cuits. En général, les fruits et les légumes sont de bonnes sources d'antioxydants qui protègent le cœur.

De plus, les Français cuisinent souvent avec de l'huile d'olive. De nombreuses études ont prouvé que cette huile aurait des effets bénéfiques sur le cholestérol sanguin.

Les Français boivent en moyenne deux à trois verres de vin par jour. Des études indiquent que ce niveau de consommation peut être associé à une réduction de 40 % des maladies cardiovasculaires.

En somme, c'est l'ensemble des habitudes de vie, dont l'alimentation, qui peut ou non protéger contre les maladies cardiovasculaires. Aussi, le vin que l'on boit à table doit demeurer dans la liste des plaisirs que l'on aime s'offrir de temps en temps.

D'après Annie Langlois, *Le paradoxe français*

b   *Le paradoxe français*, qui a utilisé cette expression pour la première fois ?

_____

c   Que signifie cette expression ? Que pensez-vous du *paradoxe français* ?

_____

_____

d   Quelles sont les différences entre les habitudes alimentaires des Français et celles des Américains ?

_____

_____

e   Comment caractériser l'alimentation dans votre pays ? Est-ce qu'il y a des différences ?

_____

_____

9   Quel vin choisir ?

Cette question se pose souvent au restaurant ou lors d'un repas en famille ou avec des amis. Choisissez quelques plats français typiques et cherchez sur www.cave-fr.com ou sur www.terroirs-france.com des informations sur les vins les mieux adaptés. Présentez vos résultats aux autres.

S'entraîner à l'expression orale

Leçon

5

TIPP

Die mündliche Kommunikation stellt für viele Lernende eine große Herausforderung dar, denn es gilt dabei schnell und ohne Rückgriff auf Hilfsmittel in der Fremdsprache zu reagieren. Aber auch die mündliche Kommunikation lässt sich trainieren, denn viele Gespräche verlaufen nach einem bestimmten Muster und dieser Gesprächsablauf lässt sich planen. Bevor Sie zum Beispiel am Telefon ein Ferienhaus reservieren, überlegen Sie sich genau, welche Informationen Sie erfragen möchten und wie die Reaktion des Gesprächspartners auf Ihre Fragen sein könnte.
Notieren Sie Sätze, die Ihnen bei Problemen mit dem Hörverstehen helfen können, wie:

Vous pouvez épeler, s'il vous plaît ?
Vous pouvez répéter, s'il vous plaît ?
Excusez-moi, si j'ai bien compris, la chambre est libre à partir du 20 août ? etc.

a Notez dans le diagramme page 138 les questions et les réponses probables d'une conversation téléphonique.

 b A deux, préparez par écrit un dialogue en rapport avec une des tâches suivantes puis présentez-le.

1 Demander si le musée *La Bénédictine* à Fécamp est ouvert le 28 décembre.
De quelle heure à quelle heure ? Visites guidées ? Prix de l'entrée ?

2 Demander si l'office du tourisme organise des visites guidées à Deauville. Quand ?
Thèmes particuliers ? Point de rendez-vous ?

3 Demander s'il y a encore des places pour le festival de théâtre. Prix de la place ?
A quelle heure commence le spectacle ? Où se trouvent les places ?

4 Demander à quelle heure part le TGV pour Nantes. Correspondance pour aller à La Baule ?
Autres trains (plus tard, moins cher, de nuit) ?

01/01 → 04/02 :	fermeture annuelle/annual closure/geschlossen/jaarlijke sluiting		
05/02 → 01/04 :	10:30 → 11:45	&	14:00 → 17:00
02/04 → 08/07 :	10:00 → 12:00	&	14:00 → 17:30
09/07 → 04/09 :	10:00	→	18:00
05/09 → 09/10 :	10:00 → 12:00	&	14:00 → 17:30
10/10 → 31/12 :	10:30 → 11:45	&	14:00 → 17:00

Tarifs des entrées / Entrance fees /
Eintrittspreise / Toegangsrechten

Individuels / Individual / Einzelpersonen / Personen :
• adulte / adult / Erwachsene / volwassenen :............................ 5,60 euros
• 12-18 :.. 2,80 euros
• -12 : gratuit / free / kostenlos / gratis

Groupes / Groups / Gruppen / Groepen :
• adulte / adult / Erwachsene / volwassenen :............................ 3,90 euros
• 12-18 :.. 1,95 euros
• -12 : gratuit / free / kostenlos / gratis

VISITES TOUS LES JOURS / VISITS EVERY DAY
BESICHTIGUNGEN TÄGLICH / DAGELIJKS VOOR BEZOEK

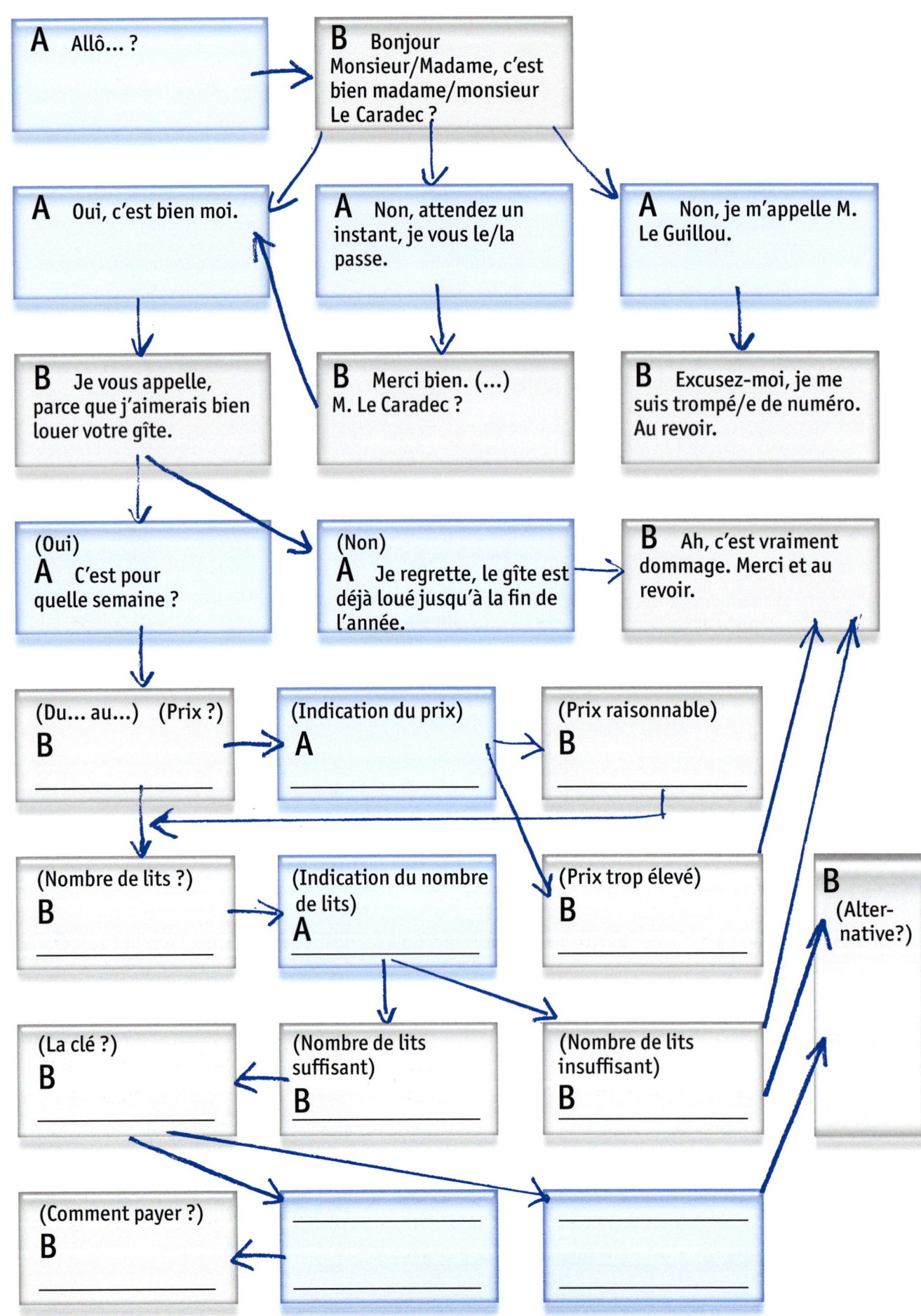

Parler de la pluie et du beau temps

a   Prenez une feuille de papier, écrivez au centre *beau temps* et ajoutez tous les mots qui vous viennent à l'esprit. Répétez l'exercice avec *mauvais temps*. Comparez vos dessins avec ceux de votre voisin. Y a-t-il de grandes différences ?

b   Associez les expressions suivantes au *beau temps* ou au *mauvais temps* :

Il y a du soleil. – Le vent souffle. – Il pleut. – Il fait chaud. – Il y a du brouillard. – Il neige.
Le temps est couvert. – Le ciel est bleu. – Le ciel est gris. – Il fait froid. – Le ciel est clair. Il y a de l'orage. – Il y a des nuages. – Le ciel est dégagé.

c   Quel temps fait-il d'après cette carte ?

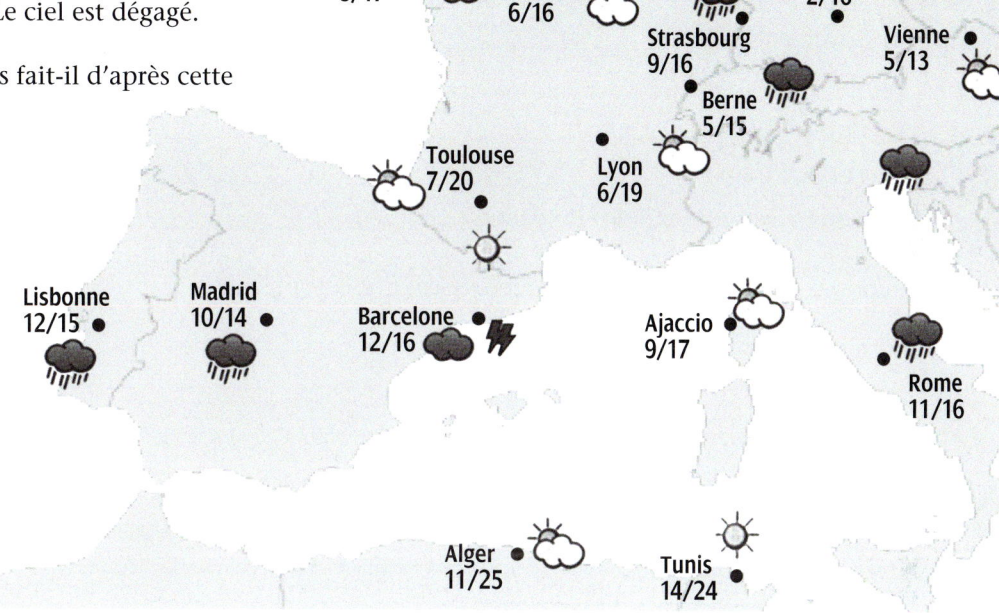

Leçon 5

 Une maison dans les montagnes

a   Complétez les phrases à l'aide des adjectifs indéfinis proposés. Faites éventuellement l'accord.

> autre | chaque | chaque | plusieurs | plusieurs | quelque | tout | tous

_____ année, les Peletier passent _____ semaines de leurs vacances dans les Pyrénées, où ils ont acheté une petite maison. _____ fois ils mettent _____ jours pour s'habituer au calme. _____ les samedis ils vont en ville, à Foix, pour y rencontrer des amis. Ils prennent l'apéro ensemble et vont au cinéma quand il y a un film intéressant. Les _____ jours de la semaine, ils font _____ excursions dans les alentours ou se relaxent tout simplement. Parfois ils vont aussi dans leur maison pour le week-end. Ça leur fait du bien, après avoir travaillé pendant _____ la semaine.

b   Et vous ? Passez-vous vos vacances toujours au même endroit ?

4 ## Inscription en ligne

Allez sur le site de Thalassothérapie à Royan, en Poitou-Charentes
www.allo-thalasso.com/poitou-charentes/thalazur_cap_royan/index.htm et remplissez la fiche
d'inscription pour une formule (par exemple la formule Harmonie-Energie). Choisissez une date
en automne et imprimez la fiche d'inscription. Combien coûtera le séjour ?

5 ## Les vacances approchent

a Donnez des conseils suivant l'exemple.

Va en France ! → *Il faut que tu ailles en France !*

1 Ecris une carte postale ! _____

2 Prenez la route nationale ! _____

3 Respecte les limitations de vitesse ! _____

4 Soyez patients ! _____

5 Viens chez moi ! _____

6 Roulez relax ! _____

7 Pars en train ! _____

8 Emportez votre maillot de bain ! _____

b Trouvez d'autres conseils pour mieux passer les vacances.

_____

_____

_____

6 ## Paris-Plage se jette à l'eau

Formez cinq phrases en prenant un élément dans chacune des listes suivantes.

En août, la mairie de Paris installe une quarantaine de palmiers et 2 000 tonnes de sable sur les berges de la Seine…   +   *pour que*   +   les Parisiens *puissent* (pouvoir) aller à la plage sans devoir quitter la ville.

1 Il y a un vaste programme culturel…

2 La voie express Georges-Pompidou doit être bloquée…

3 Paris-Plage est ouvert de 7 heures à minuit…

4 Plus de 100 000 personnes par jour s'installent sur la plage…

5 Un bassin de baignade est installé…

a afin que

b afin que

c avant que

d bien que

e pour que

… le spectacle _____ (commencer).

… il ne _____ (faire) pas toujours beau.

… les faux vacanciers _____ (ne pas bronzer) idiot.

… l'illusion _____ (être) presque parfaite.
un maximum de personnes
… _____ (avoir) la possibilité d'y aller.

7 La menace de canicule a-t-elle influencé votre choix de vacances ?

34 Ecoutez ce micro-trottoir et cochez la réponse correcte.

		Vrai	Faux
1	Marie-Rose 28 ans, employée à Rueil-Malmaison (92), a passé ses vacances à Paris.	☐	☐
2	Colette 74 ans, retraitée à Saint-Rémy-lès-Chevreuse (78), est allée rejoindre sa famille parce qu'à Belfort, il fait plus chaud qu'à Paris.	☐	☐
3	Julien 22 ans, technicien à Paris XIe, a choisi Les Landes pour fuir la chaleur.	☐	☐
4	Alassan 48 ans, mécanicien à Palaiseau (91), accepte n'importe quel temps.	☐	☐
5	Sophia 21 ans, étudiante à Nancy (51), a passé ses vacances en Andalousie parce qu'elle aime les pays où il fait très chaud.	☐	☐

8 Bonjour des vacances

Leçon 5

a Quel style de message vous plaît le plus ? Pourquoi ?

Chère Maman, je suis bien arrivée à Marseille. Il y a un soleil de plomb, comme ça ne s'est jamais vu. Je sors tous les soirs, mais je ne fais pas de bêtises. Fais un bisou à Papa.

Puce

Bonjour à tous ! Le voyage pour arriver en Crète s'est bien passé. Ici tout va pour le mieux, je partage mon temps entre randonnées dans de superbes paysages, baignades dans de petites criques et découverte de la vie locale (dont la nourriture qui est excellente !). Je bouquine beaucoup et j'ai même terminé « A la recherche du temps perdu », de Marcel Proust. J'espère que vos vacances se passent bien et que vous en profitez pour vous reposer.

Gros bisous,

Cécile.

Salu! supR vac, bo tps, bo mecs, fiesta ts ls soirs! la bel vi quoi! Biz ccil

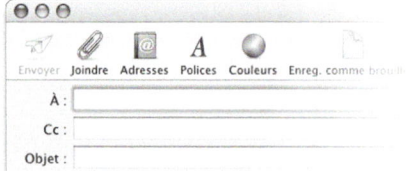

À :

Cc :

Objet :

Un petit coucou du Portugal où je passe mes vac.
Au programme : balades, baignades, farniente à la
plage, et bons petits repas ☺, bref tous les
ingrédients pour recharger les batteries !
Malheureusement, on n'a pas bcp de soleil. ☹
Bisous, Christèle

Leçon

5

(● Patrick
  ■ Femme de Patrick)

● Allô Chérie ? C'est Patrick.
■ Ça y est, t'es arrivé ? Tout s'est bien passé ? Y'a pas eu de bouchon ?
● Non, ça va, ça a bien roulé, y'avait pas trop de neige.
■ Et alors, vous êtes bien installés ?
● Ben oui, on a des chambres pour quatre, avec des lits superposés. C'est dommage, comme on est cinq, il y en a un qui doit dormir dans une autre chambre. Mais bon, c'est pas grave.
■ Tu as tout ce qu'il te faut ? J'ai vu que tu avais oublié ton bonnet à la maison, il faudra que tu en rachètes un autre.
● Ah oui, je viens de remarquer ça en défaisant mes bagages. Oui, je vais le faire.
■ Et c'est l'anniversaire de ton père jeudi, n'oublie surtout pas !
● J'y penserai.
■ Fais attention sur les pistes et amuse-toi bien. N'oublie pas de m'envoyer une carte.
● Bien sûr que non. Je t'aime.
● Moi aussi. A bientôt.
■ Au revoir.

b   Et vous ? Comment envoyez-vous un bonjour des vacances ? Choisissez un moyen de communication et préparez un message correspondant au dessin.

Exercices Leçon 6

1 Votre dictionnaire – plus qu'un cimetière de mots

TIPP

Die effektive Nutzung Ihres Wörterbuches hilft Ihnen sehr beim Sprachenlernen. Im Wörterbuch finden Sie nicht nur die jeweilige Übersetzung eines Wortes, sondern viele andere nützliche Hinweise.

a   Que signifient les abréviations *n – obj/dir – m/pl – f/sg – inf – cf – plais – qc – qn ?*
_____

b   Voici la prononciation de terminaisons très courantes :
[~isjõ] | [~ik] | [~mã] | [~iʀ] | [~ablə]

🔊 35   Ecoutez les terminaisons et indiquez dans quel ordre vous les entendez.
[~ik] : ☐   [~isjõ] : ☐   [~iʀ] : ☐   [~mã] : ☐   [~ablə] : ☐

Répétez ces terminaisons et cherchez pour chacune un mot avec cette terminaison.

c   A quel mot trouvez-vous la traduction des expressions suivantes ?

• sich darüber einig sein, dass :
☐ d – darüber   ☐ d – dass   ☐ e – einig   ☐ s – sein   ☐ s – sich

• er hat nichts zu lachen :
☐ h – haben   ☐ l – lachen   ☐ n – nichts

2 Règles de bonne conduite

a   Lisez un extrait des règles de l'école St. Paul-de-la-Croix à Montréal et complétez le texte avec les mots suivants.

> adulte | arts plastiques | autorisation | convenablement | cour
> éducation physique | école | gymnase | matériel | secrétariat

1   J'arrive à l'heure le matin (8 h 20) et le midi (12 h 55). Si je suis en retard, je passe au

_____ .

2   Au son de la cloche, je cesse toute activité, je prends mon rang et j'entre calmement dans

l' _____ .

3   Il me faut une _____ pour sortir de la classe, du _____ ou de

la _____ .

4   Je m'habille _____ pour venir à l'école. Les vêtements découvrant le ventre,

les bretelles spaghettis, les shorts très courts sont interdits.

5   J'apporte le _____ nécessaire en classe, en _____ , en musique

et en _____ .

6   J'obéis toujours lorsqu'un _____ responsable m'adresse une demande.

b   Que pensez-vous de ces règles ? Notez un argument pour ou contre et présentez-le aux autres.

_____

_____

③ Pour ou contre l'uniforme à l'école ?

 a Ecoutez un extrait d'un micro-trottoir et complétez le tableau.

	pour l'uniforme ?	contre l'uniforme ?	ses arguments ?
Corinne			
Philippe			
Véronique			
Patrick			

b Et vous ? Qu'en pensez-vous ? Présentez votre opinion en quelques lignes.

_____

_____

_____

_____

④ Les pronoms relatifs *que* et *dont*

Soulignez l'antécédent du pronom relatif manquant, puis complétez la première phrase par le pronom relatif *que* ou *dont*. Inscrivez ensuite dans la deuxième phrase le groupe de mots que le pronom relatif remplace.

Les <u>sujets</u> *dont* nous discutons dans le cadre de notre cours sont passionnants.
Nous discutons *des sujets* .

1 Les <u>étudiants</u> _dont_ il s'occupe, travaillent beaucoup.
   Il s'occupe _des étudiants_ .

2 Le <u>rôle</u> _qu'_ il joue dans notre groupe, est très important.
   Il joue _le rôle_ dans notre groupe.

3 Le <u>livre</u> _dont_ j'avais tant besoin, est enfin arrivé.
   J'avais tant besoin _du livre / de ce livre._

4 Le <u>film</u> français _que_ j'ai vu plusieurs fois me plaît toujours autant.
   J'ai vu _le film français_ .

5 Il a enfin pu s'offrir le <u>voyage</u> _dont_ il avait envie.
   Il avait envie _du voyage_ .

⑤ *qui, que, où,* ou *dont* ?

a Faites de deux phrases une seule phrase en utilisant *qui, que, où* ou *dont*.

Pendant mon séminaire à Metz, j'ai rencontré un vieil ami. Je le connais depuis mon enfance.
Pendant mon séminaire à Metz, j'ai rencontré un vieil ami que je connais depuis mon enfance.

1 Notre école se trouvait au bout d'une petite rue. La rue menait au château.
   Notre école se trouvait au bout d'une petite rue qui menait au château

2   Sylvie suit un cours intensif de chinois. Elle est très contente de ce cours.

Sylvie suit un cours intensif de chinois dont elle est très contente.

3   C'est une étudiante allemande. Elle cherche un appartement pour dix mois.

C'est une étudiante allemande qui cherche un appartement pour dix mois

4   Le professeur a pris une décision. Je ne la comprends pas.

Le professeur a pris une décision que je ne comprends pas

5   C'est une école de langues. On y rencontre beaucoup de gens intéressants.

C'est une école de langues où on rencontre beaucoup de gens intéressants.

b   Et maintenant à vous ! Imaginez des paires de phrases simples de ce type. Passez-les à votre voisin/voisine qui les reliera par un pronom relatif.

6 Comment devenir homme ou femme politique ?

a   Lisez les extraits des biographies de quelques personnages connus.
De qui parle-t-on ? Notez le numéro correspondant dans les cases.

- Jacques Chirac,
  homme politique ☐

- Valéry Giscard d'Estaing, ☐
  homme politique

- François Mitterrand, ☐
  homme politique

- Simone Veil, ☐
  femme politique

1 _____ naît à Nice le 13 juillet 1927. En mars 1944, elle est arrêtée avec sa famille par la Gestapo, et déportée dans le camp de concentration d'Auschwitz où elle passera 13 mois. Elle entreprend des études à l'institut d'études politiques de Paris, puis à la faculté de droit. Elle est ministre de la Santé de 1974 à 1979. Son nom reste attaché à la loi sur le droit à l'avortement de 1975, qu'elle fait passer au Parlement. Le 17 juin 1979, elle est élue présidente du Parlement européen. Elle devient ainsi la première femme élue à ce poste.

2 _____ naît à Jarnac, en Charente, le 26 octobre 1916. Il obtient une licence de lettres et le diplôme de l'institut d'études politiques de Paris. Tout en exerçant la profession d'avocat, il gravit rapidement les échelons de la politique française. En mai 1981, il remporte l'élection présidentielle et devient le premier président socialiste de la Vᵉ République. Il meurt en 1995.

3 _____ est né en 1926 à Coblence (Allemagne). Après des études à l'Ecole polytechnique et à l'ENA, il remplit la fonction d'inspecteur des Finances avant d'être élu député du Puy-de-Dôme en 1956. Il est élu président de la République en 1974. Il crée avec le chancelier allemand Helmut Schmidt le Comité pour l'union monétaire de l'Europe. Depuis 2001, il est président de la Convention européenne.

b   Choisissez le personnage qui vous intéresse le plus. Complétez sa biographie à l'aide de dictionnaires puis présentez-la en cours.

7 Jeu de lettres

 a Travaillez à deux. Formez en dix minutes autant de mots possible en utilisant les lettres de l'expression suivante : ACQUERIR DES CONNAISSANCES.

Faites-en une liste en distinguant les verbes, les adverbes, les adjectifs, les substantifs, les prépositions, etc. Les dictionnaires sont interdits.

verbes : *rire*   adverbes : *aussi*   adjectifs : *rond*   substantifs : *danse*   prépositions : *dans*

b Echangez votre liste avec un autre tandem et construisez cinq phrases en utilisant chaque fois au moins un mot de tous les groupes (verbes, substantifs, adjectifs, etc.). Présentez vos exemples aux autres.

8 Apprendre à organiser, organiser l'apprentissage

Le succès d'un processus d'apprentissage dépend très souvent de l'organisation individuelle.
Il est très important de prévoir des phases de révision, d'approfondissement, des activités supplémentaires, etc.
Réfléchissez et inscrivez dans l'agenda tout ce que vous faites régulièrement. Marquez ensuite les phases ou les heures où vous avez le temps d'approfondir le français.

Lundi	Mardi	Mercredi	Jeudi	Vendredi	Samedi	Dimanche

9 *ce qui* ou *ce que* ?

Finissez les phrases.

1 Nous ne savons vraiment pas ce _qu'il a dit_ .

2 J'aimerais bien savoir ce _qui ne te plaît pas._

3 Il ne dit pas toujours ce _qu'il vraiment pense. → /ce à quoi qu'il pense_ .
       ce dont il s'agit.

4 Elle n'a pas vu ce _que quelqu'un a volé son sac à main_ .

5 Pourriez-vous me dire ce _que le bus est déjà arrivé_ .

  ↑ bei Personen 'qui' nie 'ce qui'

  10 Les dictionnaires en ligne

Choisissez quelques mots difficiles et cherchez leurs définitions avec l'aide des dictionnaires en ligne que vous trouvez sur Internet aux adresses suivantes :

– le Trésor de la Langue Française informatisé http://atilf.atilf.fr/tlf.htm
– le dictionnaire multifonctions sur le site de TV5MONDE : www.tv5.org

Présentez vos résultats aux autres.

Leçon **6**

(1) Apprendre la grammaire

TIPP

Grammatikregeln sind leichter zu lernen, wenn man sich einen Beispielsatz merkt, der die Grammatikregel illustriert.
Der *subjonctif* muss bei Verben der Gemütsbewegung (Freude, Trauer, Staunen, Ärger, Furcht und Scham) gebraucht werden, z.B. nach den folgenden Verben:

je souhaite que ▐ je préfère que ▐ je ne crois pas que ▐ j'ai peur que ▐ je regrette que
il vaut mieux que ▐ il est dommage que ▐ je suis heureux que

Um sich diese Regel zu merken, machen Sie die folgende Übung.

 a A deux, formez huit phrases en associant chacune de ces expressions à un des verbes suivants. Notez chaque phrase sur une feuille différente.

Liste 1

1 Je souhaite que
2 Je préfère que
3 Je ne crois pas que
4 J'ai peur que
5 Je regrette que
6 Il vaut mieux que
7 Il est dommage que
8 Je suis heureux que

Liste 2

a aller
b venir
c être
d avoir
e prendre
f faire
g savoir
h pouvoir

 b Choisissez une phrase et apprenez-la par cœur. Levez-vous, choisissez un autre partenaire dans le groupe, dites-lui votre phrase et échangez votre feuille contre la sienne. Apprenez cette phrase par cœur, choisissez un autre partenaire et échangez à nouveau votre feuille contre une des siennes. A la fin du jeu, notez les phrases au tableau.

Leçon
7

(2) Une activité à découvrir

a Complétez les cases à partir des définitions.

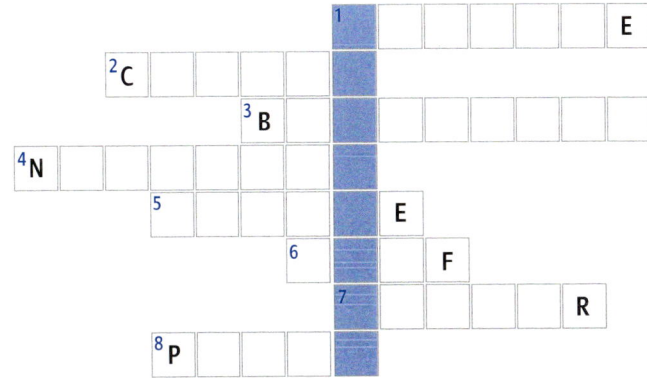

1 activité manuelle qui consiste à fabriquer des objets en céramique
2 activité de loisir qui consiste à poursuivre et tuer des animaux, généralement pour sa consommation personnelle
3 réparation ou travail manuel fait généralement pour aménager sa propre maison
4 sport qui consiste à se déplacer dans l'eau
5 art martial japonais
6 sport nautique, d'origine polynésienne
7 sport qui consiste à se déplacer dans des chaussures montées sur des patins à roulettes
8 activité de loisir qui consiste à prendre des poissons, généralement pour sa consommation personnelle

b Quelle activité apparaît verticalement ? Proposez-en une définition.

3 Laisse-moi donc regarder mon film !

Que pense Mme Bidochon ? Réexprimez selon le modèle proposé les réponses qu'elle fait à son mari pendant qu'on passe un film à la télévision.

- M. Bidochon
- ▪ Mme Bidochon

- C'est vraiment une belle maison !
- ▪ C'est aussi ce que je pense. → *Elle pense aussi que c'est vraiment une belle maison.*

- Ils ont dû la payer cher.
- ▪ Oui, j'imagine.
- Tu crois qu'ils ont pris un crédit ?
- ▪ Non, je ne crois pas.
- Tu penses qu'ils s'occupent eux-mêmes du jardin ?
- ▪ Non, je ne pense pas.
- Tu crois qu'elle fait elle-même le ménage ?
- ▪ Non, je ne crois pas.
- A ton avis, ils sont heureux en mariage ?
- ▪ J'en ai bien l'impression.
- Tu trouves pas que c'est vraiment une très jolie femme ?
- ▪ Pas vraiment.

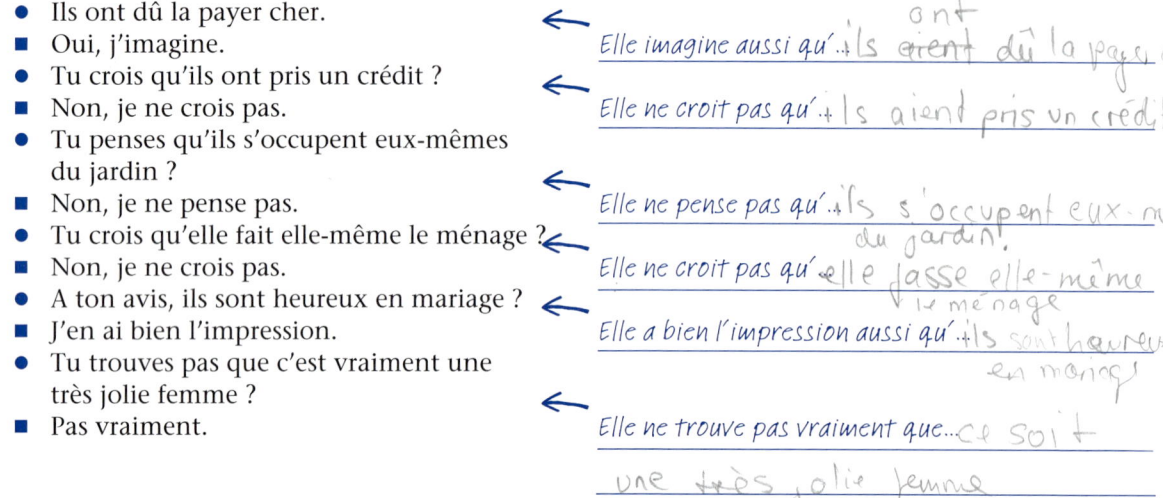

Elle imagine aussi qu'ils ~~aient~~ ont dû la payer cher.

Elle ne croit pas qu'ils aient pris un crédit.

Elle ne pense pas qu'ils s'occupent eux-mêmes du jardin.

Elle ne croit pas qu'elle fasse elle-même le ménage.

Elle a bien l'impression aussi qu'ils sont heureux en mariage.

Elle ne trouve pas vraiment que... ce soit une très jolie femme.

- Les hommes doivent tous être à ses pieds.
- ▪ Hum, laisse-moi donc regarder mon film !

Leçon

7

4 a Attention danger !

Subj. nicht bei gleichem Subjekt

Certaines des phrases suivantes sont incorrectes. Lesquelles ? Pourquoi ?

1 Le gardien demande que vous ne jetiez pas des produits inflammables dans la poubelle de l'immeuble.
2 Nous aimerions que vous soyez très prudent quand vous utilisez une scie électrique.
3 Chausse-toi convenablement pour que tu tondes la pelouse. *pour tondre*
4 Nous avons peur que nous nous coupions en ramassant les morceaux de vitre cassée. *de nous couper*
5 Il est nécessaire d'être bien à jour de votre vaccination antitétanique : elle doit dater de moins de dix ans.
6 Il est obligatoire que votre échelle soit bien stable.
7 Je suis contente que je ne me sois pas brûlée avec ce produit. *de m'être brûlée*
8 Il souhaite qu'il ne fasse pas une chute en montant sur le toit de la maison. *de ne pas faire*

b Corrigez les phrases incorrectes.

5 48 heures d'aventures

Après vous être informé sur les attractions du Futuroscope (Activité 9 page 68), vous avez envie de les découvrir par vous-même avec votre partenaire et trois enfants (17, 14 et 4 ans) lors de vos prochaines vacances en France.
Vous souhaitez y passer deux jours pour profiter au maximum des attractions et spectacles proposés.
Vous disposez d'un budget de 90 € par personne et vous préférez dormir sur place. Manger des sandwichs en vacances ne vous dérange absolument pas.

a   Allez sur le site du Futuroscope : www.futuroscope.com. Dans quelle rubrique, allez-vous trouver les renseignements voulus ?
    Quelle formule correspond le mieux à vos besoins ? Pourquoi ? A quelle époque de l'année irez-vous au Futuroscope ? Pourquoi ?

b   Quelle somme devrez-vous dépenser pour les entrées au parc et l'hébergement ?

6 â – ê – î – ô – û : l'accent circonflexe sur les voyelles

a   Observez ces deux mots : *fête* et *festival*. D'où vient l'accent circonflexe sur le premier *e* de *fête* ?

b   Connaissez-vous d'autres mots de cette famille ? Lesquels ?

c   *Fête* et *festival* ne vous font-ils pas penser à un mot allemand semblable ?

d   Pour mémoriser les accents circonflexes de certains mots français, pensez aux mots allemands et anglais correspondants. Complétez.

fête	Fest	feast
forêt		
hâte		
château		
maître		
fraîcheur		
rôtir		
hôpital		
croûte		
coûter		

Leçon
7

7 « La lettre de château »

En suivant ces recommandations de savoir-vivre du *Bottin mondain,* écrivez une lettre de remerciements dans les jours suivant la fête à laquelle vous avez été invité à l'activité 12 p. 70–71 (L'invitation).

> Comme son nom ne l'indique pas, la lettre de château s'envoie après un séjour, même très court, passé chez quelqu'un, habitant ou non dans un château. Adressée à la maîtresse de maison dans les jours qui suivent la fin du séjour, la lettre de château a pour but de remercier de l'accueil, de vanter l'ambiance de la maison, la beauté de la région, les talents de cuisinière de votre hôtesse, etc.
> Elle doit être sincère et flatteuse et si possible insister sur des détails du séjour…
>
> D'après Le Bottin mondain, www.bottin-mondain.fr

Exprimer ses remerciements

Je tiens à te remercier pour… ▌ Un grand merci pour…
Je me suis senti(e) chez moi. ▌ Tu m'as/vous m'avez gâté(e).
Je me suis bien amusé(e). ▌ Je garderai un excellent souvenir de…

Exercices Leçon 8

 1 Entraînez-vous à la compréhension auditive

> **TIPP**
>
> Versuchen Sie zunächst, sich auf die jeweilige Situation des Hörverstehens einzustellen. Es ist ein Unterschied, ob Sie eine Reportage in einer Radiosendung über das Leben eines Aktmodells, eine Durchsage am Bahnhof oder die Nachrichten im Radio hören. Konzentrieren Sie sich dabei auf Bekanntes, auf leicht verständliche Wörter (weil sie so ähnlich klingen wie im Deutschen oder wie in einer anderen Sprache, die Sie verstehen), auf Ortsangaben und auf Wiederholungen. Achten Sie zunächst nur darauf, welches Ihrer Meinung nach die drei zentralen Begriffe der Aufnahme sind.
> Nicht jeder muss alles verstehen; konzentrieren Sie sich auf das Wesentliche.

a Complétez les schémas.

b Ecoutez maintenant le premier enregistrement. Trouvez les trois mots clés du texte.
_____ Comparez avec vos voisins.
A partir de ces mots, essayez de reconstituer ensemble les idées générales du texte.

c Ecoutez le premier enregistrement une seconde fois, en faisant attention aux informations de détail :

1 Où habite Lucile ?

_____

2 Combien gagne-t-elle par mois ?

_____

3 Quand a-t-elle posé pour la première fois ?

_____

Comparez vos réponses avec le reste du groupe.

d Ecoutez le second enregistrement. Concentrez-vous sur l'essentiel : la raison du retard de votre train n'est pas importante pour vous. Il faut par contre que vous compreniez qu'il s'agit de votre train, de combien de minutes ou heures va être le retard (information 1) et si vous devez éventuellement changer de quai (information 2). Partagez-vous le travail : le groupe A essaie de repérer l'information 1, et le groupe B l'information 2.

Groupe A

_____

Groupe B

_____

Leçon 8

② Rubriques

Complétez les phrases suivantes à l'aide des noms de rubriques de journal ou de radio proposés. N'oubliez pas de choisir le déterminant correct.

> l'analyse ✓ | les petites annonces | la chronique | la dépêche | l'éditorial ✓
> ✓ les faits divers | le dossier ✓

1 Il y a eu récemment dans le journal *Le Monde* un/une/des __un dossier__ sur le rire : des articles écrits par différents spécialistes faisaient le tour de la question.

2 Le/La/Les __dépêches__ des agences de presse donnent, dans des délais très courts, des informations brèves sur l'actualité locale, nationale ou internationale.

3 Dans son/sa/ses __son éditorial__ sur un sujet d'actualité, article qui paraît habituellement en première page, la direction d'un journal donne l'orientation générale de ce quotidien.

4 On appelle familièrement le/la/les __faits divers__ la rubrique des chiens écrasés, car écrire des articles sur ces sujets n'est pas très glorifiant, ni très passionnant pour un journaliste.

5 Les journalistes présentent, de manière objective ou partiale, les tenants et aboutissants d'un conflit ou d'un problème, dans un/une/des __une analyse__ .

6 Chaque semaine, sur la station de radio RTL, Janine Perrimond propose un/une/des __une chronique__ qui porte sur des faits de société. La semaine dernière, il s'agissait des loisirs.

7 Si vous cherchez un appartement à louer, une voiture d'occasion à acheter, des cours particuliers de français ou encore quelqu'un qui garde votre chien pendant que vous êtes en vacances à l'étranger, regardez donc le/la/les __petites annonces__ .

Leçon **8**

③ *On* ne sait pas qui l'a fait

Transformez les phrases suivantes en phrases actives ayant le pronom *on* comme sujet.
Un médicament contre les maladies cardiovasculaires a été découvert.
→ *On a découvert un médicament contre les maladies cardiovasculaires.*

1 L'enfant pourra être sauvé.
__On pourra sauver l'enfant__

2 L'émission de télévision a dû être reportée à la semaine suivante.
__On a dû reporter l'émission de télévision à la semaine suivante.__

3 Trois journaux seront distribués gratuitement dans les universités.
__On distribuera trois journaux gratuitement dans les universités.__

4 Le prix Femina est attribué chaque année à une œuvre d'imagination.
__On attribue le prix Femina chaque année à une œuvre d'imagination__

5 Autrefois, la morale était enseignée à l'école.
__Autrefois, on enseignait la morale à l'école.__

6 La veille, nous avions été attaqués en pleine rue.
__La veille, on nous avait attaqués en pleine rue.__

(4) **Apprenti reporter**

Indiquer une date

On est/Nous sommes le 29 novembre 2004. | Le 1er janvier/Le premier de l'an
En janvier/Au mois de janvier/Dans le courant du mois de janvier
Il viendra le 15. (événement ponctuel) | Il est payé le 15 du mois. (habitude)
En 1999, tout le monde avait peur de l'an 2000. (cas particulier de 1000 et 2000 et des années proches de l'an 0)

De quoi s'agit-il ? Imaginez la dépêche que pourrait écrire un reporter en utilisant aussi souvent que possible le passif. Répondez aux questions *Quand ? Où ? Qui ? Quoi ? Comment ? Pourquoi ?*

_____
_____
_____
_____

(5) **Un peu de conjugaison**

Formez des phrases au conditionnel présent puis au conditionnel passé en utilisant les verbes proposés. Ecrivez seulement les formes verbales.

1 je – envoyer – le message   _J'enverrais, j'aurais envoyé_
2 tu – prendre – le train de 10 h 50   _tu prendrais, tu aurais pris_
3 il – finir – son travail à temps   _il finirait, il aurait fini_
4 nous – aller – au cinéma   _nous irions, nous serions allés_
5 vous – venir – chez nous   _vous viendriez, vous seriez venus_
6 ils – connaître – tous les verbes irréguliers   _ils connaîtraient, ils auraient connus_
7 je – avoir – peur du chien   _j'aurais, j'aurais eu_
8 tu – pouvoir – lire ce livre   _tu pourrais, tu aurais pu_
9 elle – écrire – une lettre de réclamation   _elle écrirait, elle aurait écrit_
10 nous – mettre – un manteau   _nous mettrions, nous aurions mis_
11 vous – écouter – une émission de radio   _vous écouteriez, vous écouteriez_
12 elles – tenir – un journal à la main   _elles tiendraient, elles auraient tenus_

La folie des tests de QI en ligne

Dans les phrases suivantes, mettez les verbes au conditionnel chaque fois que c'est possible. Notez seulement les formes verbales.

1 Le gouvernement a décidé la création d'un test de QI (Quotient Intellectuel) permettant d'obtenir le Certificat d'Intelligence Supérieur.
2 Ce test de trois jours remplacera tous les examens et concours de l'enseignement supérieur.
3 Il permet d'évaluer les facultés de logique et de compréhension des processus complexes.
4 Le gouvernement organisera le premier test dès juin 2003 avec l'aide de l'armée.
5 A cette occasion, un célèbre consultant dédicacera son livre *Comment je suis devenu intelligent*.
6 Le gouvernement a prévu d'instituer plus tard un Certificat d'Intelligence Elémentaire, qui doit remplacer toutes les formalités courantes.
7 Ainsi, on attribuera le permis de conduire, les allocations de chômage et les places en crèche en fonction du QI de chacun.

1 _aurait décidé_   5 _dédicacerait_
2 _remplacerait_   6 _aurait prévu ; devrait_
3 _il permettrait_   7 _attribuerait_
4 _organiserait_

 Poisson d'avril !

Les dépêches suivantes sont des plaisanteries faites par des journalistes de la presse internationale le 1er avril 2000. Reformulez-les pour montrer que vous les mettez en doute.

Grande-Bretagne – Selon le *Daily Star,* les utilisateurs britanniques de méls devront apposer un timbre électronique sur chacun de leurs messages pour compenser la perte financière subie par la poste anglaise. → *Selon le Daily Star, les utilisateurs britanniques de méls devraient apposer un timbre électronique sur chacun de leurs messages pour compenser la perte financière subie par la poste anglaise.*

Leçon **8**

1 Grande-Bretagne – Le *Daily Mail* présente les chaussettes mange-graisses, les FatSox, qui permettent de maigrir sans effort.
Le Daily Mail présente les chaussettes mange graisses, les FatSox, qui permettraient de maigrir sans effort

2 Roumanie – Selon le quotidien *National*, le président Emil Constantinescu a invité en Roumanie le groupe britannique *Spice Girls* comme agent électoral.
Selon le quotidien National, le président Emil Constantinescu aurait invité en Roumanie le groupe britannique Spice Girls comme agent électoral

3 Pologne – Le quotidien *Gazeta Wyborcza* annonce que l'évêché de Radom va lancer un bureau matrimonial catholique. Les clients devront s'engager à fonder une famille nombreuse.
Le quotidien Gazeta Wyborzza annonce que l'évêché de Radom viendrait lancer un bureau matrimonial catholique. Les clients devraient s'engager à fonder une famille nombreuse.

4 Pologne – L'agence PAP rapporte que l'Oscar que vient de recevoir Andrzej Wajda pour son œuvre est un faux. Le cinéaste devra retourner à Hollywood pour récupérer le vrai Oscar lors d'une nouvelle cérémonie.
L'agence PAP rapporte que l'Oscar que vient de recevoir Andrzej Wajda pour son œuvre serait un faux. Le cinéaste devrait retourner à Hollywood pour récupérer le vrai Oscar lors d'une nouvelle cérémonie.

8 Le saviez-vous ?

La Délégation générale à la langue française (DGLF) recommande l'emploi de certains termes à la place de leurs équivalents anglais. Découvrez certaines de ces recommandations pour Internet. Associez chaque terme anglais de la liste 1 au terme français recommandé de la liste 2.

Liste 1	Liste 2
1 Web	a signet
2 FAQ	b témoin de connexion
3 news posting	c navigateur
4 newsgroup	d barrière de sécurité ou pare-feu
5 homepage	e forum
6 firewall	f la toile d'araignée mondiale
7 bookmark	g page d'accueil
8 cookie	h article de forum
9 to surf	i naviguer
10 browser	j foire aux questions

9 Mon canard

Quel quotidien ou magazine de votre pays recommandez-vous à un ami étranger qui s'intéresse à l'actualité quotidienne dans votre pays ?
Ecrivez-lui une lettre dans laquelle vous lui présentez ce journal ou ce magazine, ses points forts et ses points faibles. Pensez à utiliser les mots et expressions de l'argumentation.

Leçon
8

10 Six heures d'information télévisée par jour

La chaîne de télévision TV5 offre, avec le concours de chaînes partenaires, six heures d'information chaque jour.

a   Avant de regarder le journal télévisé sur son site Internet, notez par écrit les sujets qui font en ce moment l'actualité internationale. Quels pays ? Quelles personnes ? Quels événements ?

b   Allez à l'adresse suivante : www.tv5.org. Puis sélectionnez dans la rubrique *information* (bloc bleu foncé) le journal de TV5 : l'actualité du monde (suivi du pictogramme d'une caméra). Vous devrez peut-être télécharger gratuitement le programme realPlayer pour visionner le journal télévisé.

c   Regardez d'abord la liste des sujets traités. Correspond-elle à la vôtre ?

d   Choisissez ensuite un sujet et visionnez-le. Notez les points importants du reportage pour présenter votre sujet au groupe au cours suivant.

_____

_____

_____

e   Pour finir, écoutez l'ensemble du journal en notant les transitions entre les sujets.

_____

_____

1 Il ne faut pas tout comprendre pour comprendre

 a Formez deux groupes. Le groupe 1 lit le texte ci-dessous, le groupe 2 le texte p. 176.

Groupe 1

Dans le Pacifique, un yacht, le Sloughi, est en p⸤
torze ans. Pas un adulte avec eux ; le bateau qu⸤
Zélande alors que les enfants voulaient entrepɩ⸤
trouvait à terre. La tempête précipite le Sloughi⸤
arrivent sur une île déserte. Les longues *vacances*⸤
rien, que leur courage : ils chassent, pêchent,⸤
cultivent. Hélas ! des rivalités divisent la petite c⸤
vivent en plusieurs groupes différents quand⸤
commence : enfants contre hommes sans foi ni⸤

Groupe 2
cf. texte p. 176.

Chaque groupe répond aux questions suivantes.

1 Où se passe l'histoire ?

2 Qui sont les personnages de l'histoire ?

3 Le Sloughi, qu'est-ce que c'est ?

4 Qu'est-ce qu'il se passe ?

b Ensuite les groupes comparent et précisent leurs réponses ensemble.

 2 Le plus beau village de France

 a Allez sur le site *Les plus beaux villages de France* : www.villagesdefrance.free.fr. Cliquez sur *Carte*, choisissez d'abord une région, puis le village que vous préférez. Présentez le village au groupe et justifiez votre choix. Tous ensemble, placez les différents villages sur une carte de France au tableau.

b Où avez-vous déjà vécu ? Qu'est-ce qui est caractéristique de cet endroit ? Apportez une carte postale ou une photo et faites-en une description.

③ Le Larzac : fromage – histoire – cyclisme

Lisez le texte et remplacez les verbes entre parenthèses par un gérondif.

1 Le Larzac, qui s'étend sur 1000 km² à une altitude allant de 560 à 920 mètres, est le causse le plus grand et le plus au sud du Massif central, entre l'Aveyron et l'Hérault. C'est le territoire de production du Roquefort. On fabrique ce fromage exclusivement avec du lait de brebis cru (et on y ajoute) _en y ajoutant_ le *Pénicillium roqueforti*, une moisissure noble.

2 Le Larzac a toujours été un lieu de passage : de routes du sel en voies romaines et de chemins de colporteurs en routes royales. L'ordre des Templiers a construit la plupart des villages fortifiés au Larzac (et s'y est installé) _en s'y installant_ au XIVᵉ siècle.

3 Aujourd'hui, le Larzac est aussi un haut lieu de cyclotourisme. On peut découvrir les sites historiques de cette superbe région (et faire) _en faisant_ de belles randonnées à vélo.

4 En 1974, le gouvernement voulait agrandir le camp militaire (et exproprier) _en expropant_ _expropriant_ _____ les paysans.

5 Pendant plusieurs années, les paysans ont protesté (et ils se sont fixé) _en s'étant fixé_ _se fixant_ une règle absolue de non-violence.

6 En 1999, l'agriculteur José Bové a protesté contre l'industrialisation et la mondialisation de la nourriture (et il a détruit) _en détruisant_ le McDo de Millau.

④ Enthousiasme et déception

🎵 39 Ecoutez le témoignage de Marie, bénévole au festival du Larzac, et cochez la réponse correcte.

	Vrai	Faux
1 Marie s'est engagée comme bénévole parce qu'elle voulait passer des vacances agréables au Larzac.	☐	☐
2 Elle a été enthousiasmée par le festival.	☐	☐
3 Elle a pollué son environnement en transportant des bénévoles en voiture.	☐	☐
4 On aurait pu organiser un festival en respectant les principes écologiques.	☐	☐
5 Pour Marie, l'important c'est les rencontres.	☐	☐
6 Finalement, elle est un peu déçue par le festival et propose quelques améliorations.	☐	☐

⑤ Il ne faut pas le faire

a Formez une phrase en utilisant le gérondif.

1 Il conduit et il boit un demi après l'autre. _Il conduit en buvant_
En conduisant, il boit un demi après l'autre

2 Elle fait ses devoirs et elle regarde la télé.
Elle fait ses devoirs en regardant la télé

3 Il fait le plein et il fume une cigarette.
Il fait le plein en fumant une cigarette

4 Il prend son petit-déjeuner en compagnie de sa femme et il lit le journal. _En prenant_
Il prend son petit-déjeuner en compagnie de sa femme en lisant le journal

5 Il jette sa sœur dans le bassin nageur de la piscine et il sait qu'elle ne sait pas nager. _Tout en sachant_
Il jette sa sœur dans le bassin ... en sachant qu'elle ne sait pas nager

6 Il discute et il s'énerve.
En discutant il s'énerve. / En s'énervant il discute

b Cherchez d'autres exemples de choses qu'il ne faut pas faire en même temps.

6 Rencontre et rupture

Imaginez d'autres manières de dire adieu et de faire connaissance en utilisant le gérondif.

Elle a dit adieu…

en claquant la porte.
en souriant.
en emportant la chaîne stéréo et le lave-vaisselle.

en agitant la main.
en entrant dans la voiture.
en mentant en pleurant
en ne regardant

Ils se sont rencontrés…

en faisant du sport.
en visitant la cathédrale d'Auxerre.
en nettoyant l'escalier de l'immeuble.

en travaillant.
en voyageant.
en visitant un cours de l'université. (en étudiant)

Leçon

9

7 Le pont de Millau

Dans un forum sur Internet, vous trouvez les deux messages suivants :

A Certes, le pont de Millau avec ses 2 kilomètres de longueur et 300 et quelques mètres de hauteur est vraiment très impressionnant. Mais il coupe le Larzac en deux et il y aura plus de circulation. C'est fini, le calme du Larzac.

B La nourriture industrielle rend tout simplement malade. Chaque McDo qui ouvre ses portes est un McDo de trop. Surtout les jeunes ne savent plus ce que c'est les légumes frais et les vitamines.

Choisissez un des messages et recopiez-le sur une feuille blanche. Répondez à ce message et passez la feuille à votre voisin de gauche. Sur la feuille que vous passe votre voisin de droite ajoutez une nouvelle réponse et passez la feuille à votre voisin de gauche. Continuez jusqu'à ce qu'il y ait cinq arguments différents sur la feuille. Comparez-les en groupe.

8   *En* ou *y* ?

Répondez aux questions en remplaçant les mots surlignés par les pronoms *en* ou *y*.
Tu vas au Caraïbes ? *Non, je n'y vais pas.*

1   Vous prenez du café ? Bonne idée, nous... *en prenons.*
2   Ils ont parlé des vacances ? Non, ils... *n'en ont pas parler.*
3   Tu t'intéresses à la littérature ? Oui, je... *m'y intéresse*
4   Vous avez de la monnaie ? Non, je... *n'en ai pas*
5   Il va à Saint-Pierre-et-Miquelon ? Oui, il... *y va.*
6   Vous avez besoin d'argent ? Non, nous... *n'en avons pas besoin*
7   Vous pensez à acheter le journal ? Oui, on... *y pense*

9   Pronoms à placer

Akk. Wen? Dat. Wem?
le la   lui
l'is   leur

Complétez les phrases à l'aide des pronoms suivants : *en, le, l', les, lui, y*.

1   A la Corse ? Je m' __y__ intéresse beaucoup.
2   Un mois de libre ? Je __le__ passerai seul en Corse.
3   De ma randonnée en Corse prévue pour l'année prochaine ? J' __en__ parle souvent.
4   A ma femme ? Je __lui en__ ai déjà parlé.
5   Mes enfants ? Je ne __les__ emmènerai pas.
6   Mon ami qui habite à Ajaccio ? Je __l'__ ai déjà informé de mon arrivée.
7   De mon arrivée ? Je __l' en__ ai déjà informé.
8   A Bastia ? Je vais __y__ passer deux jours à mon arrivée.

10   Le marathon du Médoc

a   Depuis 1984, le marathon du Médoc et des Graves unit le sport au vin. Lisez l'interview de deux participants et complétez leurs réponses.

1   Vous connaissez bien le Médoc ? Oui, on _____ connaît vraiment bien. Nous _____ sommes allés plusieurs fois avant de participer au marathon et nous _____ avons toujours gardé un très bon souvenir.

2   La course prévoit 25 dégustations sur les 42 kilomètres. Vous avez dégusté tous les vins ? Ah non, c'est impossible de _____ déguster tous. Au début de la course nous _____ avons renoncé et nous avons seulement commencé à déguster à mi-parcours.
Mais il y a des coureurs qui _____ profitent dès le départ. S'ils finissent vraiment le marathon... on n' _____ sait rien.

3   Vous avez assisté à la *Soirée Mille Pâtes* ? Bien sûr, nous _____ avons assisté puisqu'elle a eu lieu au château d'Armailhac, chez la baronne Philippine de Rothschild. On a même eu l'occasion de _____ parler et elle _____ a souhaité bonne chance.

b   Avez-vous déjà participé à un marathon ? Vous semble-t-il raisonnable de courir et de déguster du vin en même temps ?

11 Six questions sur les terres françaises d'outre-mer

a En petits groupes, répondez aux questions suivantes.

1 **Dans quel océan se trouve la Réunion ?**

☐ a **l'océan Indien**   ☐ b **l'océan Atlantique**   ☐ c **l'océan Pacifique**

2 **Un autre nom pour la France, c'est...**

☐ a **le Pentagone**   ☐ b **l'Hexagone**   ☐ c **le Cercle**

3 **DOM, c'est l'abréviation de...**

☐ a **Domicile de l'Occident maritime**   ☐ b **Domaine Océanien et Maritime**   ☐ c **Département d'Outre-Mer**

4 **Le peuple kanak vit...**

☐ a **à la Guadeloupe**   ☐ b **à la Martinique**   ☐ c **en Nouvelle-Calédonie**

5 **On peut voir des volcans...**

☐ a **à la Guadeloupe**   ☐ b **à la Martinique**   ☐ c **à Saint-Pierre-et-Miquelon**

6 **Combien d'îles, d'îlots et d'atolls constituent la Polynésie française ?**

☐ a **12**   ☐ b **130**   ☐ c **2314**

b Mettez ensuite vos résultats en commun avec les autres participants.

Exercices Leçon 10

 1 Se concentrer

a Fermez les yeux pendant une minute et imaginez que quelqu'un a placé sur votre tête une pomme et que vous n'avez pas le droit de la faire tomber.

b Marquez dans le texte suivant le plus vite possible la lettre *s*, puis la lettre *n* et pour finir la lettre *a*. Ne faites pas attention au contenu du texte. Concentrez-vous sur cette tâche et ne vous laissez pas distraire par votre voisin/voisine, par ce qui vous est arrivé aujourd'hui ou par toute autre chose.

« Vers une nouvelle définition du travail de journaliste. Mondialisation ! Le mot est lancé. La presse, confrontée à une crise sévère n'y échappera pas. [...] En France, bien plus qu'ailleurs en Europe, la prise en compte du média Internet risque de changer beaucoup de choses dans la formation des journalistes. De par l'influence de grands écrivains français qui ont travaillé dans le milieu de la presse, le travail de journaliste en France est perçu comme une activité *intellectuelle*. La formation y est assurée dans des établissements d'enseignement supérieur – souvent privés – avec des filières d'excellence. Ainsi, sortir du CFPJ (Centre de Formation et de Perfectionnement des Journalistes) est aussi prestigieux pour un journaliste que sortir de l'ENA pour un homme politique. En Allemagne, la conception du travail de journaliste est très différente. Celui-ci n'est pas considéré comme un *intellectuel* mais comme un *technicien*. La formation s'effectue le plus souvent par apprentissage. Contrairement à ce qui se passe en France, le journaliste allemand n'a pas été formé pour faire de belles tournures de phrases ou se prendre pour un aventurier. Tout ce qui lui est demandé, c'est de transmettre une information juste, exhaustive et de la hiérarchiser. Si le cas de l'Allemagne est pour l'instant minoritaire en Europe, on peut penser qu'avec l'avènement du web, cette tendance sera amenée à s'inverser. »

D'après www.agitateur.org

c Sur une feuille blanche, écrivez la première phrase. Réécrivez-la avec l'autre main, en vous concentrant sur cette tâche.

 2 Cherchez l'intrus

a Quel est l'intrus dans chacune des séries ? Pourquoi ?

1 un soldat ▌ un pompier ▌ un facteur ▌ un architecte ▌ un gendarme
2 un charcutier ▌ un tailleur ▌ un épicier ▌ un pâtissier ▌ un fromager
3 un infirmier ▌ une pharmacienne ▌ un ébéniste ▌ une sage-femme ▌ un médecin
4 un militaire ▌ un diplomate ▌ un officier ▌ un commandant ▌ un général

b Vous avez trouvé les quatre intrus ? Décrivez en quelques mots ces professions et donnez-en la forme féminine.

③ Travailler en France

a Choisissez l'une de ces photos.

Inventez l'identité de cette personne qui cherche un travail en France. Rédigez son CV sans oublier de mentionner :

– ses coordonnées : prénom, nom, adresse et numéros de téléphone ;
– sa situation de famille ;
– son âge ;
– son expérience professionnelle ;
– ses compétences et qualités ;
– sa formation et ses activités extraprofessionnelles.

b Présentez le CV aux autres.

 c Informez-vous sur internet à l'une des adresses suivantes :
• www.sos-net.eu.org dans la rubrique *Droit des étrangers*
• www.service-public.fr

et répondez à la question : si vous êtes ressortissant de l'Union européenne, quelles sont les conditions et démarches nécessaires pour pouvoir travailler en France ?

_____

_____

④ Des questions et des réponses

L'entretien d'embauche joue un rôle important dans la recherche d'un emploi. Il vaut mieux s'y préparer.

 a A deux, lisez les questions ci-dessous, mettez-vous à la place d'un comptable qui se présente dans un grand supermarché et formulez des réponses possibles. Présentez vos résultats aux autres participants.

(• Employeur
  ■ Candidat)

1 • Parlez-moi de vous !
   ■ Dès l'école, je voulais… _____
2 • Pourquoi souhaitez-vous travailler chez nous ?
   ■ Je connais la réputation de votre entreprise et… _____
3 • Si vous pouviez recommencer votre carrière à zéro, que feriez-vous différemment ?
   ■ C'est une question difficile, mais… _____
4 • Si je parlais à votre ancien supérieur, quels seraient d'après lui vos points forts et vos points faibles ?
   ■ Mon chef était toujours… _____
5 • Pourquoi quittez-vous votre emploi actuel ?
   ■ Malheureusement, … _____

b Ecrivez un courrier électronique à votre sœur ou frère et racontez-lui comment s'est déroulé votre entretien d'embauche. Utilisez le discours indirect.

5 Pour ou contre ?

 a A deux, choisissez un sujet (par exemple l'augmentation de la durée du travail ; l'interdiction de fumer sur le lieu de travail ; la retraite à 70 ans, etc.).

L'un de vous cherche des arguments.

> « Je suis pour…, car… »
> « Non, je suis contre… parce que… »

L'autre prend des notes et reformule les arguments sans jugement de valeur :

> « Vous pensez que… »
> « Vous avez dit que… »

Attention à la concordance des temps !

_____

_____

_____

_____

b Présentez des arguments drôles, surprenants, etc. aux autres participants.

6 La bataille des arguments

a Lisez le dialogue.

> ● Louise
> ■ Jacques

● Mon chef me propose de travailler à l'administration centrale de Metz.
■ Tu as vraiment envie de quitter Reims et la Champagne ?
● On me donnera un meilleur poste et un salaire beaucoup plus intéressant.
■ Mais nous avons notre famille ici !
● De Metz à Reims, ça fait deux heures par l'autoroute !
■ Mais on voulait acheter le terrain à bâtir derrière la maison de tonton Georges !
● Mon entreprise possède des terrains magnifiques aux alentours de Metz à un prix extraordinaire !
■ Quand devrons-nous partir ?

b Rapportez ce dialogue en utilisant le discours indirect puis vérifiez vos réponses à l'aide de l'enregistrement.

1 *Ce matin Louise a annoncé que son chef lui proposait de travailler à l'administration centrale de Metz.*

2 Jacques lui a demandé si _____

3 Louise a répondu que _____

_____

4 Jacques a dit que _____

5 Louise a déclaré que _____

6 Jacques a répondu que _____

_____

7 Louise a indiqué que _____

_____

8 Jacques a voulu savoir quand _____

c Et comment cela se termine-t-il ? Continuez le dialogue. Présentez votre version aux autres.

Leçon 10

1 Classement personnalisé

a   Notez sur une fiche cartonnée chacun de ces mots en rapport avec le thème de la *solidarité*.

> la solidarité ▮ le don ▮ s'engager ▮ le civisme ▮ l'aide humanitaire ▮ le bénévole
> le partage ▮ l'amour du prochain ▮ la générosité ▮ l'association

Certains mots nous plaisent particulièrement pour leur signification, leur sonorité ou leur graphie. Regardez vos fiches. Quel mot vous plaît le plus ? Mettez cette fiche de côté. Reprenez les neuf fiches restantes. Quel mot vous plaît le plus ? Posez la fiche correspondante sur la première fiche sélectionnée, et ainsi de suite. Posez la dernière fiche sur la pile. Pour finir, regardez dans quel ordre vous avez classé les dix mots proposés.

 b   Comparez votre classement avec celui de votre voisin/voisine et discutez des différences éventuelles.

 2 La semaine de la solidarité internationale

 Allez à l'adresse suivante : www.lasemaine.org/visages/consult.htm.
Une galerie de photos apparaît à l'écran.

a   Quel visage vous attire le plus ?
_____

b   Dans quel type d'action la personne est-elle engagée à votre avis ?
_____

c   Cliquez sur la photo pour lire son témoignage.
_____

d   Résumez sa définition de la solidarité internationale.
_____

e   Au cours suivant, présentez cette personne.

 3 *Si* ou *quand* ?

Complétez.

1 _____ j'ai du temps demain, je ferai le nettoyage de printemps.

2 _____ tu auras un peu de temps, va donc voir ta grand-mère.

3 _____ ses parents viennent dîner chez lui, il cuisine à merveille.

4 _____ vous avez soif, n'hésitez pas à vous servir dans le réfrigérateur.

5 _____ elle ne m'appelle pas ce soir, je ne lui parle plus !

6 Il passera un coup de fil _____ il arrivera.

Leçon

11

(4) Si les dons sont suffisants, …

Retrouvez la phrase conditionnelle correspondante.

Les dons doivent être suffisants ; à cette condition, on pourra ouvrir une école dans ce village.
→ *Si les dons sont suffisants, on pourra ouvrir une école dans ce village.*

1 Nous devons faire plus de sport. Seulement alors nous serons plus détendus.

_____

2 Mange donc un peu de chocolat ! Tu te sentiras mieux. _____

_____

3 Avec un peu de chance, j'aurai le train. _____

4 Pour réussir, tu dois faire des efforts. _____

_____

5 Ils doivent se reposer, sinon ils vont tomber malades. _____

_____

6 Vous allez attraper froid sans manteau. _____

_____

(5) Si jeunesse savait, si vieillesse pouvait…

a Quelles images de la jeunesse et de la vieillesse ce proverbe donne-t-il ? Prenez des notes et présentez vos idées au reste du groupe.

b Complétez avec des exemples concrets.

Si jeunesse savait, _____

_____

_____

Si vieillesse pouvait, _____

_____

_____

Leçon 11

(6) Si j'étais un animal…

Complétez les phrases comme dans l'exemple.
Si j'étais un animal, je voudrais vivre en liberté.

1 Si la lune n'était pas si loin, … _____

2 Si les enfants regardaient moins la télévision, … _____

3 Si le chinois n'était pas si difficile pour les Européens, … _____

4 Si les automobilistes étaient plus prudents, … _____

5 Si tu ne mangeais pas autant de sucreries, … _____

6 Si nous avions plus de temps, … _____

7 C'est en donnant aux autres qu'on reçoit !

a Lisez le texte. Quels sont les liens entre madame Corval et monsieur Spitzweg ?
De quoi parlent-ils ?

Madame Corval est une collègue sympathique, dynamique, enjouée. Mais elle a quelque peu tendance à se mêler de ce qui ne la regarde pas. Arnold a horreur de l'entendre revenir périodiquement à la charge :

– Mais comment faites-vous pour ne pas vous ennuyer, monsieur Spitzweg ?

– Ma chère madame Corval, dites-vous une fois pour toutes que je ne connais pas le sens du mot *ennui*.

– Bon, je veux bien. Mais il faut se sentir utile à quelque chose ! Il y a tellement d'associations ! Moi, si je ne participais au vestiaire d'entraide, ça me manquerait beaucoup. Croyez-moi, c'est en donnant aux autres qu'on reçoit ! […]

Philippe Delerm, *Il avait plu tout le dimanche*,
Mercure de France, 1998, p. 110

b Retrouvez dans l'extrait les mots ou expressions correspondant aux définitions suivantes.

1 qui paraît de bonne humeur, plein de gaîté : _____

2 manquer de discrétion : _____

3 insister pour obtenir quelque chose : _____

4 endroit où l'on peut acheter à un prix très bas des vêtements d'occasion, généralement
donnés : _____

c Répondez aux questions.

1 Quels sont les qualités et les défauts de madame Corval ?

_____

_____

2 Pourquoi monsieur Spitzweg ne fait-il pas partie d'une association ?

_____

_____

3 Pourquoi madame Corval est-elle bénévole dans une association ?

_____

_____

4 L'ennui, qu'est-ce que c'est pour vous ?

_____

_____

41 d Ecoutez l'enregistrement de la suite et cochez la réponse correcte.

	Vrai	Faux
1 Monsieur Spitzweg a l'habitude de vivre avec d'autres personnes.	☐	☐
2 Il a toujours été généreux.	☐	☐
3 Il ne donne jamais d'argent aux mendiants.	☐	☐
4 Il n'aime pas qu'on lui fasse des cadeaux.	☐	☐

Leçon
11

8 **Répondez aux questions selon le modèle proposé**

Pourquoi n'es-tu pas venu chez François ? (Je n'ai pas été invité.)
→ *Si j'avais été invité, je serais venu.*

1 Pourquoi êtes-vous arrivés en retard ? (Nous avons manqué notre train.)

_____

_____ .

2 Pourquoi n'ont-ils pas mis une tenue de soirée ? (Ils n'ont pas eu le temps de se changer.)

_____

_____ .

3 Pourquoi n'as-tu pas acheté de pain ? (Tu ne m'as pas demandé de le faire.)

_____

_____ .

4 Pourquoi a-t-elle donné une fessée à son fils ? (Son fils n'a pas été sage.)

_____

_____ .

5 Pourquoi ne m'as-tu pas écrit ? (Je n'avais pas ton adresse.)

_____

_____ .

6 Pourquoi le sans-abri a-t-il volé une pomme ? (Il n'avait pas d'argent pour s'acheter à manger.)

_____

_____ .

9 **L'Europe des 27**

S'il n'y avait pas eu l'unification européenne, qu'est-ce qui serait différent en Europe aujourd'hui ? Pensez par exemple aux grands changements dans les domaines économique, politique, culturel ainsi que dans la vie courante.
Discutez en petits groupes en prenant des notes. Mettez en commun vos résultats avec les autres groupes.

_____

_____

_____

Leçon

11

Exercices Leçon 12

 1 **Comprendre une langue grâce à sa culture générale**

TIPP

Über die Struktur eines Satzes lässt sich oftmals auch sein Inhalt erschließen, ohne dass die Bedeutung aller Wörter bekannt sein muss. Über die Endung eines Wortes kann die Zuordnung zu einem bestimmten Worttyp erfolgen, so dass das Satzgefüge auch ohne Übersetzung deutlich wird.

a   Lisez la critique en portugais du film *Quatre mariages et un enterrement* et soulignez tous les mots que vous comprenez.

Charles (Hugh Grant) conhece a bela Carrie (Andie McDowell) no casamento de um amigo. Surge uma atração mútua, mas não um relacionamento. Eles se cruzam novamente em outro casamento, mas Carrie já está noiva de outro homem. Charles, por sua vez, tem dificuldade em assumir relacionamentos sérios. Mas tudo isso pode mudar. Ao redor deste romance de encontros e desencontros, amigos e amigas de Charles também estão à procura de seus amores, dando ao filme momentos de sensibilidade e muito humor.

b   Pourquoi comprenez-vous ces mots ?

Voici quelques raisons possibles :

☐   parce que les mots ressemblent à des mots dans une autre langue que vous parlez…

☐   ou parce que ce sont des mots internationaux…

☐   parce que vous comprenez le contexte…

☐   parce que vous connaissez le film ou les acteurs…

c   Classez les mots du texte que vous avez compris selon les catégories grammaticales suivantes :

verbe	adjectif (m/f)	substantif (m/f)	autres

 2 **Quel est l'infinitif de… ?**

Lisez les phrases et notez l'infinitif du verbe.

1   Le commissaire sortit (_____) de son bureau, le jour n'avait pas encore commencé.

2   Jacques Laffite naquit (_____) à Bordeaux en 1821.

3   Ils virent (_____) une voiture qui s'approchait d'eux.

4   Il fut (_____) condamné à deux ans de prison.

5   Dès qu'il fit (_____) nuit, nous partîmes (_____).

6   Je commençai (_____) par une visite du château.

7   J'eus (_____) peur parce que ce bruit étrange ne cessa pas (_____).

8   Nous ne pûmes (_____) voir que des silhouettes.

Leçon

12

(3) Texte à trous

a Complétez le texte avec les verbes suivants :

> caressa | déposa | fut | prit | recouvrit | rentra | resta | s'en alla

« Antoine _____ ainsi, immobile, tenant Arthur sous son épaule, de peur de le réveiller, pendant de longues minutes. Quand il _____ certain qu'il dormait d'un sommeil profond, il le _____ dans ses bras et _____ dans la maison. Lili n'était partie que depuis quelques heures, et déjà l'atmosphère s'était modifiée. Une résonance indescriptible, certaines odeurs, certaines couleurs semblaient se voiler pour mieux disparaître.

"Il faut graver nos mémoires, figer ces instants", murmurait Antoine à voix basse, en montant l'escalier. Arrivé dans la chambre d'Arthur, il _____ l'enfant sur son lit et le _____ d'une couverture sans le déshabiller. Antoine _____ la tête du petit garçon, et _____ sur la pointe des pieds. »

Marc Levy, *Et si c'était vrai...*, Edition Robert Laffont, Paris 2000, p. 159

b Et avant, et après ? Réfléchissez sur ce qui a pu se passer avant et ce qui se passera après. Prenez des notes et présentez votre version aux autres.

Avant : _____

_____

_____

Après : _____

_____

_____

_____

(4) Ecrivons (le début d') un roman

a En petits groupes, remplissez le formulaire ci-dessous. Vous pouvez ajouter d'autres aspects à la fin.

Le personnage principal : ☐ Homme   ☐ Femme

Prénom : _____

Nom : _____

Surnom : _____

Profession : _____

Physique : _____

Nom de son meilleur ami : _____

Juron préféré : _____

Nom de son animal domestique : _____

Plat préféré : _____

Loisirs favoris : _____

Comportement de ce personnage

Avec les femmes/hommes il est : ☐ entreprenant(e)   ☐ pas entreprenant(e)
Professionnellement :   ☐ il/elle est consciencieux(se) ☐ il/elle est désinvolte
Son caractère :   ☐ il/elle est agressif(ve)   ☐ il/elle est conciliant(e)

Le deuxième personnage principal :   ☐ Homme   ☐ Femme

Prénom : _____

Nom : _____

Surnom : _____

Profession : _____

Physique : _____

Nom de son meilleur ami : _____

Juron préféré : _____

Nom de son animal domestique : _____

Plat préféré : _____

Loisirs favoris : _____

Comportement du deuxième personnage principal

Avec les femmes/hommes il est : ☐ entreprenant(e)   ☐ pas entreprenant(e)
Professionnellement :   ☐ il/elle est consciencieux (-se) ☐ il/elle est désinvolte
Son caractère :   ☐ il/elle est agressif (-ve)   ☐ il/elle est conciliant(e)

Personnages secondaires
Le/la chef   ☐ Homme   ☐ Femme

Nom du/de la chef : _____

Prénom du/de la chef : _____

b Choisissez le genre littéraire (roman d'amour, roman policier, roman d'aventure, etc.) Définissez
le temps (présent/passé), le(s) lieu(x) et les grandes étapes de l'action.

_____

_____

_____

_____

Leçon

12

c Rédigez ensemble un chapitre. Présentez votre texte aux autres.

5 L'avis du lecteur

Allez sur le site d'amazon France www.amazon.fr ou de la FNAC (Fédération nationale d'achats) www.fnac.com , la plus importante librairie de France. Cherchez un roman que vous avez lu dernièrement ou que vous connaissez bien. Regardez s'il y a sur ses sites des critiques ou des commentaires des lecteurs. Si oui, *imprimez-les*. Est-ce que vous êtes d'accord avec leurs auteurs ? Formulez en quelques phrases votre avis sur ce livre. Présentez votre texte aux autres, faites des corrections, si nécessaire, et publiez votre texte sur le site.

6 Jeu de mots

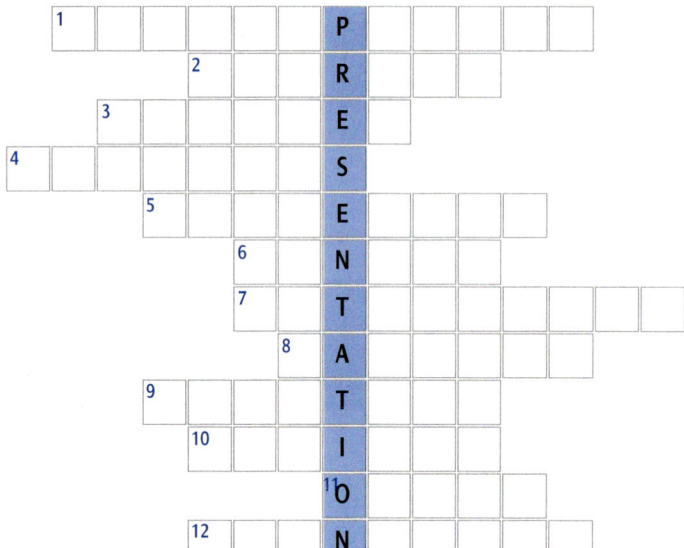

1 ensemble des peuples dont la langue commune est le français
2 dépeindre par la parole ou l'écrit
3 condenser un texte en peu de mots
4 compétition
5 interpréter
6 septième art
7 ensemble de biens hérités
8 personne qui a remporté un prix
9 art de peindre
10 feuille imprimée que l'on applique sur les murs pour avertir le public de quelque chose
11 œuvre dramatique mise en musique
12 articuler les sons ou les mots d'une langue

7 Attention aux anglicismes

a Voici quelques expressions à éviter et leurs équivalents. Reliez les mots correspondants par des flèches.

1 airbag   a l'aquaplanage
2 aquaplaning   b le baladeur
3 back-up   c la banque à domicile
4 brainstorming   d la boîte aux lettres
5 come-back   e le coussin gonflable, le sac gonflable
6 computer   f le décollage
7 crew   g l'équipage
8 home banking   h le numéro d'urgence
9 hot line   i l'ordinateur
10 mail box   j le remue-méninges
11 mountain bike   k le retour
12 take-off   l la sauvegarde
13 walkman   m le vélo tout-terrain (VTT)

b Connaissez-vous d'autres expressions ? Vérifiez dans un dictionnaire s'il existe un équivalent français. Présentez votre sélection aux autres.

Leçon 12

Test zur Selbsteinschätzung

Comment utiliser ce test ?

Ce test présente, pour chacune des quatre compétences (**compréhension écrite, compréhension auditive, production écrite et production orale**), les situations de communication concrètes que vous devez maîtriser au niveau B1 de l'échelle fixée dans le *Cadre européen commun de référence pour les langues*. En effet, on ne le répétera jamais assez, une langue vivante est avant tout un instrument de communication entre des personnes et des peuples.

Vous pouvez faire ce test en cours, au moment où votre enseignant choisira de le faire. Il fera avec vous le point sur les compétences que vous maîtrisez et sur celles que vous devez encore exercer pour atteindre le niveau de maîtrise B1. Il vous orientera dans votre travail.

Vous pouvez aussi faire ce test seul. Nous vous recommandons alors de discuter des résultats avec votre enseignant.

Dans les deux cas, ce test est l'occasion pour vous de vous interroger sur ce que vous avez appris, sur ce que vous devez approfondir et sur vos méthodes de travail.

Ne soyez cependant pas trop sévères avec vous-mêmes : au niveau B1, on attend de vous une maîtrise des quatre compétences (compréhension écrite, compréhension auditive, production écrite et production orale) uniquement en rapport avec des sujets familiers (de la vie de tous les jours ou standards : école, travail, loisirs, vacances) ou qui vous intéressent personnellement ou professionnellement.

A vous !

Cochez les compétences acquises.

	S'il s'agit de textes clairs sur des sujets familiers et d'actualité, je peux…	✓
COMPRÉHENSION ÉCRITE	… comprendre le sens général d'écrits quotidiens, tels que lettres, méls et prospectus.	
	… deviner à l'aide du contexte la signification de mots inconnus.	
	… repérer les informations importantes présentées dans des articles de journaux et de magazines.	
	… comprendre les sentiments ou souhaits de l'auteur.	
	… repérer les arguments principaux et conclusions d'articles de journaux ou de magazines sur des sujets connus.	
	… reconstituer un déroulement chronologique à partir d'un récit, d'une biographie, d'une synopsis.	
	… repérer dans des brochures ou des comptes rendus des informations spécifiques pour accomplir une tâche.	
	… rechercher des informations concrètes sur Internet pour accomplir une tâche.	

COMPREHENSION AUDITIVE	S'il s'agit de sujets familiers et que les personnes parlent de manière bien articulée, distinctement, dans un langage standard, ou encore avec un peu de préparation, je peux…	✓
	… comprendre les informations principales d'un témoignage enregistré.	
	… relever les idées principales d'une conversation d'une certaine durée entre plusieurs personnes.	
	… comprendre le contenu de bulletins d'information enregistrés ou encore diffusées à la radio ou à la télévision.	

PRODUCTION ECRITE	S'il s'agit de sujets familiers et à condition d'avoir fait un brouillon et vérifié certains points dans le manuel, la grammaire ou le dictionnaire, je peux…	✓
	… communiquer des informations brèves dans un mél ou un fax.	
	… formuler des demandes concrètes (concernant la vie de tous les jours).	
	… raconter des expériences ou des souvenirs dans une lettre personnelle ou un mél.	
	… résumer l'intrigue d'un film ou d'un livre.	
	… rapporter des informations factuelles.	
	… présenter mes rêves et motivations.	
	… rédiger mon curriculum vitae.	
	… réagir à une annonce (offre d'emploi).	
	… exprimer mon opinion.	
	… participer à un forum de discussion sur Internet.	

PRODUCTION ORALE	S'il s'agit de sujets familiers et que mes interlocuteurs parlent distinctement, dans un langage standard, ou encore avec un peu de préparation et/ou en faisant des pauses pour me corriger, je peux…	✓
	… raconter en continu une histoire, l'intrigue d'un film ou d'un livre par exemple, et décrire mes sentiments.	
	… présenter en continu un rapport oral sur des faits ou des points de vue.	
	… décrire en continu mes rêves, mes objectifs.	
	… expliquer en continu mes intentions, mes projets, mes actes.	
	… exprimer mes sentiments et réagir quand mon interlocuteur exprime ses sentiments.	
	… demander des renseignements.	
	… échanger des souvenirs ou des impressions avec un interlocuteur.	
	… exprimer mon accord/désaccord.	
	… négocier sur des éléments concrets (prix, programme culturel ou activité de loisir) avec un/des interlocuteur(s).	
	… participer à une discussion de groupe.	
	… commencer, soutenir et terminer une conversation.	

Leçon 4

10 Les vins de France

b p. 41 – Participant B

Chablis (blanc) : Bourgogne

Gewurztraminer (blanc) : Alsace

Muscadet (blanc) : _____

Margaux (rouge) : _____

Riesling (blanc) : _____

Sancerre (blanc ou rosé) : _____

Châteauneuf-du-pape : _____

Moulin-à-vent (rouge) : Rhône-Alpes

Champagne (blanc ou rosé) : Champagne-Ardenne

Sauternes (blanc) : Aquitaine

Leçon 5

7 Une autre manière de passer ses vacances... Allô-Thalasso
f p. 49 – Participant B

THALAZUR CAP ROYAN
Tarifs de la thalassothérapie avec hébergement

Basse saison 2004 : du 17/01 au 02/07/2005 – du 28/08 au 31/12/2005

PRIX EN EUROS	Standard
Chambre double prix par personne	1026
Accompagnant non curiste	552
Supplément Chambre individuelle	231
Supplément Pension complète	156
Supplément Formule Thalazur/Harmonie/Remise en forme	96
Supplément Spécial Dos/Beauté/Anti-Stress/Circulatoire	237
Supplément Jeune Maman (garderie offerte)	321
Supplément Nutrition Minceur en pension complète	393

Haute saison : du 03/07 au 27/08/2005

PRIX EN EUROS	Standard
Chambre double prix par personne	1152
Accompagnant non curiste	678
Supplément Chambre individuelle	444
Supplément Pension complète	159
Supplément Formule Thalazur/Harmonie/Remise en forme	96
Supplément Spécial Dos/Beauté/Anti-Stress/Circulatoire	237
Supplément Jeune Maman (garderie offerte)	321
Supplément Nutrition Minceur en pension complète	396

Leçon 6

2 Le système éducatif en France
a p. 52 – Groupe 1

UNIVERSITES	INSTITUTS UNIVERSITAIRES DE TECHNOLOGIE	GRANDES ECOLES

Enseignement supérieur

17 ans	Terminale	Enseignement secondaire
16 ans	Première	La 1re et la terminale sont
15 ans	Seconde	consacrées à la préparation
		du baccalauréat.

LYCEE

14 ans	Troisième	Après la 3e, les élèves
13 ans	Quatrième	choisissent entre des études
12 ans	Cinquième	courtes (professionnelles) ou
11 ans	Sixième	longues (baccalauréat)

COLLEGE

10 ans	Cours moyen 2 (CM 2)	Enseignement primaire
9 ans	Cours moyen 1 (CM 1)	4 jours par semaine et le
8 ans	Cours élémentaire 2 (CE 2)	samedi matin en général ;
7 ans	Cours élémentaire 1 (CE 1)	le mercredi est libre.
6 ans	Cours préparatoire (CP)	8 h 30 –11 h 30 et
		13 h 30 –16 h 30

ECOLE ELEMENTAIRE

5 – 6 ans	Grande section	Enseignement préscolaire
4 – 5 ans	Moyenne Section	5 jours par semaine
2 – 4 ans	Petite section	3 heures le matin
2 – 4 ans	Année des tout-petits	3 heures l'après-midi

ECOLE MATERNELLE

Enseignement professionnel 2 ans consacrés à la préparation du CAP* ou du BEP*

CAP : Certificat d'aptitude professionnelle
BEP : Brevet d'enseignement professionnel

Leçon 9

2 Les plus beaux villages

b p. 81
A Rodès

Région : Languedoc-Roussillon
Département : Pyrénées orientales
Code postal : F-66320
Population : 512 habitants
Altitude : 200 mètres
Histoire : première mention en 1068 sous la forme *castellum Rodenis*
Monuments à voir : église paroissiale dédiée à la Vierge (N.D. de l'Assomption), construite sans doute au XIIe siècle, plusieurs maisons à avant-toits en tuiles peintes (la plus belle se trouve place de la Conquilla), le barrage de Vinça, le château.

B Falaën

Région : Wallonie
Commune d'Onhaye, province de Namur
Code postal : B-5522
Population : 1 324 habitants
Altitude : 200 mètres
Histoire : fondé au bas Moyen-Age ; depuis le IXe siècle, le moulin des Hayettes est animé par les eaux du Flavion pour faire travailler la forge. La superficie de l'exploitation s'élève aujourd'hui à environ 80 hectares
Monuments à voir : le splendide château-ferme (XVIIe), l'église (1848), l'ancienne brasserie, l'ancienne gare, les draisines de la Molignée, les chapelles Notre-Dame de la Salette, le musée des Confréries gastronomiques, les ruines du château de Montaigle (XIIIe au XVIe).

C Audierne

Région : Bretagne
Département : Finistère (29)
Code postal : F-29770
Population : 2 524 habitants
Altitude : 34 mètres
Histoire : occupation du site d'Audierne dès le Néolithique et pendant l'époque romaine (*Vindana Portus*). La ville d'Audierne a été créée au Moyen Age. Le développement de la navigation maritime du XVe au XVIIe siècle a fait d'Audierne une ville très prospère.
Monuments à voir : la particularité de ce village tient à sa construction en escalier au dessus du port et à ses ruelles étroites dans le quartier de l'église.

D Cacouna

Région : Québec
Région du Bas Saint-Laurent
Code postal : CA – G0L 1G0
Population : 674 habitants
Altitude : 165 mètres
Histoire : fondé en 1758 par des Acadiens fuyant la déportation. A partir de 1845, Cacouna est devenu station balnéaire avec l'ouverture de la « Maison de Bains ».
Monuments à voir : l'église paroissiale (1848) classée monument historique offre une superbe décoration intérieure de François-Xavier Berlinguet et de magnifiques lustres en cristal de 1890.
Le village forme un joli ensemble verdoyant qui comprend de nombreux bâtiments d'intérêt patrimonial, dont les anciens hôtels (St Lawrence Hall), les grandes villas, le presbytère de 1840 et des maisons québécoises comme la maison Dunnigan (verte et rouge), l'ancien magasin général Sirois (qui a conservé ses vieux comptoirs) et la maison Benjamin Dionne. Au centre du village, la rue du Quai descend vers le rivage et offre des spécimens de petites maisons du XIXe siècle.

3 F comme « France profonde »

d p. 81 – Groupe 2

Quelle est l'évolution actuelle de la population ?
Que signifie « multiple-rural » ?

Aujourd'hui 80 % de la population vit sur 20 % du territoire. A l'inverse, 20 % de la population vit sur 80% du territoire. Ce rapport […] est toujours d'actualité. Les campagnes se sont vidées à la vitesse grand V […]. On sait que les jeunes qui sont nés et qui ont grandi ici voudraient bien y rester. Seulement voilà, on n'a rien à leur proposer : pas de logement (ou si peu), pas de travail (ou si peu) et pas d'esthéticienne à moins de 30 kilomètres.

Dans les bourgs de communes rurales, que j'ai vus au fil des années se vider de leur boulangerie, de leur épicerie ou de leur bistrot, des maires prennent au sérieux ce problème de désertification en construisant ou en rouvrant le plus souvent un lien social. On appelle cela le multiple rural : en un seul et même lieu tout est concentré : épicerie, dépôt de pain et de journaux, bar restaurant, siège du comité des fêtes, bureau de poste, une sorte de service public de la dernière chance. Ces endroits ont plus la vocation de *dépanner* le consommateur (car ouverts du matin jusqu'au soir et quasiment sept jours sur sept) que de faire concurrence à la grande surface qui casse les prix et écrase les bourgs.

D'après Frédérick Boucher www.18heures.org

Leçon 12

8 Parlez-vous franglais ?
a p. 115 – Groupe 2

> **Loi du 4 août 1994 relative à l'emploi de la langue française (Loi Toubon)**
>
> Art. 1er. -
> Langue de la République en vertu de la Constitution, la langue française est un élément fondamental de la personnalité et du patrimoine de la France.
> Elle est la langue de l'enseignement, du travail, des échanges et des services publics.
> Elle est le lien privilégié des Etats constituant la communauté de la francophonie.
>
> Art. 2. -
> Dans la désignation, l'offre, la présentation, le mode d'emploi ou d'utilisation, la description de l'étendue et des conditions de garantie d'un bien, d'un produit ou d'un service, ainsi que dans les factures et quittances, l'emploi de la langue française est obligatoire.
> Les mêmes dispositions s'appliquent à toute publicité écrite, parlée ou audiovisuelle.

Arbeitsbuch

Leçon 2

1 Apprendre des listes de mots p. 125

1 Est-ce que le mot *abricot* se trouve dans la liste n°1 ?	oui	non
2 Est-ce que le mot *poire* se trouve dans la liste n°2 ?	oui	non
3 Est-ce que le mot *banque* se trouve dans la liste n°3 ?	oui	non
4 Est-ce que le mot *sachet* se trouve dans la liste n°4 ?	oui	non
5 Est-ce que le mot *brocoli* se trouve dans la liste n°5 ?	oui	non

Comment avez-vous mémorisé ces listes ?

Leçon 9

1 Il ne faut pas tout comprendre pour comprendre
p. 155 Groupe 2

perdition. A bord, quinze enfants de huit à qua-
quitte mystérieusement un port de la Nouvelle-
prendre une croisière, et que tout l'équipage se
i sur des rochers et les enfants, non sans peine,
s commencent... Pour survivre, les enfants n'ont
t, inventent des pièges, dressent des animaux,
colonie, les caractères se heurtent, et les enfants
d de redoutables bandits arrivent. Une lutte
i loi...

Grammatikinhalt

Grammatikalische Begriffe

französische Bezeichnungen	deutsche und lateinische Bezeichnungen	Beispiele
accord	Angleichung, Veränderlichkeit	un bon départ une bonne surprise les informations routières
adjectif adjectif indéfini	Adjektiv, Eigenschaftswort Indefiniter Begleiter	les grandes écoles, le mot juste chaque jour, tous les jours
adjectif interrogatif	Fragepronomen (adjektivischer Gebrauch), Interrogativbegleiter	Quel mot utilisez-vous ?
adverbe	Adverb, Umstandswort	l'art de bien faire les courses, faire les courses efficacement
article contracté	zusammengezogener Artikel	au restaurant, les enfants du soleil, au pays des utopies
article défini	bestimmter Artikel	le français dans le monde
article indéfini	unbestimmter Artikel	la fin d'un amour, une tradition française, des crocodiles
article partitif	Partitiv, Teilungsartikel	j'achète du lait et de l'eau
auxiliaire	Hilfsverb	j'ai appris, nous sommes allés
complément d'objet direct	direktes Objekt	faire les courses
complément d'objet indirect	indirektes Objekt	On s'intéresse à Edith Piaf.
concordance des temps	Zeitenfolge	Elle a dit qu'elle n'était pas libre mercredi.
conditionnel	Konditional	je voudrais
conjonction	Konjunktion	que, pour que, bien que
conjugaison	Konjugation, Beugung	
comparatif	Komparativ	plus légère que la crème
déterminant	Begleiter	le soleil, un livre, etc.
discours indirect	indirekte Rede	Elle dit que c'est un métier intéressant.
expression de la quantité	Mengenangaben	trois aubergines, 10 cl d'huile, de l'ail, des tomates
formation	Bildung (z. B. der verschiedenen Zeiten)	
futur	Zukunft, Futur	On ne te mangera pas.
gérondif	Gerundium	en sortant de l'immeuble
imparfait	Imperfekt	Avant on se mariait pour le meilleur et pour le pire.
impératif	Imperativ, Befehlsform	Observez et complétez.
indicatif	Indikativ, Aussageform	

interrogation	Frageform, Fragestellung	**Donner ou pas ?** **Qu'est-ce qu'on fait ce soir ?** **Parlez-vous franglais ?**
interrogation indirecte	indirekte Frage	**Je me demande comment il s'appelle.**
inversion	Inversion, Umstellung	**Parlez-vous** franglais ?
négation	Negation, Verneinung	Il **ne** s'est **pas** excusé.
participe passé	Partizip Perfekt, Mittelwort der Vergangenheit	**excusé, fini, appris, pu**
participe présent	Partizip Präsens	**dansant, mangeant, finissant,** **apprenant**
passé composé	Perfekt, vollendete Vergangenheit	Il ne **s'est** pas **excusé.**
passé simple	historisches Perfekt	Il **prit, traça, souligna.**
passif	Passiv	Les otages **ont été libérés.**
plus-que-parfait	Plusquamperfekt	Vous m'**aviez** pourtant **dit** que…
préposition	Präposition, Verhältniswort	**à, de, sur, dans, sous.**
proposition	Satz	
pronom	Pronomen, Fürwort	
pronom complément d'objet direct (C.O.D.)	direktes Objektpronomen	Nous **la** connaissons bien.
pronom complément d'objet indirect (C.O.I.)	indirektes Objektpronomen	Nous **lui** parlons.
pronom interrogatif		**Qui** fait **quoi** ?
pronom personnel	Personalpronomen, persönliches Fürwort	
pronom personnel sujet	verbundenes/unbetontes Personalpronomen	**je, tu, il, elle, on…**
pronom personnel tonique	unverbundenes/betontes/ freies Personalpronomen	**moi, toi, lui, elle…**
pronom relatif	Relativpronomen	**qui, que, dont, où, auquel, avec** **laquelle…**
radical	Stamm	**appren**-ons
subjonctif	subjonctif (≠ deutscher Konjunktiv!)	**Il faut que je parte.**
subordonnée	Nebensatz	Elle a dit **que c'était un métier** **intéressant.**
substantif	Nomen, Substantiv	la nouvelle **famille**
sujet	Subjekt, Satzgegenstand	Qu'est-ce que **je** vous sers ?
superlatif	Superlativ	**les plus beaux** villages
terminaison	Endung	appren-**ons**
verbe	Verb, Tätigkeitsform	**apprendre** une vie entière ; s'**informer**
verbe impersonnel	unpersönliches Verb	**il faut**
verbe pronominal	reflexives/rückbezügliches Verb	**se** présenter

Grammatik

Der Fragesatz – La phrase interrogative

Fragentypen

Es gibt zwei Arten von Fragen: die geschlossenen Fragen, auf die nur mit *ja* oder *nein* geantwortet werden kann, und die offenen Fragen, die eine Auskunft, Angabe oder Information als Antwort erwarten.

Geschlossene Fragen haben kein Fragewort.

Tu viens demain ?	Viens-tu demain ?

Offene Fragen dagegen werden mit einem Fragewort gebildet:

Où allez-vous ce soir ?	Comment allez-vous ?

In beiden Fällen gibt es drei Möglichkeiten, eine Frage zu bilden: die Intonation, die Umschreibung mit *est-ce que... ?* und die Inversion (das Subjekt steht hinter dem Verb).

	Geschlossene Frage	Offene Frage
Intonation	Vous parlez anglais ?	Vous faites quoi ce soir ?
Est-ce que... ?	Est-ce que vous parlez anglais ?	Qu'est-ce que vous faites ce soir ?
Inversion	Parlez-vous anglais ?	Que faites-vous ce soir ?

Achtung: Bei der verneinten geschlossenen Frage wird bei Zustimmung mit *si* (doch) geantwortet.

Intonation:	Elle ne parle pas anglais ?	Si.

Für geschlossene und offene Fragen gilt: Bei der Inversionsfrage werden Verb und Subjekt mit einem Bindestrich verbunden. Endet die Verbform bei der 3. Person Singular mit einem Vokal, wird zwischen Verb und Subjekt ein *-t-* eingeschoben:

Travaille-t-il toujours à la maison ?

Die Frage mit nachgestelltem *je* wird nur in einigen feststehenden Wendungen gebraucht z.B. *puis-je... ?* Sie tritt in erster Linie im gehobenen, literarischen Sprachgebrauch auf.

Überblick über die Fragewörter

qui... ?	Qui êtes-vous ?	Wer ... ?
que... ?	Que pensez-vous de cette idée ?	Was ... ?
où... ?	Où passent-ils leurs vacances ?	Wo ... ?
quand... ?	Quand vient-il ?	Wann ... ?
comment... ?	Comment fait-elle ses devoirs ?	Wie ... ?
combien... ?	Combien as-tu payé ?	Wie viel ... ?
pourquoi... ?	Pourquoi sont-elles ici ?	Warum ... ?
lequel, laquelle, lesquelles... ?	Laquelle des deux solutions préférez-vous ?	Welcher, welche, welches von ... ?
quel, quelle, quels, quelles... ?	Quel roman lisez-vous ?	Welcher, welche, welches ... ?

Die reflexiven Verben – Les verbes pronominaux

Reflexive Verben werden immer mit einem Objektpronomen gebraucht. Es verweist auf die gleiche Person wie das Subjekt (Reflexivpronomen).

je me lève	nous nous appelons
tu te trompes	vous vous en allez
il, elle, on se promène	ils/elles s'endorment

Die Reflexivpronomen *me, te, se* werden vor Vokal und „stummem h" zu *m', t'* und *s'*:

je m'habille, tu t'arrêtes, elle s'appelle

Das *passé composé* der reflexiven Verben wird grundsätzlich mit *être* konstruiert:

Elle s'est arrêtée.
Nous nous sommes promené(e)s.

Beim bejahten Imperativ (Befehlsform) wir das Reflexivpronomen *te* zu *toi*:

Lève-toi, il est temps !

In der verneinten Form schließen *ne* und *pas* das Reflexivpronomen und das Verb ein.

Ne t'arrête pas !
Vous ne vous arrêtez pas .

Bei Fragen in der Vergangenheit steht das Reflexivpronomen nach dem Hilfsverb *être* und wird mit einem Bindestrich verbunden.

Vous êtes-vous promené ?

Das Futur – Le futur simple

Bildung

Das Futur wird aus dem Infinitiv und den Endungen *-ai, -as, -a, -ons, -ez* und *-ont* gebildet.
Bei den Verben auf *-(d)re* (z.B. attendre, prendre, rendre) fällt das *-e* der Infinitivendung weg.

arriver	j'**arriver**ai	finir	nous **finir**ons
partir	tu **partir**as	prendre	vous **prendr**ez
chercher	il/elle/on **chercher**a	parler	ils/elles **parler**ont

Die Verben vom Typ *acheter, appeler und répéter* bilden das Futur aus dem Stamm der 1. Person Singular Präsens + *r* + Futurendungen:

acheter	j'achète	j'achèterai
appeler	j'appelle	j'appellerai
répéter	je répète	je répèterai

Achtung: Bei einigen unregelmäßigen Verben gibt es besondere Futurformen.

aller	j'irai	être	je serai	recevoir	je recevrai
envoyer	j'enverrai	faire	je ferai	s'asseoir	je m'assiérai
courir	je courrai	avoir	j'aurai	savoir	je saurai
cueillir	je cueillerai	devoir	je devrai	valoir	il vaudra
mourir	je mourrai	falloir	il faudra	voir	je verrai
tenir	je tiendrai	pouvoir	je pourrai	vouloir	je voudrai
venir	je viendrai	pleuvoir	il pleuvra		

Gebrauch

Das Futur beschreibt einen Vorgang, der vom Zeitpunkt des Sprechenden aus gesehen in der Zukunft geschehen wird (oft verbunden mit einer Zeitangabe).

> L'année prochaine, je partirai en Afrique.
> Un jour, vous serez heureux.

Achtung: Im Deutschen benutzt man in solchen Sätzen oft das Präsens!

Das Futur kann auch Befehle oder Anweisungen ausdrücken.

> Pour la prochaine fois, vous compléterez ce texte.
> Vous prendrez la deuxième rue à gauche.

Unterschied zwischen *futur simple* und *futur proche* (*aller* im Präsens + Infinitiv)

Beim *futur proche* folgt die Handlung unmittelbar nach der Aussage. Es besteht eine enge zeitliche Verbindung:

> Attention, tu vas tomber !
> Regarde, je vais te montrer la solution.

Beim *futur simple* folgt die Handlung in einem weiteren, oft auch unbestimmten zeitlichen Abstand:

> Nous nous reverrons la semaine prochaine.
> Je te le dirai plus tard.

L2 Der Teilungsartikel – L'article partitif

Der Teilungsartikel bei unbestimmten Mengen

Bei unbestimmten Mengen wird im Französischen der Teilungsartikel *du, de l', de la, des* gebraucht. Er wird aus *de* und dem bestimmten Artikel gebildet.

Achtung: aus *de* + *le* wird *du,* aus *de* + *les* wird *des.*

Im Deutschen existiert dieser Artikel nicht.

> Il prend ... du café, du miel, du pain.
> ... de l'argent, de l'huile, de l'eau minérale.
> ... de la confiture, de la salade.
> ... des bananes, des oranges, des poivrons.

Der Teilungsartikel wird auch bei nicht konkreten, abstrakten Begriffen benutzt.

> du chagrin, de l'humour, de la joie, des soucis

TIPP

Ein Merkvers, um sich die Regel einzuprägen:

Ist die Menge unbestimmt
Du, de l', de la, des man nimmt.

Das partitive *de* bei Mengenangaben

Bei Mengenangaben und nach der Verneinung wird im Französischen der Teilungsartikel einheitlich durch *de* ersetzt. Vor Vokalen und „stummem h" *(h muet)* verändert sich *de* zu *d'*.

un kilo de pommes, une bouteille de bière, 200 g d'oignons, un litre d'huile
beaucoup de temps, peu d'argent, assez de bruit, trop de travail

Il mange du fromage.	Il ne mange pas de fromage.	Il achète des fraises.
Il y a du pain.	Il n'y a pas de pain.	Il n'achète pas de fraises.

Das Perfekt (1) – Le passé composé (1)

Avoir oder *être* ?

Das *passé composé* wird mit dem Präsens von *avoir* oder *être* und dem Partizip Perfekt des jeweiligen Verbs gebildet.
Das Hilfsverb *être* wird bei folgenden Verben verwendet: *naître*, *devenir* und *mourir*; außerdem bei allen reflexiven Verben und den Verben der „Bewegungsrichtung" und des „Bleibens". Wird das Hilfsverb *être* verlangt, muss das Partizip in Geschlecht und Zahl an das Subjekt angeglichen werden.

avoir		être	
j'ai acheté	nous avons eu	je me suis marié(e)	nous sommes allé(e)s
tu as fini	vous avez été	tu es arrivé(e)	vous êtes parti(e)s
il/elle/on a mis	ils/elles ont pris	il/elle/on est resté(e)	ils/elles sont venu(e)s

TIPP

Um sich die mit *être* zu konstruierenden Verben besser merken zu können, hilft das Bild eines Hauses:

Man kommt *(venir)*, kommt an *(arriver)*, tritt ein *(entrer)* und geht heraus *(sortir)*, man steigt die Treppe hinauf *(monter)* und herunter *(descendre)*; man bleibt *(demeurer, rester)*. Man wird hier geboren *(naître)* und manchmal stirbt *(mourir)* man auch hier. Manches fällt *(tomber)* aus dem Fenster. Viele gehen fort *(s'en aller, partir)*, kommen aber oft wieder zurück *(retourner, rentrer)*.

Die Bildung des Partizip Perfekt

Die *-er* Verben bilden das Partizip auf *-é*	donner – donné
Die *-ir* Verben bilden das Partizip auf *-i*	finir – fini
Die *-re* Verben bilden das Partizip auf *-u/-is*	perdre – perdu ; comprendre – compris

Die Partizipien der unregelmäßigen Verben sollten wie Vokabeln gelernt werden! Hier einige Beispiele:

avoir – eu	être – été	boire – bu	voir – vu
dire – dit	faire – fait	pouvoir – pu	vouloir – voulu
écrire – écrit	mettre – mis	savoir – su	ouvrir – ouvert

Achtung: Wortstellung bei Fragen und in verneinten Sätzen.

Il a acheté des pommes.	A-t-il acheté des pommes ?	Il n'a pas acheté de pommes.
Elle s'est mariée.	S'est-elle mariée ?	Elle ne s'est pas mariée.

Der Vergleich – La comparaison

Der Komparativ

Der Komparativ wird gebildet, indem *plus*, *aussi* oder *moins* vor das Adjektiv oder Adverb gestellt werden. Das Adjektiv richtet sich dabei in Geschlecht und Zahl immer nach dem jeweiligen Bezugswort.

> plus mûr, moins fort, aussi frais

Das Vergleichswort, im Deutschen *wie* oder *als*, ist im Französischen immer *que*.

> Les pommes sont plus mûres que les poires.
> Ce marchand crie moins fort que l'autre.
> Cette orange est aussi fraîche que celle-là.

A u s n a h m e n : Die Steigerung von *bon/bonne* ist *meilleur/meilleure*.
Bei *mauvais* steigert man *plus mauvais* = schlechter oder *pire* = schlimmer.

Vor Substantiven verwendet man *plus de/moins de/autant de*. Diese Substantive stehen immer in der Mehrzahl (es sei denn, es handelt sich um abstrakte Begriffe).
Das Vergleichswort bleibt *que*.

> Marie a plus de frères et sœurs que Xavier.

Der Superlativ

Der Superlativ besteht aus den Komparativformen, denen der passende bestimmte Artikel *le, la, les* hinzugefügt wird.

> C'est le plus grand choix de fromages à Paris.
> J'ai acheté les plus belles fleurs du marché.
> Tu as choisi la pire solution.
> Elle travaille le plus vite.

Steht der Superlativ nach dem Bezugswort, muss der bestimmte Artikel wiederholt werden.

> C'est le boulanger le moins cher de Camaret.

A u s n a h m e n : Die Superlativformen von ...

... bon/bonne	le moins bon, les moins bons, la moins bonne, les moins bonnes, le meilleur, les meilleurs, la meilleure, les meilleures	
... petit	le plus petit, les plus petits, la plus petite, les plus petites	(in Bezug auf Größe)
	le moindre, la moindre, les moindres Elle n'a pas la moindre idée de ce qu'elle a fait.	(in Bezug auf Werte, Wertschätzungen; entspricht dem Deutschen „der/die geringste(n)")
... mauvais	le plus mauvais, les plus mauvais, la plus mauvaise, les plus mauvaises und le pire, la pire, les pires	der/die/das schlechteste, die schlechtesten der/die/das schlimmste, die schlimmsten

Zur Erinnerung: Der Gebrauch der Steigerungsformen von *bon* (Adjektiv) und *bien* (Adverb).

> C'est un bon commerçant.   Ce commerçant est meilleur.   C'est le meilleur commerçant.
> Elle travaille bien.   Elle travaille mieux.   Elle travaille le mieux.

Imparfait

Bildung

Das *imparfait* wird aus dem Stamm der 1. Person Plural Präsens und den Endungen:
-ais, -ais, -ait, -ions, -iez, -aient gebildet.

courir ⟶ nous cour-ons			prendre ⟶ nous pren-ons	
je cour-ais	nous cour-ions		je pren-ais	nous pren-ions
tu cour-ais	vous cour-iez		tu pren-ais	vous pren-iez
il/elle/on cour-ait	ils/elles cour-aient		il/elle/on pren-ait	ils/elles pren-aient

A u s n a h m e n : Bei Verben auf *-ger* wird aus Gründen der Aussprache vor *-a* ein *e* eingefügt.

je mangeais	aber :	nous mangions
tu mangeais		vous mangiez
il/elle/on mangeait		
ils/elles mangeaient		

Bei Verben auf *-cer* wird aus Gründen der Aussprache vor *-a* ein *ç* geschrieben.

je commençais	aber :	nous commencions
tu commençais		vous commenciez
il/elle/on commençait		
ils/elles commençaient		

Gebrauch

Das *imparfait* wird bei Handlungen oder Zuständen in der Vergangenheit gebraucht, deren Dauer unbekannt ist. Es dient zur Beschreibung von Personen, Landschaften usw., zur Wiedergabe von Gewohnheiten, zur Darstellung von Vorgängen, die sich wiederholen und zur Hintergrunddarstellung einer Geschichte.

> **TIPP**
>
> Das *imparfait* wird gebraucht, wenn man Fragen wie
> „Was war schon?" „Was war bereits?" oder „Was war gerade?"
> stellen kann.

Passé composé

(Bildung siehe Seite 183.)

Die Angleichung des Partizip Perfekt

Bei den mit *avoir* konstruierten Verben bleibt das Partizip Perfekt unverändert:

Les parents n'ont plus supporté leur fils.

A u s n a h m e : Ein *complément d'objet direct* (COD), d.h. Akkusativobjekt, geht dem Verb voran.

COD = Pronomen: *l', les, m', t', vous, nous*

J'ai rencontré Nathalie chez Pierre.	Je l'ai rencontrée chez Pierre.
J'ai vu les enfants à Marseille.	Je les ai vus à Marseille.

COD = Relativpronomen: *que*

Parlez-moi de la femme que vous avez remarquée.	que = la femme

COD = Fragepronomen: *quel, quels, quelle, quelles, lequel, lesquels, laquelle, lesquelles, combien*

Quelle tante avez-vous rencontrée ?	quelle tante
Combien d'enfants avez-vous comptés ?	combien d'enfants

Bei den mit *être* konstruierten Verben richtet sich das Partizip in Geschlecht und Zahl nach dem Sinnsubjekt.

Dies trifft besonders auf die folgenden Verben zu:
aller, venir, entrer, sortir, monter, descendre, arriver, partir, passer, rester, tomber, mourir, naître, apparaître und deren Ableitungen *(devenir, rentrer)*

> Tante Charlotte est arrivée.
> Mes neveux sont rentrés.

Bei reflexiven Verben ändert sich das Partizip in Geschlecht und Zahl gleichfalls je nach dem Subjekt:

> Ils ne se sont pas débarrassés de Tanguy.
> Les nièces se sont promenées dans le parc.

Auch beim Passiv wird das Partizip dem Subjekt angepasst:

> Notre grand-père a construit cette maison.
> Cette maison a été construite par notre grand-père.

Gebrauch

Das *passé composé* beschreibt Handlungen in der Vergangenheit, die eine begrenzte Zeit dauern, d. h. abgeschlossen sind oder einen Bezug zur Gegenwart haben.

TIPP

Das *passé composé* wird gebraucht, wenn man Fragen wie
„Was geschah dann?" oder „Was trat neu ein?" stellen kann.

Imparfait und *passé composé* im Satz

Die Kombination der beiden Zeiten gibt dem Text mehr Profil. Während im Deutschen nur eine Zeit gebraucht wird, unterscheidet man im Französischen zwischen den Begleitumständen oder dem Hintergrund *(imparfait)* und dem Handlungsablauf oder Vordergrund *(passé composé)*.

Was war bereits?	René était très triste. Il faisait du jogging dans la forêt.
Was geschah dann?	Quelqu'un s'est approché de lui. Il s'est retourné. Il a vu une princesse. Ils se sont mariés.

TIPP

Als Gedächtnisstütze bietet sich das Bild einer Theaterbühne an.
Alles was Kulisse und Bühnenbild darstellt, steht für das *imparfait*.
Die Handlung auf der Bühne als eine Folge von Aktionen repräsentiert das *passé composé*.

Plus-que-parfait

Bildung

Das *plus-que-parfait* wird mit den Hilfsverben *être* und *avoir* im *imparfait* sowie dem Partizip Perfekt des jeweiligen Verbs gebildet.

avoir	être
j'avais acheté	je m'étais marié(e)
tu avais fini	tu étais arrivé(e)
il/elle/on avait mis	il/elle/on était resté(e)
nous avions lu	nous étions allé(e)s
vous aviez été	vous étiez parti(e)s
ils/elles avaient compris	ils/elles étaient venu(e)s

Das Partizip Perfekt wird wie beim *passé composé* angeglichen.

Gebrauch

Mit dem *plus-que-parfait* werden Handlungen oder Zustände in der Vergangenheit beschrieben, die vor einer anderen Handlung oder einem anderen Zustand in der Vergangenheit angesiedelt sind.

J'avais déjà répondu à la lettre quand il m'a téléphoné.

Handlung 1: répondre à la lettre
Handlung 2: téléphoner

Handlung 1 geschieht zeitlich in der Vergangenheit vor Handlung 2.

Pascale et Yves étaient partis quand la police est arrivée.

Handlung 1: partir
Handlung 2: arriver

Die Adjektive – Les adjectifs

L4

Die Stellung attributiver Adjektive

Attributiv gebrauchte Adjektive geben dem zugehörigen Nomen eine bestimmte Eigenschaft (Attribut). Sie richten sich in Geschlecht und Zahl nach dem Bezugsnomen.
Im Allgemeinen stehen die Adjektive nach dem Nomen. Einige sehr häufig genutzte Adjektive stehen jedoch meist davor:

beau/bel/belle/beaux/belles : un beau verre
    aber: un bel homme, un bel oiseau
joli/jolie : une jolie région
vilain/vilaine : de vilaines histoires
bon/bonne : un bon copain
mauvais/mauvaise : une mauvaise nouvelle
grand/grande : une grande bouteille
petit/petite : un petit plat
gros/grosse : un gros monsieur

jeune : un jeune enfant
vieux/vieil/vieille/vieux/vieilles : une vieille vigne,
un vieux monsieur
    aber: un vieil ami
autre : un autre travail
long/longue : un long repas
nouveau/nouvel/nouvelle/nouveaux/nouvelles :
un nouveau cuisinier
    aber: un nouvel acteur

Einige Adjektive haben, je nach ihrer Stellung, unterschiedliche Bedeutung.

	Vorgestelltes Adjektiv		Nachgestelltes Adjektiv	
grand	un grand homme	groß, berühmt	un homme grand	groß gewachsen
jeune	une jeune femme	jung	un visage jeune	jugendlich
nouveau	la nouvelle cuisine	neu	un modèle nouveau	neuartig
long	un long repas	lang (zeitlich)	une table longue	lang (räumlich)
propre	mon propre vignoble	eigen	des verres propres	sauber
seul	la seule région	einzig	un homme seul	einsam
ancien	une ancienne boucherie	ehemalig	une chaise ancienne	alt
différent	différentes personnes	verschiedene	un goût différent	unterschiedlich
simple	une simple formalité	rein	un repas simple	einfach
dernier	la dernière récolte	letzte	l'année dernière	vorig
curieux	un curieux roman	seltsam	une voisine curieuse	neugierig

Nachgestellt werden im Allgemeinen besonders lange Adjektive, solche die eine Zugehörigkeit zu einem Bereich ausdrücken, sowie Adjektive, die von Partizipien abgeleitet werden.

Die Pronomen – Les pronoms personnels

Die verbundenen, unbetonten Personalpronomen

Pronomen sind Stellvertreter.

1 Sie stehen als Subjekte vor Verben.

> Testfrage: *Wer* ?

je, tu, il, elle, on, nous, vous, ils, elles

Je préfère prendre un vin rouge.
Elles prennent le petit-déjeuner sur la terrasse.

2 Sie ersetzen Akkusativobjekte (COD).

> Testfrage: *Wen* ? oder *Was* ?

me, te, le, la, l', se, nous, vous, les

J'ai acheté le beaujolais chez mon oncle.
Nous connaissons la voisine depuis très longtemps.

Je **l'**ai acheté chez mon oncle.
Nous **la** connaissons depuis très longtemps.
Tu ne **me** regardes plus !
Ils ne **se** sont jamais rencontrés.

3 Sie ersetzen Dativobjekte (Complément d'objet indirect).

Testfrage: *Wem* ?

Die indirekten Objektpronomen ersetzen Personenbezeichnungen,
die zusammen mit der Präposition *à* stehen.

me, te, lui, nous, vous, leur

- Tu as parlé à Frédéric ?
- Vous avez déjà donné le dossier aux nouveaux collègues ?

- Oui, je **lui** ai parlé vendredi dernier.
- Non, nous **leur** donnons le dossier demain matin.

Achtung: Beim bejahten Imperativ (Befehlsform) wird aus *me* und *te* (COD und COI) *moi* und *toi*.

Donne-**moi** ton verre !
Dépêche-**toi**, il est tard.

Meist stehen die Personalpronomen direkt vor dem konjugierten Verb.

> **TIPP**
>
> Ein Vers, mit dem sich diese Regel besser merken lässt:
>
> Persönliches Fürwort, zu Besuch im Haus
> Wohnt bei „Verbs" nach vorn hinaus!
> Hinten es nur Wohnrecht hat
> Bei Befehlsform, die bejaht!
> *me* wird dann zu *moi* am Schluss,
> *te* zu *toi* auch werden muss!

Die unverbundenen, betonten Personalpronomen

moi, toi, lui, elle, soi, nous, vous, eux, elles

Achtung: Nur vier Formen unterscheiden sich von den verbundenen Personalpronomen:
moi, toi, lui und *eux.* Diese sollte man sich besonders gut einprägen.

Diese Pronomen verwendet man:

1 In Sätzen ohne Verb:

Qui a trouvé la clef ? **Toi** ou **elle** ?

2 Nach Präpositionen wie *pour, avec, sans, à côté de, derrière* etc.

Je travaille avec **lui**, Marie travaille avec **elle**.
Sans **moi**, on n'aurait pas trouvé le vignoble.

Le tire-bouchon ? Derrière **toi**, dans le petit carton !

3 Nach *c'est* und *ce sont*

C'est **lui** qui vend le meilleur vin !

Ce sont **eux** qui ont créé cette étiquette.

4 In Vergleichssätzen:

Jérôme travaille toujours plus vite que **moi** !

Das Adverb – L'adverbe

Das Adverb

Adverbien sind unveränderliche Wörter, die den Sinn

• von Verben	Elle travaille **régulièrement**.
• von Adjektiven	Ils sont **très** intéressants.
• von anderen Adverbien	Il l'a **assez** bien expliqué.
• oder von ganzen Sätzen	**Heureusement**, ils étaient chez eux.

näher bestimmen.
An der Form kann man im Deutschen das Adverb oft nur schwer vom Adjektiv unterscheiden. Kurze, einprägsame Beispielsätze können dabei helfen, sich den Unterschied besser zu merken:

Peter fährt langsam.	Pierre roule **lentement**. (Adverb)
Er ist langsam.	Il est **lent**. (Adjektiv)
Sie kleidet sich elegant.	Elle s'habille **élégamment**. (Adverbe)
Das ist ein elegantes Kleid.	C'est une robe **élégante**. (Adjektiv)

Im Französischen werden die meisten Adverbien von Adjektiven abgeleitet, indem an die weibliche Singularform des Adjektivs -*ment* angehängt wird.

sérieux, sérieuse $\longrightarrow$ sérieuse**ment**   doux, douce $\longrightarrow$ douce**ment**

Endet die männliche Form des Adjektivs auf einen Vokal, wird das Adverb von dieser Form abgeleitet.

vrai $\longrightarrow$ vrai**ment**

difficile $\longrightarrow$ difficile**ment**

éperdu $\longrightarrow$ éperdu**ment**

> Ausnahme: gai, gaie $\longrightarrow$ **gaiement**
> cru, crue $\longrightarrow$ **crûment**

Endet das Adjektiv auf -*ant* wird die Endung zu -*amment*

élégant $\longrightarrow$ élég**amment**   méchant $\longrightarrow$ méch**amment**

Endet das Adjektiv auf -*ent* wird die Endung zu -*emment*. **Achtung**: Die Aussprache bleibt [amã].

prudent $\longrightarrow$ prud**emment**   différent $\longrightarrow$ différ**emment**

> Ausnahme: lent, lente $\longrightarrow$ **lentement**

Einige Adverbien enden auf -*ément*. Sie müssen wie Vokabeln gelernt werden.

énorme $\longrightarrow$ énor**mément**

précis, précise $\longrightarrow$ précis**ément**

profond, profonde $\longrightarrow$ profond**ément**

TIPP

Weil es immer wieder schwer fällt, sich die Unterschiede zu merken,
hier noch ein Merkvers zu *vite* und *rapide*.

Vite, schnell wird nur als Umstandswort (Adverb) verwandt,
als Eigenschaftswort (Adjektiv) sei *rapide* dir bekannt.

Die indefiniten Begleiter werden häufig gebraucht. Hier einige wichtige indefinite Begleiter in alphabetischer Reihenfolge:

aucun – kein einziger, überhaupt kein

Aucun richtet sich im Geschlecht nach dem Nomen, das es begleitet. Es wird nur in verneinten Sätzen im Singular gebraucht und steht immer in Verbindung mit *ne*.

Il n'a aucun espoir.
Nous n'avons aucune idée.

autre – anderer, andere, anderes

Autre richtet sich in der Zahl nach dem Nomen, das es begleitet. Achtung: aus *des* + *autres* wird *d'autres*!

une autre femme
l'autre voiture
d'autres enfants
d'autres réactions

certain – ein bestimmter, ein gewisser

Certain richtet sich in Geschlecht und Zahl nach dem Nomen, das es begleitet.

un certain jour
une certaine réaction
certains hôtels
certaines plages

chaque – jeder, jede, jedes

Chaque wird nur vor Nomen im Singular gebraucht. Es bleibt unverändert.

chaque professeur
chaque jeune fille

plusieurs – mehrere

Plusieurs wird nur vor Nomen im Plural gebraucht. Es verändert seine Form nicht.

plusieurs journaux
plusieurs pièces

quelques – einige

Quelques wird meistens ohne weiteren Begleiter vor Nomen im Plural gebraucht.

quelques amis
quelques idées

Achtung: Hier findet eine Bedeutungsänderung statt.

les quelques livres que j'ai lus = die wenigen Bücher, die …

Tout, toute, tous, toutes – ganz, alle

Tout ändert seine Bedeutung, je nachdem ob es im Singular *(ganz)* oder im Plural *(alle)* gebraucht wird. Es richtet sich in Geschlecht und Zahl nach dem Nomen, das es begleitet und wird meist von einem weiteren Begleiter gefolgt, den es verstärkt: *toute une, toute la, tous mes, toutes ces* etc.

> tout mon espoir – meine ganze Hoffnung
> toute la journée – den ganzen Tag über
> tous les collègues – alle Kollegen
> toutes ces idées – all diese Ideen

Achtung: Hier findet eine Bedeutungsänderung statt.

> tout le monde = alle, jedermann
> le monde entier = die ganze Welt

Der Subjonctif (1) – Le subjonctif (1)

Bildung

Der *subjonctif* wird aus dem Stamm der 3. Person Plural Präsens und den Endungen
-e, -es, -e, -ions, -iez und *-ent* gebildet.

> que je nage
> que tu nages
> qu'il/qu'elle/qu'on nage
> que nous nagions
> que vous nagiez
> qu'ils/qu'elles nagent

Einige unregelmäßige Verben:

avoir	que j'aie, que nous ayons	prendre	que je prenne, que nous prenions
être	que je sois, que nous soyons	venir	que je vienne, que nous venions
vouloir	que je veuille, que nous voulions	partir	que je parte, que nous partions
pouvoir	que je puisse, que nous puissions	écrire	que j'écrive, que nous écrivions
savoir	que je sache, que nous sachions		
aller	que j'aille, que nous allions		
faire	que je fasse, que nous fassions		

Gebrauch

Der *subjonctif* wird überwiegend in Nebensätzen nach bestimmten Ausdrücken wie z.B. *il faut que…, il est nécessaire que…, il vaut mieux que…* und nach einer kleinen Gruppe von Konjunktionen gebraucht. Diese sollten wie Vokabeln gelernt werden! Hier die wichtigsten:

Unpersönliche Verben	Konjunktionen
il faut que	afin que
il est nécessaire que	avant que
il vaut mieux que	bien que
il est important que	malgré que
il est indispensable que	pour que
	quoique
	sans que
	jusqu'à ce que

TIPP

Ein Merkvers zum Gebrauch einiger Konjunktionen:

Bis, damit und sodass,
obwohl, vorausgesetzt, dass,
bevor, ohne dass, sofern nicht
den Subjonctif bringen in Sicht.

Die Relativpronomen verbinden zwei Sätze und verhindern dadurch die Wiederholung eines Wortes.

> Nous cherchons l'école. L'école se trouve en face de la cathédrale.
> Nous cherchons l'école qui se trouve en face de la cathédrale.

Qui und *que*

Die am häufigsten benutzten Relativpronomen sind *qui* und *que*.

Qui ersetzt Personen oder Sachen, die im Hauptsatz stehen (Bezugswort). Es wird als Subjekt im Relativsatz verwendet. Im Deutschen beantwortet es die Frage „Wer ?" bzw. „Was?".

> Henri connaît quelqu'un qui pourrait nous aider à préparer l'examen.

Que ersetzt Personen oder Sachen, die im Hauptsatz stehen (Bezugswort). Es wird als direktes Objekt (Akkusativ) im Relativsatz verwendet. Im Deutschen beantwortet es die Frage „Wen ?" bzw. „Was ?".

> J'ai lu un roman que tu devrais lire.

Achtung Fehlerquellen!

Das Verb des Relativsatzes richtet sich nach dem durch *qui* ersetzten Nomen und muss entsprechend angepasst werden. Das gilt auch für Adjektive.

> J'ai commencé par les questions *qui* étaient très compliquées.

Dies gilt außerdem für die Hervorhebung durch *c'est... qui* und *c'est... que*.

> C'est toi qui fais mon travail ! Du bist derjenige, der meine Arbeit macht.

In Relativsätzen steht *que* als direktes Objekt vor dem Verb, dementsprechend muss das Partizip bei den zusammengesetzten Zeiten angeglichen werden.

> Les statues que nous avons vues au musée étaient très belles.

TIPP

Ein Merkvers zur Unterscheidung der Relativpronomen *qui* und *que* von dem Fragepronomen *qui*:

Beim Fragepronomen frag':   Wer, wen = qui, qui
Beim Relativpronomen sag':   Der, die, das, die = qui
                            Den, die, das, die = que

Où

Où ersetzt eine Orts- oder Zeitangabe, die im Hauptsatz steht.

> C'est la place où se trouvait notre vieille école.
> C'est l'année où j'ai passé mon examen.

Dont

Dont steht für Personen und Sachen. Es ersetzt eine Ergänzung mit *de* (Nomen, Verb oder Adjektiv).

C'est une grammaire. J'ai oublié le titre exact de cette grammaire.	C'est une grammaire dont j'ai oublié le titre exact. (le titre de cette grammaire)
Nous avons besoin d'informations sur l'enseignement supérieur en France. Les informations sont faciles à trouver.	Les informations dont nous avons besoin sont faciles à trouver.
Françoise est très contente de cette entrevue. Cette entrevue détermine son avenir.	Cette entrevue dont Françoise est très contente, détermine son avenir.

Ce qui, ce que und ce dont

Ce qui und *ce que* entsprechen dem Deutschen „was". *Ce qui* ist Subjekt des Relativsatzes, *ce que* ist das direkte Objekt.

Pourquoi ne pas accepter ce qui est clair ?	ce qui = Subjekt
Vois-tu ce que je vois ?	ce que = direktes Objekt

Ce dont wird bei Nomen, Verben oder Adjektiven gebraucht, die mit *de* konstruiert werden.

Donnez-lui ce dont il aura besoin. (avoir besoin de)
Ce dont rêvent les hommes, c'est le pouvoir. (rêver de)

L7 — Der Subjonctif (2) – Le subjonctif (2)

Im Gegensatz zum Indikativ, der eine Tatsache ausdrückt, beinhaltet der *subjonctif* eine Haltung des Sprechenden (Subjekt) zu dem im *Que*-Satz geschilderten Geschehen. Es steht nach …

Verben und Ausdrücken der Gemütsbewegung (Freude, Trauer, Staunen, Ärger, Furcht, Scham)

Il est dommage que…	Es ist schade, dass …
Il est ennuyeux que…	Es ist ärgerlich, dass …
être heureux que…	glücklich sein, dass …
être content que…	sich freuen, dass …
être mécontent que…	unzufrieden sein, dass …
être ravi que…	sehr erfreut sein, dass …
être triste que…	traurig sein, dass …
être désolé que…	betrübt sein, dass …
avoir honte que…	sich schämen, dass …
avoir peur que…	Angst haben, dass …
craindre que…	befürchten, dass …
détester que…	es hassen, dass …
regretter que…	bereuen, dass …
douter que…	zweifeln, dass …

Il est dommage que tu ne sois pas venu.	Es ist schade, dass du nicht gekommen bist.
Je regrette que vous n'ayez pas vu ce film.	Ich bedaure, dass ihr diesen Film nicht gesehen habt.

Verben und Ausdrücken des Willens, des Wünsches und der Notwendigkeit

vouloir que…	wollen, dass …
souhaiter que/désirer que…	wünschen, dass …
exiger que…	verlangen, dass …
accepter que…	akzeptieren, dass …
refuser que…	verweigern, dass …
interdire que…	verbieten, dass …
il vaut mieux que…	es ist besser, dass …

Je veux que tu sois à l'heure !	Ich will, dass du pünktlich bist.
Nous exigeons que vous rendiez l'argent.	Wir verlangen, dass Sie das Geld zurückgeben.

verneinenden Hauptsätzen

Werden Verben des Sagens, Meinens oder Denkens verneint, muss meist der *subjonctif* folgen.

Je crois qu'il dit la vérité. Aber: Je ne crois pas qu'il dise la vérité.

Infinitivkonstruktion statt *subjonctif*

Die Verwendung des *subjonctif* ist nicht möglich, wenn Haupt- und Nebensatz das gleiche Subjekt haben. In diesen Fällen wird eine Infinitivkonstruktion verwendet.

Je participe à une école du dos pour connaître les mauvaises positions.

TIPP

Der richtige Gebrauch des *subjonctif* stellt oft eine Schwierigkeit dar, weil im Deutschen z.B der Konjunktiv eine andere Funktion hat und oft umgangen werden kann. Es hilft in diesem Zusammenhang, die auslösenden Formen und Verben immer zusammen mit dem *que* zu lernen, das dann wie ein Signal für den Gebrauch des *subjonctif* wirken kann.

L8 Das Passiv – Le passif

Bildung

Bei der Umwandlung von aktiven zu passiven Sätzen wird das direkte Objekt eines aktiven Satzes zum Subjekt des passiven Satzes. Das Subjekt des aktiven Satzes wird zum Objekt des Passivsatzes und wird mit *par* eingeführt.

Das Passiv wird mit dem Hilfsverb *être* und dem Partizip Perfekt des Verbs gebildet.
Achtung: Das Partizip Perfekt richtet sich dabei in Geschlecht und Zahl nach dem Subjekt des Satzes.

Aktiv	Passiv
Mon collègue écrit cet article.	Cet article est écrit par mon collègue.
Nos journalistes préparent une émission sur les grandes écoles.	Une émission sur les grandes écoles est préparée par nos journalistes.

Das Passiv kann nur mit Verben gebildet werden, die ein direktes Objekt nach sich ziehen. Man nennt sie auch „transitive Verben".

nur mit transitiven Verben !!!

Gebrauch

Das Passiv kann in allen Zeiten gebraucht werden.

présent	La fête est organisée par les étudiants.
imparfait	Le roman était écrit par un très jeune auteur.
passé composé	Les otages ont été libérés.
futur	Les décorations seront préparées par les étudiants.
plus-que-parfait	Le film avait été présenté par un journaliste.
subjonctif	Il faut que cette photo soit acceptée par notre équipe.
conditionnel présent	Les chansons seraient chantées par la chorale.

Oft fehlt bei Passivsätzen das Objekt:

Miss France a été élue à Cannes.
Le feuilleton télévisé est diffusé une seconde fois dans la matinée.

Im Französischen wird den Passivformen sehr oft ein aktiver Satz mit dem Pronomen *on* vorgezogen.

On a élu Miss France à Cannes.

Das Konditional – Le conditionnel

Bildung

Das *conditionnel présent* wird aus dem Stamm des Futurs und den Endungen des *imparfait (-ais, -ais, -ait, -ions, -iez, -aient)* gebildet.

	Futur	Conditionnel
changer	je changer-ai	je changer-ais
être	tu ser-as	tu ser-ais
tenir	il tiendr-a	il/elle/on tiendr-ait
pouvoir	nous pourr-ons	nous pourr-ions
vouloir	vous voudr-ez	vous voudr-iez
avoir	ils aur-ont	ils aur-aient

Das *conditionnel passé* wird mit den Konditionalformen von *avoir* und *être* und dem Partizip Perfekt gebildet.

j'aurais préféré	je serais parti/partie
tu aurais préféré	tu serais parti/partie
il/elle/on aurait préféré	il/elle/on serait parti/partie
nous aurions préféré	nous serions partis/parties
vous auriez préféré	vous seriez parti/partie/partis/parties
ils/elles auraient préféré	ils/elles seraient partis/parties

TIPP

Wenn Ihnen die Formen des *conditionnel* nicht mehr einfallen, denken Sie an die z.B. beim Einkaufen oft benutzten Floskeln: *je voudrais…* oder auch *pourriez-vous…* ?

Gebrauch

Das *conditionnel* wird gebraucht …

- um höflich zu bitten, zu fragen etc.

  Je voudrais m'inscrire à un cours de français, s'il vous plaît.
  Pourriez-vous me renseigner sur votre programme ?

- um Ratschläge zu geben oder Vorschläge zu machen.

  Tu devrais te reposer !

- um Annahmen oder Zweifel auszudrücken.

  Ils auraient trouvé un poste aux Etats-Unis ?

- um Wünsche oder fiktive Annahmen auszudrücken.

  Ça me ferait plaisir de travailler chez vous.

- um unbestätigte Informationen oder Nachrichten zu beschreiben.

  Le nombre de divorces aurait augmenté de 15 %.

- in der indirekten Rede, wenn das Verb im Hauptsatz in der Vergangenheit steht und das Verb des Nebensatzes ursprünglich im Futur. (siehe Seite 200)

  Mon chef m'a dit qu'il viendrait la semaine prochaine.

Die Pronomen *en* und *y* – Les pronoms *en* et *y*   L9

Das Pronomen *en*

Das Pronomen *en* ersetzt Ergänzungen von Verben oder Adjektiven, die mit *de* anschließen.

être content de	Nous sommes contents *de ta visite*.	Nous *en* sommes contents.
s'occuper de	Elle s'occupe *de l'excursion*.	Elle s'*en* occupe.

Es steht auch für unbestimmte Mengen.

Tu achètes *des oranges* ?	Oui, j'*en* achète.
Tu as apporté *du lait* ?	Non, je n'*en* ai pas apporté.

Außerdem vertritt *en* auch Ortsangaben, die mit *de* konstruiert werden und nach denen mit *woher?* gefragt wird.

venir de	Vous venez de Marseille ?	Oui, nous en venons.

Das Pronomen *y*

Das Pronomen *y* ersetzt Ergänzungen von Verben, die mit *à* anschließen.

répondre à	J'ai répondu à l'invitation.	J'y ai répondu.
s'habituer à	Nous nous habituons au bruit.	Nous nous y habituons.

Es vertritt Ortsangaben, nach denen mit *wo?* bzw. *wohin?* gefragt werden kann.

Elle est toujours à Québec ?	Oui, elle y est toujours.
Vous êtes déjà allés en Roumanie ?	Non, nous y allons pour la première fois.

En und *y* können in der Regel nur Sachen bezeichnen.
In der gesprochenen Sprache werden aber oft auch Personen durch das Pronomen *en* ersetzt.

Je m'occupe des voisins.	Je m'en occupe.

> ## TIPP
>
> Bemühen Sie sich, Verben immer zusammen mit den
> zugehörigen Ergänzungen (*à, de, par* etc.) zu lernen.

Die Stellung der Pronomen im Satz

Die Pronomen für indirekte Objekte (Dativobjekte) *me, te, se, nous, vous* stehen immer vor den Pronomen für direkte Objekte (Akkusativobjekte) *le, la, les*. Danach folgen *lui* und *leur*. Die Pronomen *y* und *en* stehen hinter allen anderen.

me, te, se, nous, vous → **le, la, les** → **lui, leur** → **y, en**

René a donné sa collection de bouteilles anciennes à son neveu ? C'est vrai, il la lui a donnée.
Vous connaissez Camaret-sur-Mer ? Non, il faut nous y emmener la prochaine fois.
Il n'y a jamais eu de crocodiles dans les rivières françaises. → Il n'y en a jamais eu.

> ## TIPP
>
> Ein Merkvers als Gedächtnisstütze:
>
> *me, te, se, nous, vous* im Dativ
> stets vor *le, la, les* hergeh'n;
> *le, la, les* setz' vor *lui, leur,*
> *y, en* ganz am Ende steh'n.

Das Gerundium – Le gérondif

Bildung

(handschriftlich) ohne 'en' : kann man durch Relativsätze ersetzen

Das Gerundium wird mit dem Partizip Präsens und einem vorgestellten *en* gebildet.

finissant	$\longrightarrow$	en finissant
lisant	$\longrightarrow$	en lisant

Zur Erinnerung: Das Partizip Präsens entsteht aus dem Stamm der 1. Person Plural Präsens und der Endung *-ant*.

nous sortons	$\longrightarrow$	sortant
nous prenons	$\longrightarrow$	prenant

Es gibt nur drei Ausnahmen:

avoir	$\longrightarrow$	ayant
être	$\longrightarrow$	étant
savoir	$\longrightarrow$	sachant

Gebrauch

Das Gerundium bezeichnet ...

1 die Gleichzeitigkeit von zwei Handlungen oder Aktionen. Das Subjekt der beiden Verben muss identisch sein:

Elle prend des photos **en écoutant** le guide.
(Elle prend des photos et elle écoute le guide.)

2 eine Ursache:

En donnant trop d'informations, le guide a ennuyé les touristes.
(Comme il donnait trop d'informations, le guide a ennuyé les touristes.)

3 die Art und Weise oder das Mittel:

En m'approchant très doucement, j'ai pu prendre cette photo.

4 die Bedingung oder Annahme. Das Gerundium ersetzt dann einen Nebensatz mit *si*:

Tu pourras régler cette situation **en appelant** la direction.
(Tu pourras régler cette situation si tu appelles la direction.)

Das Gerundium kann in Verbindung mit allen Zeiten gebraucht werden. Es kann am Satzanfang oder am Satzende stehen.

Mit dem Zusatz *tout* wird das Gerundium verstärkt. Es drückt dann oft einen Gegensatz aus.

Tout en sachant qu'ils étaient en retard, ils ont continué la visite du musée.

Mit dem *discours indirect* wird das wiedergegeben, was jemand gesagt hat:

> Il dit que l'annonce paraîtra dans le journal de demain.
> Elle a dit qu'elle était très intéressée.

Der *discours indirect* wird stets mit einem Haupssatz wie *Il dit que…* , *Elle affirme que…* , *Il raconte que…* usw. eingeleitet. Der folgende Nebensatz gibt dann das Gesagte, Geschriebene usw. wieder.

Das den Nebensatz einleitende *que* kann nicht wie im Deutschen weggelassen werden.

> Sie sagt, sie habe die Anzeige nicht gesehen. Elle dit qu'elle n'a pas vu l'annonce.

Achtung: Bei der Übertragung in den *discours indirect* ändern sich wie im Deutschen die Personal- oder Possessivpronomen!

> Christèle dit: « J'aime toujours ma profession. »   Elle dit qu'elle aime toujours sa profession.

Im *discours indirect* steht das Verb des mit *que* eingeleiteten Nebensatzes immer im Indikativ bzw. im *conditionnel*.

Im Gegensatz zum Deutschen, in dem der in der indirekten Rede vorgeschriebene Konjunktiv oft ersetzt wird, gibt es im Französischen feste Regeln für die Zeitenfolge.

Die Zeitenfolge in der indirekten Rede

1 Nach einem einführenden Verb im Präsens oder im Futur

Steht das einführende Verb im Präsens oder im Futur, ändert sich die Zeit im Nebensatz nicht.

« Je veux perfectionner mes connaissances en allemand. »	Il dit qu'il veut perfectionner ses connaissances en allemand.
« C'est décidé, je retournerai à l'université. »	Elle dit qu'elle retournera à l'université.
« J'ai préparé cet examen pendant deux ans. »	Il affirmera qu'il a préparé cet examen pendant deux ans.

2 Nach einem einführenden Verb in einer Zeit der Vergangenheit

Steht das einführende Verb in einer Zeit der Vergangenheit, ändern sich einige Zeiten im Nebensatz:

- *présent* wird *imparfait*
- *passé composé* wird *plus-que-parfait*
- *futur* wird *conditionnel*

Imparfait, plus-que-parfait und *conditionnel* bleiben unverändert.

« Je lis souvent des journaux étrangers. »	Il a dit qu'il lisait souvent des journaux étrangers.
« J'ai reçu beaucoup d'offres. »	Elle a dit qu'elle avait reçu beaucoup d'offres.
« Je ferai un stage en Suisse. »	Il a dit qu'il ferait un stage en Suisse.

Bei den Bedingungssätzen mit *si* ist es notwendig, folgende Unterschiede zum Deutschen zu beachten.

Man muss drei Bedingungen unterscheiden:

1 Die Bedingung ist erfüllbar oder möglich und bezieht sich auf die unmittelbare oder weitere Zukunft:
Im *si*-Satz steht das Verb im Präsens oder im Perfekt. Im Hauptsatz wird je nach Satzsinn Präsens, Futur oder Imperativ gebraucht.

Si vous avez vu la photo, vous comprenez ma réaction.
Si tu envoies un message, tu auras une réponse demain.
Si vous rencontrez madame Regnier, dîtes-lui que je veux la voir.

2 Die Bedingung ist nicht erfüllbar oder unwahrscheinlich und bezieht sich auf die Gegenwart:
Im *si*-Satz steht das Verb im Imperfekt. Im Hauptsatz wird *conditionnel* gebraucht.

Si j'étais millionnaire, je ferais le tour du monde. (Aber ich bin jetzt kein Millionär.)
S'il mangeait mieux, il serait en meilleure santé. (Aber er ernährt sich jetzt nicht gesund.)

3 Die Bedingung ist nicht erfüllbar oder unwahrscheinlich und bezieht sich auf die Vergangenheit:
Im *si*-Satz steht das Verb im Plusquamperfekt. Im Hauptsatz wird *conditionnel passé* verwendet.

Si vous m'aviez téléphoné, j'aurais pu vous aider plus tôt. (Sie haben mich aber nicht angerufen.)
Si Jean-Jacques était venu à l'heure, il aurait pu voir la belle voiture d'Yves. (Er ist aber nicht rechtzeitig gekommen.)

TIPP

Merkvers:
„Nach *si* (= wenn), steht im Nebensatz auf keinen Fall
Futur oder Konditional."

Achtung Fehlerquellen!
Achten Sie auf die Unterscheidung von *si* (= *wenn* im Bedingungssatz) und von *quand* (= *wenn* im zeitlichen Nebensatz).

Si je gagnais au loto, je ferais un don important à Médecins sans frontières.
Quand j'étais jeune, j'avais les cheveux longs.

TIPP

Merkhilfe: Wenn man im Deutschen das *wenn* sinngemäß
durch *falls* ersetzen kann, benutzt man im Französischen *si*.

In der indirekten Frage hat *si* die Bedeutung *ob*. In solchen Sätzen kann dann auch *conditionnel* folgen.
(siehe Seite 200)

Elle a demandé si nous partirions plus tôt.

Das Passé simple – Le passé simple

Da das *passé simple* hauptsächlich in der Schriftsprache vorkommt, müssen die entsprechenden Formen nur verstanden bzw. erkannt werden.

Bildung

Es gibt vier verschiedene Typen von Konjugationen. Sie lassen sich anhand der Endungen unterscheiden, die dem Stamm des Verbs angefügt werden können. Heute wird meist nur noch die 3. Person (Singular und Plural) benutzt.

1 -ai; -as; -a; -âmes; -âtes; -èrent
porter
je portai
tu regardas
il/elle/on parla
nous traversâmes
vous terminâtes
ils/elles changèrent

Bei Verben,
die das *participe passé* auf -*é* bilden.

2 -is; -is; -it; -îmes; -îtes; -irent
prendre
tu pris
il/elle/on défendit
nous vîmes
vous prévîtes
ils/elles offrirent

Bei den meisten Verben,
die das *participe passé* auf -*i* bilden.
Bei den meisten Verben auf -*re* sowie bei *voir*,
naître und *faire*.

3 -us; -us; -ut; -ûmes; -ûtes; -urent
croire
je crus
tu aperçus
il/elle/on but
nous courûmes
vous reçûtes
ils/elles purent

Bei den meisten Verben,
die das *participe passé* auf -*u* bilden sowie bei *mourir*.

4 -ins; -ins; -int; -înmes; -întes; -inrent.
retenir
je retins
tu vins
il/elle/on revint
nous soutînmes
vous parvîntes
ils/elles appartinrent

Bei den unregelmäßigen Verben *tenir* und *venir*
sowie deren Ableitungen, wie z.B. *retenir*, *revenir*.

être	*avoir*
je fus	j'eus
tu fus	tu eus,
il/elle/on fut	il/elle/on eut
nous fûmes	nous eûmes
vous fûtes	vous eûtes
ils/elles furent	ils/elles eurent

Gebrauch

Im Gegensatz zum *imparfait*, das die Beschreibung eines Zustands in der Vergangenheit wiedergibt, steht das *passé simple* für eine vollendete Handlung.

> Il faisait froid, il y avait très peu de gens dans la rue, tout à coup il vit la silhouette d'une femme.
> Très heureux, il se présenta à tous ceux qui étaient dans la chambre.

Das *passé simple* wird heute oft durch das *passé composé* ersetzt.
(Zum Gebrauch von *imparfait* und *passé composé* siehe Seite 186.)

Das *passé simple* kann nicht immer durch das *passé composé* ersetzt werden, umgekehrt ist dies jedoch nicht möglich.

Wortschatz

f = weiblich (féminin)
m = männlich (masculin)

accord *m*	Übereinstimmung	justifier	rechtfertigen
afficher	aufhängen	marquer	markieren
à l'aide de	mit Hilfe von	mémoriser	einprägen
ajouter	hinzufügen	mettre en commun	zusammentragen
approfondir	vertiefen	notion *f*	Begriff
associer	verbinden	objectif *m*	Ziel
boîte *f* à outils	Werkzeugkasten	observer	beachten
classer	ordnen	à l'oral	mündlich
colonne *f*	Spalte	ordre *m*	Reihenfolge
comparer	vergleichen	qualifier	näher bestimmen
compléter	ergänzen	ramasser	einsammeln
contenu *m*	Inhalt	rapporter	berichten
convaincre	überzeugen	rédiger	ausarbeiten
convenir	passen	redistribuer	wieder verteilen
correspondre (faire ~)	verbinden	réfléchir (à)	denken an
décrire	beschreiben	réflexion *f*	Überlegung
démarche *f*	Vorgehensweise	relever	festhalten
dérivé *m*	Ableitung (eines Wortes)	remarquer	bemerken
description *f*	Beschreibung	remplacer	ersetzen
déterminer	bestimmen	remplir	ausfüllen
distinguer	unterscheiden	se mettre	sich einigen über
échanger	austauschen	d'accord (sur)	
par écrit	schriftlich	solution *f*	Lösung
encadré *m*	Kasten	souligner	unterstreichen
énumérer	aufzählen	tableau *m*	Tafel
expression *f*	Ausdruck	tableau *m*	Tabelle
extrait *m*	Auszug	tenter	versuchen
feuille *f*	Blatt	transformer	ändern
former	bilden	utiliser	verwenden
indication *f*	Hinweis	venir à l'esprit	in den Sinn kommen
inscrire	eintragen	vérifier	überprüfen

Die angegebene Übersetzung bezieht sich immer auf die Bedeutung des Worts innerhalb der Lektion. Sollte dasselbe Wort in verschiedenen Bedeutungen auftreten, so sind diese separat aufgeführt. Bei den Adjektiven wird immer die männliche Form im Singular zuerst angegeben. Bei unregelmäßigen Adjektiven folgt die weibliche Form und ggf. die unregelmäßige Pluralbildung.

Abkürzungen

L = Lektion im Lehrbuchteil (1. Zahl = Lektionsummer, 2. Zahl = Aktivitätsnummer in der Lektion)
Ex = Arbeitsbuch (Exercices)
BO = Werkzeugkasten (Boîte à outils)
RG = Grammatik (Repère grammatical)
f = weiblich (féminin)
m = männlich (masculin)
sing = Singular (singulier)
pl = Plural (pluriel)
fam = umgangssprachlich (familier)
Abk. = Abkürzung

Phonetische Umschrift

Vokale

[i]	image, reprise, lycée
[e]	écouter, chez, pied, renseigner
[ɛ]	extrait, succès, baptême, secret
[a]	famille, plat, récemment
[ɑ]	pas, gâter
[ɔ]	robe, obtention
[o]	hôtel, saumon, tableau
[u]	outil, boulanger
[y]	utiliser, culture, se brûler
[ø]	neveu, vœux
[œ]	distributeur, cœur, surf
[ə]	reprise, neveu
[ɛ̃]	bain, examen, important, lundi, parfum
[ɑ̃]	participant, apprendre
[ɔ̃]	poisson, complet

Konsonanten

[p]	piscine, obtention
[t]	temps, littérature
[k]	client, conquête, chronique, vaccination, kilo, quitter
[b]	bilingue, ambiance
[d]	drôle, caddie
[g]	langage, langue
[f]	feuille, physique
[s]	sage, scie, vacances, commerçant, s'initier
[ʃ]	choix, richesse, schéma
[v]	vacances, travail
[z]	zéro, trésor
[ʒ]	journal, plage, gîte
[l]	lecture, profil
[ʀ]	rayon, arriver
[m]	mère, amour
[n]	nager, monnaie
[ɲ]	mignon, renseigner
[ŋ]	parking

Halbkonsonanten

[j]	yeux, radio, feuille, fiançailles
[w]	choisir, ouïe
[ɥ]	traduire, manuel

Leçon 1

1

intonation *f*	[ɛ̃tɔnɑsjɔ̃]	Betonung
inversion *f*	[ɛ̃vɛʀsjɔ̃]	Umstellung
adorable	[adɔʀabl]	reizend
enchanté	[ɑ̃ʃɑ̃te]	angenehm
marié	[maʀje]	verheiratet
célibataire	[selibatɛʀ]	ledig
divorcé	[divɔʀse]	geschieden
veuf, -ve	[vœf/və]	verwitwet
nombre *m*	[nɔ̃bʀ]	Anzahl
entreprise *f*	[ɑ̃tʀəpʀiz]	Unternehmen
devoirs *m, pl*	[d(ə)vwaʀ]	Hausaufgaben
se perdre	[səpɛʀdʀ]	in Vergessenheit geraten

2

enregistrement *m*	[ɑ̃ʀ(ə)ʒistʀəmɑ̃]	Aufnahme
émission *f*	[emisjɔ̃]	(Fernseh-)sendung
tableau *m*	[tablo]	Tabelle
être d'origine *f* italienne	[ɛtʀ(ə)dɔʀiʒi nitaljɛn]	ital. Herkunft sein
boîte *f*	[bwat]	Diskothek
si nécessaire	[sinesesɛʀ]	wenn nötig
suite *f*	[sɥit]	Fortsetzung
traductrice *f* électronique	[tʀadyktʀise ɛktʀɔnik]	elektronischer Übersetzer
langue *f* maternelle	[lɑ̃gmatɛʀnɛl]	Muttersprache
portable *m*	[pɔʀtabl]	Mobiltelefon, Handy
se décider (à)	[sədeside]	sich entscheiden
imaginer	[imaʒine]	sich vorstellen
bord *m* de mer	[bɔʀd(ə)mɛʀ]	am Meer
se reposer	[səʀ(ə)poze]	sich erholen
s'inscrire (à)	[sɛ̃skʀiʀ]	sich anmelden
ressembler	[ʀ(ə)sɑ̃ble]	ähneln

3

d'habitude *f*	[dabityd]	normalerweise
se lever	[səl(ə)ve]	aufstehen
se coucher	[səkuʃe]	sich hinlegen, zu Bett gehen
se dépêcher	[sədepeʃe]	sich beeilen
s'habiller	[sabije]	sich anziehen
s'installer	[sɛ̃stale]	sich einrichten
se maquiller	[səmakije]	sich schminken
se mettre au travail	[səmɛtʀo tʀavaj]	sich an die Arbeit machen
s'occuper (de)	[sɔkype]	sich um etwas kümmern
se réveiller	[səreveje]	aufwachen

4

sac *m* à mains	[sakamɛ̃]	Handtasche
peindre	[pɛ̃dʀ]	malen
compter	[kɔ̃te]	zählen
tableau *m*	[tablo]	Bild, Gemälde
en rapport avec	[ɑ̃ʀapɔʀavɛk]	in Zusammenhang mit
stagiaire *m/f*	[staʒjɛʀ]	Praktikant, -in
quarantaine *f*	[kaʀɑ̃tɛn]	ungefähr vierzig
avoir l'impression	[avwaʀlɛ̃pʀesjɔ̃]	den Eindruck haben
drôle (fam)	[dʀol]	lustig
touche *f*	[tuʃ]	Pinselstrich

éleveur *m* de chevaux	[el(ə)vœʀ dəʃ(ə)vo]	Pferdezüchter
chargé	[ʃaʀʒe]	voll
se retrouver	[səʀ(ə)tʀuve]	sich wiederfinden
se prendre la tête (fam)	[səpʀɑ̃dʀlatɛt]	sich mit etwas aufhalten
surpris	[syʀpʀi]	überrascht
propriétaire *m/f*	[pʀɔpʀijetɛʀ]	Eigentümer/rin
exprimer son opinion	[ɛkspʀimesɔ̃ ɔpinjɔ̃]	seine Meinung ausdrücken
à mon avis/ selon moi	[amonavi] [səlɔ̃mwa]	meiner Meinung nach
trouver/penser/ croire que	[tʀuve/pɑ̃se] [kʀwaʀkə]	finden/denken/ glauben, dass
être d'accord avec	[ɛtʀdakɔʀavɛk]	übereinstimmen mit
déplaire	[deplɛʀ]	nicht gefallen
avoir raison	[avwaʀɛzɔ̃]	Recht haben
avoir tort	[avwaʀtɔʀ]	Unrecht haben
exagérer	[ɛgzaʒeʀe]	übertreiben
contredire	[kɔ̃tʀədiʀ]	widersprechen
curieux, -se	[kyʀjø/øz]	interessant
esquisse *f*	[ɛskis]	Entwurf

5

rendre visite (à)	[ʀɑ̃dʀvizit]	besuchen

6

prendre un bon départ *m*	[pʀɑ̃dʀœ̃ bɔ̃depaʀ]	gut beginnen
rentrer	[ʀɑ̃tʀe]	erlernen
redémarrer	[ʀ(ə)demaʀe]	erneut starten
rien ne sert	[ʀjɛ̃nəsɛʀ]	es nützt nichts
courir	[kuʀiʀ]	laufen
partir à point	[paʀtiʀapwɛ̃]	rechtzeitig losgehen
vigueur *f*	[vigœʀ]	Stärke, Nachdruck
erreur *f*	[eʀœʀ]	Fehler
début *m*	[deby]	Beginn
apprentissage *m*	[apʀɑ̃tisaʒ]	Lernen, Lernprozess
se presser	[səpʀese]	sich beeilen
mieux vaut	[mjøvo]	3. Pers. Sg. Präs. von *valoir:* es ist besser
enregistrer	[ɑ̃ʀ(ə)ʒistʀe]	verzeichnen
succès *m*	[syksɛ]	Erfolg
tentative *f*	[tɑ̃tativ]	Versuch
réussi	[ʀeysi]	gelungen
nécessaire	[nesesɛʀ]	notwendig

7

profil *m* linguistique	[pʀɔfil] [lɛ̃gɥistik]	Sprachenprofil

8

clavier *m*	[klavje]	Tastatur
entrée *f*	[ɑ̃tʀe]	Eintrag
maîtriser	[metʀize]	beherrschen
prononciation *f*	[pʀɔnɔ̃sjasjɔ̃]	Aussprache
accéder	[aksede]	Zugang erlangen
repas *m*	[ʀ(ə)pa]	Essen
courses *f, pl*	[kuʀs]	Einkäufe
transport *m*	[tʀɑ̃spɔʀ]	Verkehr
formule *f* de politesse	[fɔʀmyl] [dəpɔlitɛs]	Höflichkeitsformel
sujet *m* de conversation courant	[syʒɛ] [dəkɔ̃vɛʀsasjɔ̃] [kuʀɑ̃]	geläufige Konversations- themen
sélectionner	[selɛksjɔne]	auswählen
taper au clavier *m*	[tapeoklavje]	per Tastatur eingeben

traduction *f*	[tʀadyksjɔ̃]	Übersetzung
apparaître	[apaʀɛtʀ]	erscheinen
écran *m*	[ekʀɑ̃]	Bildschirm
contenir	[kɔ̃t(ə)niʀ]	enthalten
enrichir	[ɑ̃ʀiʃiʀ]	bereichern
construire	[kɔ̃stʀɥiʀ]	bilden
réviser	[ʀevize]	wiederholen
disponible	[dispɔnibl]	verfügbar
accompagner	[akɔ̃paɲe]	begleiten
partout	[paʀtu]	überall
arriver	[aʀive]	passieren
servir (à)	[sɛʀviʀ]	zu etwas dienen
9		
bouchon *m*	[buʃɔ̃]	Stau
seul	[sœl]	einzig
accueillir	[akœjiʀ]	empfangen
parcourir	[paʀkuʀiʀ]	zurücklegen
s'écrier	[sekʀije]	aufschreien
chose *f*, truc *m*,	[ʃoz/tʀyk]	Ding
machin *m*	maʃɛ̃]	
il s'agit de	[ilsaʒidə]	es handelt sich um
se rappeler	[səʀap(ə)le]	sich erinnern
10		
deviner	[d(ə)vine]	raten

Arbeitsbuch

1

un *m* par un	[œ̃paʀœ̃]	eins nach dem anderen
œil *sing*/yeux *pl*	[œj/jø]	Auge
image *f*	[imaʒ]	Bild
vue *f*	[vy]	Blick, Sehen
son *m*	[sɔ̃]	Ton
ouïe *f*	[wi]	Gehör
odeur *f*	[ɔdœʀ]	Geruch
saveur *f*	[savœʀ]	Geschmack
goût *m*	[gu]	Geschmack
impression *f* tactile	[ɛ̃pʀesjɔ̃] [taktil]	Tasten
imprimante *f*	[ɛ̃pʀimɑ̃t]	Drucker
aire *f* de repos	[ɛʀd(ə)ʀ(ə)po]	Raststätte
bière *f* à la pression	[bjɛʀa] [lapʀesjɔ̃]	gezapftes Bier
retenir	[ʀət(ə)niʀ]	sich merken
2		
mots *m, pl* fléchés	[mofleʃe]	Kreuzworträtsel
patienter	[pasjɑ̃te]	sich gedulden
traduire	[tʀadɥiʀ]	übersetzen
ensemble	[ɑ̃sɑ̃bl]	gemeinsam
durer	[dyʀe]	dauern
parfois	[paʀfwa]	bisweilen
entier, -ière	[ɑ̃tje/jɛʀ]	gesamt
entretien *m*	[ɑ̃tʀətjɛ̃]	Gespräch
selon vos préférences	[s(ə)lɔ̃vo] [pʀefeʀɑ̃s]	nach Ihren Vorlieben
torture *f*	[tɔʀtyʀ]	Folter
plaisir *m*	[pleziʀ]	Vergnügen
pourtant	[puʀtɑ̃]	dennoch
inconnu	[ɛ̃kɔny]	unbekannt
compréhension *f*	[kɔ̃pʀeɑ̃sjɔ̃]	Verständnis
mot clé *m*	[mokle]	Schlüsselwort
apprendre par cœur	[apʀɑ̃dʀpaʀ] [kœʀ]	auswendig lernen

dictionnaire *m*	[diksjɔnɛʀ]	Wörterbuch
grille *f*	[gʀij]	Gitternetz
3		
énigme *f*	[enigm]	Rätsel
découvrir	[dekuvʀiʀ]	entdecken
gratte-ciel *m*	[gʀatsjɛl]	Hochhaus
ascenseur *m*	[asɑ̃sœʀ]	Aufzug
escalier *m*	[ɛskalje]	Treppe
sortir	[sɔʀtiʀ]	herausholen
menacer	[mənase]	bedrohen
remercier	[ʀ(ə)mɛʀsje]	sich bedanken
satisfait	[satisfɛ]	zufrieden
4		
interdit	[ɛ̃tɛʀdi]	verboten
imprimé	[ɛ̃pʀime]	gedruckt
5		
endroit *m*	[ɑ̃dʀwa]	Ort
tranquillité *f*	[tʀɑ̃kilite]	Ruhe
lunettes *f, pl*	[lynɛt]	Brille
aller	[ale]	stehen
en retard	[ɑ̃ʀ(ə)taʀ]	mit Verspätung
7		
rafraîchir	[ʀafʀeʃiʀ]	wieder auffrischen
relatif	[ʀ(ə)latif]	bezüglich
centre *m* d'intérêt	[sɑ̃tʀdɛ̃teʀɛ]	Interessenschwerpunkt
acte *m*	[akt]	Tat
rapport *m*	[ʀapɔʀ]	Bericht
saisir	[seziʀ]	erfassen
essentiel *m*	[esɑ̃sjɛl]	Wesentliche
8		
témoignage *m*	[temwaɲaʒ]	Aussage
orthographe *f*	[ɔʀtɔgʀaf]	Rechtschreibung
cauchemar *m*	[koʃmaʀ]	Alptraum
richesse *f*	[ʀiʃɛs]	Reichtum
déclaration *f* d'amour	[deklaʀasjɔ̃] [damuʀ]	Liebeserklärung

Leçon 2

1

façon *f*	[fasɔ̃]	Art und Weise
garer la voiture	[gaʀelavwatyʀ]	das Auto parken
caddie *m*	[kadi]	Einkaufswagen
remplir	[ʀɑ̃pliʀ]	einräumen
le plus vite possible	[ləplyvit] [pɔsibl]	schnellstmöglich
servir	[sɛʀviʀ]	bedienen
peser	[pəze]	wiegen
mettre	[mɛtʀ]	einpacken
frigo *m* (fam)	[fʀigo]	Abk. für *réfrigérateur*: Kühlschrank
déballer	[debale]	auspacken
s'apercevoir	[sapɛʀsəvwaʀ]	bemerken
faire de la monnaie	[fɛʀd(ə)] [lamɔnɛ]	Geld wechseln
feuilleter	[fœjete]	durchblättern
petit noir *m*	[p(ə)tinwaʀ]	Espresso
rayon *m*	[ʀɛjɔ̃]	Abteilung, Regal
de long, en large et en travers	[dəlɔ̃ɑ̃laʀʒ] [eɑ̃tʀavɛʀ]	auf und ab und quer durch
chaussette *f*	[ʃosɛt]	Socke
surgelé	[syʀʒəle]	tiefgefroren

saucisse *f*	[sosis]	Wurst, Würstchen
B.D. *f* (fam)	[bede]	Abk. für *bande dessinée:* Comic
occasion *f*	[ɔkazjɔ̃]	Gelegenheit
s'embarrasser (de)	[sãbaʀase]	sich belasten mit
couche *f*	[kuʃ]	Windel
lent	[lã]	langsam
énervant	[enɛʀvã]	nervig
poser	[pɔze]	abstellen
s'installer	[sɛ̃stale]	sich niederlassen
dégeler	[deʒəle]	auftauen
huile *f*	[ɥil]	Öl
mouchoir *m* en papier	[muʃwaʀ ãpapje]	Papiertaschentuch

2

art *m*	[aʀ]	Kunst
quitter	[kite]	verlassen
regrouper	[ʀ(ə)gʀupe]	zusammenstellen
heures *f, pl* de pointe	[œʀ d(ə)pwɛ̃t]	Stoßzeiten
par hasard	[paʀazaʀ]	zufällig
mettre du temps	[mɛtʀdytã]	Zeit brauchen
marcher	[maʀʃe]	laufen
en fin de compte	[ãfɛ̃d(ə)kɔ̃t]	letztlich
chariot *m*	[ʃaʀjo]	Einkaufswagen
trimbaler (fam)	[tʀɛ̃bale]	mitführen
constamment	[kɔ̃stamã]	ständig
gêner	[ʒene]	stören
heure *f* de fermeture	[œʀ d(ə)fɛʀmətyʀ]	Ladenschluss
chaque fois	[ʃakfwa]	jedes Mal
en plein milieu	[ãplɛ̃miljə]	mittendrin
pile ou face	[pilufas]	Kopf oder Zahl, reiner Zufall
rendre	[ʀãdʀ]	zurückgeben
efficacement	[efikasmã]	effizient

3

pâté *m* de campagne	[pate d(ə)kãpaɲ]	Landpastete
filet *f* de poisson	[filed(ə)pwasɔ̃]	Fischfilet
liquide *m* vaisselle	[likidvɛsɛl]	Geschirrspülmittel
fromage *m* de chèvre	[fʀɔmaʒ d(ə)ʃevʀ]	Ziegenkäse
alimentation *f*	[alimãtasjɔ̃]	Lebensmittel
annoncer	[anɔ̃se]	ankündigen
visite *f*	[vizit]	Besuch

4

promotion *f*	[pʀɔmosjɔ̃]	Sonderangebot
reconnaître	[ʀ(ə)kɔnɛtʀ]	erkennen
Qu'est-ce qu'il vous faut ?	[kɛskil vufo]	Was brauchen Sie?
Et avec ceci ?	[eavɛksəsi]	Was darf es noch sein?
Ils sont à 3 € le kilo.	[ilsɔ̃tatʀwazəʀo l(ə)kilo]	Sie kosten 3 € pro Kilo.
Qu'est-ce que je vous sers ?	[kɛskə ʒ(ə)vusɛʀ]	Was darf ich Ihnen bringen?
Non, ça va comme ça.	[nɔ̃sava kɔmsa]	Nein danke, das geht so.
Qu'est-ce que ce sera pour vous ?	[kɛskəsə s(ə)ʀapuʀvu]	Was darf es für Sie sein?
Cela vous fait 12,50 € !	[s(ə)lavufɛ duzəʀosɛ̃kãt]	Das kostet Sie 12,50 €.

Ça sera tout, merci.	[sas(ə)ʀatu mɛʀsi]	Das ist alles, danke.
commerçant *m*	[kɔmɛʀsã]	Händler

5

coffre *m*	[kɔfʀ]	Tresor
chevalière *f*	[ʃ(ə)valjɛʀ]	Siegelring
écarter	[ekaʀte]	ausschließen
bague *f*	[bag]	Ring
signé	[siɲe]	aus dem Hause
remise *f* en forme	[ʀ(ə)mizãfɔʀm]	Fitnesstraining
réfléchir	[ʀefleʃiʀ]	überlegen
couple *m*	[kupl]	(Ehe-)Paar
régler la facture *f*	[ʀeglelafaktyʀ]	die Rechnung bezahlen
rejeter	[ʀəʒ(ə)te]	zurückweisen
formation *f*	[fɔʀmasjɔ̃]	Bildung
à propos	[apʀopo]	hinsichtlich
compagnon, -gne *m/f*	[kɔ̃paɲɔ̃/ɲ]	Lebensgefährte/in

6

planche *f*	[plãʃ]	Brett
épinards *m, pl*	[epinaʀ]	Spinat
pissenlit *m*	[pisãli]	Löwenzahn
manière *f*	[manjɛʀ]	Art und Weise
timide	[timid]	schüchtern
peur *f*	[pœʀ]	Angst
obligation *f*	[ɔbligasjɔ̃]	Verpflichtung
accomplir	[akɔ̃pliʀ]	erfüllen
causer	[koze]	verursachen
dépense *f*	[depãs]	finanzielle Ausgabe

7

retirer de l'argent	[ʀ(ə)tiʀed(ə) laʀʒã]	Geld abheben
annulation *f*	[anylasjɔ̃]	Löschen, zurück
opération *f*	[ɔpeʀasjɔ̃]	Vorgang
code *m* secret	[kɔdsəkʀɛ]	Geheimzahl
validation *f*	[validasjɔ̃]	Bestätigung
montant *m*	[mɔ̃tã]	Betrag
instruction *f*	[ɛ̃stʀyksjɔ̃]	Anweisung
introduction *f*	[ɛ̃tʀɔdyksjɔ̃]	Einführen
insertion *f*	[ɛ̃sɛʀsjɔ̃]	Einführen
récupération *f*	[ʀekypeʀasjɔ̃]	Wiedererlangung
déroulement *m*	[deʀulmã]	Verlauf
distributeur *m* automatique	[distʀibytœʀ ɔtɔmatik]	(Geld-)Automat
payer en espèces *f, pl*	[pejeã ɛspɛs]	bar bezahlen
faire le plein	[fɛʀl(ə)plɛ̃]	voll tanken

8

sens *m*	[sãs]	Sinn
carte *f* de vœux	[kaʀtd(ə)vø]	Glückwunschkarte
carte *f* d'identité	[kaʀtdidãtite]	Personalausweis
carte *f* de fidélité	[kaʀt d(ə)fidelite]	Kundenkarte
frontière *f*	[fʀɔ̃tjɛʀ]	Grenze
présenter	[pʀezãte]	vorzeigen
tomber en panne	[tɔ̃beãpan]	ausfallen
belote *f*	[bəlɔt]	*frz. Kartenspiel*
Salon *m* du livre	[salɔ̃dylivʀ]	Buchmesse
ordinateur *m*	[ɔʀdinatœʀ]	Computer

9

écraser	[ekʀaze]	niederschmettern

rentrée f des classes	[ʀãtʀede] [klɑs]	Schulanfang
cahier m	[kaje]	Heft
choix m	[ʃwa]	Wahl
pin m	[pɛ̃]	Pinie
défier	[defje]	herausfordern
nocturne f	[nɔktyʀn]	Abendöffnung
gamme f	[gam]	Produktpalette
électro-ménager m	[elɛktʀɔ] [menaʒe]	elektrische Haushaltsgeräte
léger, -ère	[leʒe/ɛʀ]	leicht

10

tôt	[to]	früh
nager	[naʒe]	schwimmen

11

vide-grenier m	[vidgʀənje]	Speicher-entrümpelung
qualité f	[kalite]	Eigenschaft

Arbeitsbuch

1

attentivement	[atãtivmã]	aufmerksam
groseille f	[gʀɔzɛj]	Johannisbeere
ail m	[aj]	Knoblauch
monnaie f	[mɔnɛ]	Kleingeld
virement m	[viʀmã]	Überweisung
courgette f	[kuʀʒɛt]	Zucchini

2

préparer	[pʀepaʀe]	zubereiten
branche f	[bʀãʃ]	Zweig
cuillère f à soupe	[kɥijɛʀeasup]	Suppenlöffel
gousse f	[gus]	Zehe
lardon m	[laʀdɔ̃]	Speckwürfel

5

commerce m	[kɔmɛʀs]	Geschäft
bijouterie f	[biʒutʀi]	Juwelier
horlogerie f	[ɔʀlɔʒʀi]	Uhrmacher
station-service f	[stasjɔ̃sɛʀvis]	Tankstelle

6

cru	[kʀy]	roh
cuit	[kɥi]	gekocht
miel m	[mjɛl]	Honig
lait m écrémé	[lɛekʀeme]	entrahmte Milch
matières f, pl grasses	[matjɛʀgʀas]	Fett
lait m entier	[lɛãtje]	Vollmilch
digestion f	[diʒɛstjɔ̃]	Verdauung

7

frais m, pl de livraison	[fʀɛ] [d(ə)livʀɛzɔ̃]	Lieferkosten
hors	[ɔʀ]	außerhalb
élevé	[el(ə)ve]	hoch
commande f	[kɔmãd]	Bestellung

8

alentours m, pl	[alãtuʀ]	Umgebung
proche	[pʀɔʃ]	nah

Leçon 3

2

en moyenne	[ãmwajɛn]	im Durchschnitt
tiers m	[tjɛʀ]	Drittel

fiançailles f, pl	[fjãsaj]	Verlobung
à l'essai	[alesɛ]	Probe-
pour le meilleur et pour le pire	[puʀl(ə)mɛjœʀ] [epuʀl(ə)piʀ]	durch Dick und Dünn
se terminer (par)	[sətɛʀmine]	enden mit
présence f	[pʀezãs]	Vorhandensein
monoparental	[mɔnopaʀãtal]	mit nur einem Elternteil
famille f recomposée	[famij] [ʀ(ə)kɔ̃poze]]	Patchwork-Familie
concubinage m	[kɔ̃kybinaʒ]	nicht eheliche Lebensgemeinschaft
union f libre	[ynjɔ̃libʀ]	wilde Ehe
droit m	[dʀwa]	Recht
introduit	[ɛ̃tʀɔdɥi]	eingeführt
langage m courant	[lãgaʒkuʀã]	Umgangssprache
contrat m	[kɔ̃tʀa]	Vertrag
aide f	[ɛd]	Hilfe
mutuel	[mytɥɛl]	gegenseitig
majeur	[maʒœʀ]	volljährig
parent	[paʀã]	verwandt
population f	[pɔpylasjɔ̃]	Bevölkerung
marqué	[maʀke]	deutlich
parmi	[paʀmi]	unter
âgé	[ɑʒe]	alt, älter
divorcer	[divɔʀse]	sich scheiden lassen
d'après	[dapʀɛ]	nach
estimer	[ɛstime]	meinen
se ranger (à)	[səʀãʒe]	sich einer Sache anschließen
selon	[səlɔ̃]	laut
législation f	[leʒislasjɔ̃]	Gesetzgebung

3

événement m	[evɛnmã]	Ereignis
promotion f	[pʀɔmosjɔ̃]	Beförderung
emploi m	[ɛ̃plwa]	Stelle
baptême m	[batɛm]	Taufe
obtention f	[ɔptãsjɔ̃]	Erhalten
universitaire	[ynivɛʀsitɛʀ]	Hochschul-, akademisch

4

papa m poule	[papapul]	(männliche) Glucke
s'occuper (de)	[sɔkype]	sich kümmern um
au courant	[okuʀã]	auf dem Laufendem
père m au foyer	[pɛʀofwaje]	Hausmann und Vater
vie f active	[viaktiv]	Erwerbsleben
au départ	[odepaʀ]	anfangs, ursprünglich
forcément	[fɔʀsemã]	unbedingt, notgedrungen
réaliser	[ʀealize]	verwirklichen

5

hier	[jɛʀ]	gestern
mairie f	[meʀi]	Standesamt
autrefois	[otʀəfwa]	früher, damals

6

membre m	[mãbʀ]	Mitglied
intermédiaire m/f	[ɛ̃tɛʀmediɛʀ]	Vermittler, -rin
témoin m	[temwɛ̃]	Zeuge
se ressembler	[səʀəsãble]	sich ähneln
fortune f	[fɔʀtyn]	Vermögen

7

délinquant m	[delɛ̃kã]	der eine leichte Straftat verübt

quitter	[kite]	aufgeben
séparé	[sepaʁe]	getrennt
vigneron *m*	[viɲ(ə)ʁɔ̃]	Winzer
figurant *m*	[figyʁɑ̃]	Statist
jambe *f*	[ʒɑ̃b]	Bein
publication *f*	[pyblikasjɔ̃]	Erscheinung
confession *f*	[kɔ̃fesjɔ̃]	Bekenntnis

8

affiche *f*	[afiʃ]	Plakat
mignon	[miɲɔ̃]	süß
confirmer	[kɔ̃fiʁme]	bestätigen
grande école *f*	[gʁɑ̃dekɔl]	Eliteschule
séduisant	[sedɥisɑ̃]	anziehend, verführerisch
conquête *f*	[kɔ̃kɛt]	Errungenschaft
ramener	[ʁam(ə)ne]	jemanden mitbringen
sembler	[sɑ̃ble]	scheinen
en apparence	[ɑ̃napaʁɑ̃s]	scheinbar
en fait	[ɑ̃fɛt]	in der Tat
supporter	[sypɔʁte]	ausstehen
s'en vouloir (de)	[sɑ̃vulwaʁ]	einem Leid tun, zu
à l'égard de	[alegaʁdə]	gegenüber
thèse *f*	[tɛz]	Dissertation, Habilitationsschrift
s'installer (à)	[sɛ̃stale]	ziehen nach
craquer (fam)	[kʁake]	die Nerven verlieren
dégoûter (de)	[degute]	anwidern
mécontente-ment *m*	[mekɔ̃tɑ̃ mɑ̃]	Unzufriedenheit
étonnement *m*	[etɔnmɑ̃]	Überraschung
déception *f*	[desɛpsjɔ̃]	Enttäuschung
Ça suffit !	[sasyfi]	Es reicht!
incroyable	[ɛ̃kʁwajabl]	unglaublich
dommage	[dɔmaʒ]	schade
véritable	[veʁitabl]	richtig, echt
déduire	[dedɥiʁ]	herleiten

9

veille	[vɛj]	Vortag
se disputer	[sədispyte]	sich streiten
reproche *m*	[ʁ(ə)pʁɔʃ]	Vorwurf
pleurer	[plœʁe]	weinen
promesse *f*	[pʁɔmɛs]	Versprechen

10

piaule *f* (fam)	[pjol]	Bude
môme *m/f* (fam)	[mom]	Kleiner, -e
grande personne *f*	[gʁɑ̃dpɛʁsɔn]	Erwachsener
dizaine *f* de	[dizɛndə]	etwa zehn
crisser	[kʁise]	knirschen
robe *f*	[ʁɔb]	Kleid
chemise *f*	[ʃ(ə)miz]	Hemd
chou *m* farci	[ʃufaʁsi]	*mit Hackfleisch gefüllter Wirsing*
réchaud *m*	[ʁeʃo]	Herd
s'éparpiller	[sepaʁpije]	sich verlaufen
briller	[bʁije]	glänzen
s'éteindre	[setɛ̃dʁ]	entschlafen
brindille *f*	[bʁɛ̃dij]	Zweiglein
peccadille *f*	[pekadij]	Lappalie
user	[yze]	abnutzen
endroit *m*	[ɑ̃dʁwa]	Außenseite
envers *m*	[ɑ̃vɛʁ]	Innenseite
tiédir	[tjediʁ]	abkühlen
étouffer	[etufe]	ersticken

aspirer	[aspiʁe]	einsaugen
de temps en temps	[dətɑ̃z ɑ̃tɑ̃]	ab und zu
papier *m* de verre	[papijed(ə)vɛʁ]	Sandpapier
cœur *m*	[kœʁ]	Herz
boucher	[buʃe]	verstopfen
serrer	[seʁe]	einengen

Arbeitsbuch

2

enrichir	[ɑ̃ʁiʃiʁ]	erweitern
beaux-parents *m, pl*	[bo paʁɑ̃]	Schwiegereltern
jumeaux *m, pl*	[ʒymo]	Zwillinge
belle-mère *f*	[bɛlmɛʁ]	Schwiegermutter bzw. Stiefmutter
nièce *f*	[njɛs]	Nichte
beau-frère *m*	[bofʁɛʁ]	Schwager
neveu *m*	[nœvœ]	Neffe
beau-père *m*	[bopɛʁ]	Schwiegervater bzw. Stiefvater
belle-sœur *f*	[bɛlsœʁ]	Schwägerin

3

diminution *f*	[diminysjɔ̃]	Rückgang
progression *f*	[pʁɔgʁesjɔ̃]	Zunahme, Ansteigen
multiplication *f*	[myltiplikasjɔ̃]	Vermehrung
baisse *f*	[bɛs]	Sinken, Rückgang
évolution *f*	[evɔlysjɔ̃]	Entwicklung
développement *m*	[dev(ə)lɔpmɑ̃]	Fortschritt
natalité *f*	[natalite]	Geburtenzahl

4

assister (à)	[asiste]	bei etwas anwesend sein
pièce *f* montée	[pjɛsmɔ̃te]	*französische Hochzeitstorte*
trousseau *m*	[tʁuso]	Aussteuer
bouquet *m*	[bukɛ]	Strauß
jarretière *f*	[ʒaʁtjɛʁ]	Strumpfband
blé *m*	[ble]	Weizen
faire-part *m*	[fɛʁpaʁ]	Anzeige
cortège *m*	[kɔʁtɛʒ]	Zug
alliance *f*	[aljɑ̃s]	Trauring

5

domestique *m/f*	[dɔmɛstik]	Hausangestellter, Butler
part *f*	[paʁ]	Anteil

6

peupler	[pœple]	beleben
compagnie *f* d'assurances	[kɔ̃paɲi dasyʁɑ̃s]	Versicherungs-gesellschaft
ascenseur *m*	[asɑ̃sœʁ]	Aufzug
récit *m*	[ʁesi]	Erzählung

7

auparavant	[opaʁavɑ̃]	zuvor
ranger	[ʁɑ̃ʒe]	aufräumen
quinze jours	[kɛ̃zʒuʁ]	zwei Wochen
précédent	[pʁesedɑ̃]	vorig, vorangehend
se préparer	[səpʁepaʁe]	sich vorbereiten
bois *m, pl*	[bwa]	Wälder
sainement	[sɛnmɑ̃]	gesund
fumer	[fyme]	rauchen
immédiatement	[imedjatmɑ̃]	sofort

8

meurtre *m*	[mœRtR]	Mord
conditions *f, pl*	[kɔ̃disjɔ̃]	Umstände
apparemment	[apaRamɑ̃]	anscheinend
mystérieux	[misteRjø]	geheimnisvoll
se fâcher (fam)	[səfɑʃe]	sich verkrachen
à cette époque *f*	[asɛtepɔk]	zu der Zeit, damals
cesser	[sese]	aufhören
victime *f*	[viktim]	Opfer
secret	[səkRɛ]	verschlossen
fouiller	[fuje]	durchsuchen
soixantaine *f* de	[swasɑ̃tɛndə]	etwa 60
étrangement	[etRɑ̃ʒmɑ̃]	seltsamerweise
confier	[kɔ̃fje]	anvertrauen
secret *m*	[səkRɛ]	Geheimnis
affirmer	[afiRme]	behaupten
se suicider	[səsɥiside]	Selbstmord begehen
assassin *m*	[asasɛ̃]	Mörder
mobile *m*	[mobil]	Beweggrund, Motiv
rapport *m*	[RapɔR]	Bericht

Leçon 4

1

maître *m* d'hôtel	[mɛtRədotɛl]	Oberkellner

2

plat *m*	[pla]	Speise
salade *f* de crevettes	[saladdə] [kRəvɛt]	Krabbensalat
confit *m* de canard aux lentilles vertes du Puy	[kɔ̃fi] [dəkanaRo] [lɑ̃tijvɛRt] [dypɥi]	Entenfleisch mit grünen Linsen aus le Puy
autour de	[otuRdə]	um, herum
escargot *m*	[ɛskaRgo]	Weinbergschnecke
filet *m* de sandre	[filɛdəsɑ̃dRə]	Zanderfilet
filet *m* de bœuf à la moelle aux échalotes *f,pl* confites	[filɛdəbœf] [alamwal] [oseʃalɔt] [kɔ̃fit]	Rinderfilet mit Mark mit eingekochten Schalotten
affiné	[afine]	verfeinert
consommé *m*	[kɔ̃some]	Kraftbrühe
queue *f* de bœuf	[kødəbœf]	Ochsenschwanz
suprême *m* de poularde	[sypRɛm] [dəpulaRd]	Geflügelbrust
saumon *m* gratiné	[somɔ̃gratine]	gratinierter Lachs
poireau *m*	[pwaRo]	Lauch

3

égal	[egal]	gleich, egal
crayon *m*	[kRɛjɔ̃]	Bleistift
dur	[dyR]	hart
veau *m*	[vo]	Kalb
petit pois *m*	[pətipwa]	Erbse
asperge *f*	[aspɛRʒ]	Spargel
amande *f* verte	[amɑ̃dvɛRt]	Mandellikör
compter	[kɔ̃te]	zählen, ausrechnen
insister	[ɛ̃siste]	auf etwas bestehen
inutile	[inytil]	nutzlos
réussir	[Reysir]	Erfolg haben, gelingen
additionner	[adisjone]	zusammenzählen
espèce *f* différente	[ɛspɛsdifeRɑ̃t]	unterschiedliche Art

voix *f*	[vwa]	Stimme
tout de même	[tudmɛm]	trotzdem, dennoch
se moquer (de)	[səmɔke]	sich lustig machen
réellement	[Reɛlmɑ̃]	wirklich
insensé	[ɛ̃sɑ̃se]	sinnlos
oser	[oze]	wagen
tenter	[tɑ̃te]	versuchen
Légion *f* d'Honneur	[leʒjɔ̃] [dɔnœR]	Ehrenlegion
pendant que vous y êtes	[pɑ̃dɑ̃kə] [vuziɛt]	während Sie schon dabei sind
se lever	[səl(ə)ve]	sich erheben
emporter	[ɑ̃pɔRte]	mitnehmen
rond *m* de serviette	[Rɔ̃] [dəsɛRvjɛt]	Serviettenring
à titre gracieux	[atitRəgRasjø]	unentgeltlich
fraise *f*	[fRɛz]	Erdbeere

4

foire *f*	[fwaR]	Messe, Markt
artisanal	[aRtizanal]	handwerklich
saucisson *m*	[sosisɔ̃]	Wurst
amer	[amɛR]	bitter
efficace	[efikas]	wirksam

5

pendant	[pɑ̃dɑ̃]	während
accueil *m*	[akœj]	Empfang
courtois	[kuRtwa]	höflich
reposant	[Rəpozɑ̃]	erholsam
varié	[vaRje]	abwechslungsreich
inciter	[ɛ̃site]	anregen
dès lors	[dɛlɔR]	infolgedessen, daher
audacieux	[odasjø]	kühn
dehors	[dəɔR]	draußen
profusion *f*	[pRofysjɔ̃]	Fülle
verdure *f*	[vɛRdyR]	grüne Umgebung, Vegetation
sable *m*	[sablə]	Sand
sous-marin *m* (Canada)	[sumaRɛ̃]	*gefülltes Sandwich*
merguez *f*	[mɛRgɛs]	*scharfe Bratwurst aus Lammfleisch*
foie *m*	[fwa]	Leber
couscoussier *m*	[kuskusje]	Couscoustopf
au dessus de	[od(ə)sydə]	über
étagère *f*	[etaʒɛR]	Regal
denrée *f*	[dɑ̃Re]	Lebensmittel
pois *m* chiche	[pwaʃiʃ]	Kichererbse
tableau *m*	[tablo]	Bild, Gemälde
assiette *f*	[asjɛt]	Teller
poli	[poli]	höflich
se hisser	[səise]	sich aufschwingen
dès	[dɛ]	seit
se maintenir	[səmɛ̃t(ə)niR]	sich halten
au fil de	[ofildə]	im Laufe von
bienfaisant	[bjɛ̃fəsɑ̃]	wohltuend
régner	[Reɲe]	herrschen
rigueur *f*	[RigœR]	Strenge
vertu *f*	[vɛRty]	Tugend
mél *m*	[mel]	E-Mail
recommander	[Rəkɔmɑ̃de]	empfehlen
mentionner	[mɑ̃sjone]	erwähnen

6

se plaindre	[səplɛ̃dRə]	sich beschweren

mousseline *f*	[muslin]	Püree

8

courant *m* d'air	[kuʀɑ̃dɛʀ]	Durchzug
goût *m*	[gu]	Geschmack
bouchon *m*	[buʃɔ̃]	Korken
cuire	[kɥiʀ]	kochen

9

fil *m*	[fil]	Faden
couper	[kupe]	schneiden
cheveu *m*	[ʃ(ə)vø]	Haar
grain *m*	[gʀɛ̃]	Korn
se mêler (de)	[səmɛle]	sich einmischen
entourer	[ɑ̃tuʀe]	umgeben
soin *m*	[swɛ̃]	Sorge, Sorgfalt

10

favori	[favɔʀi]	beliebt
provenir	[pʀɔv(ə)niʀ]	stammen, herkommen
appellation *f*	[apɛlasjɔ̃]	Bezeichnung

11

secret *m*	[səkʀɛ]	Geheimnis
origine *f*	[ɔʀiʒin]	Ursprung
délimiter	[delimite]	abgrenzen, bestimmen
supérieur	[sypeʀiœʀ]	höher
mentionner	[fɛʀmɑ̃sjɔ̃]	erwähnen
cru *m*	[kʀy]	Gewächs
cépage *m*	[sepaʒ]	Rebenart
teneur *f*	[tənœʀ]	Inhalt, Gehalt
propriété *f*	[pʀɔpʀiete]	Gut, Besitztum
dès que	[dɛkə]	sobald
effectuer	[efɛktye]	ausführen, durchführen
millésime *m*	[milezim]	Jahrgang
intégralement	[ɛ̃tegʀalmɑ̃]	vollständig
récolte *f*	[ʀekɔlt]	Ernte

12

comme il sied	[kɔmilsje]	wie es sich gehört
convenable	[kɔ̃vnablə]	passend, gebührend
teinte *f*	[tɛ̃t]	Farbton, Färbung
étincellement *m*	[etɛ̃sɛlmɑ̃]	Funkeln
imprimer	[ɛ̃pʀime]	aufdrücken, verleihen
respirer	[ʀɛspiʀe]	einatmen
magnifier	[maɲifje]	preisen, rühmen
dispenser	[dispɑ̃se]	gewähren, spenden
allègre	[alɛgʀə]	munter, lebhaft
papille *f*	[papij]	Geschmackspapille
humecter	[ymɛkte]	anfeuchten
enchantement *m*	[ɑ̃ʃɑ̃tmɑ̃]	Entzücken
écraser	[ekʀaze]	zerdrücken
mâcher	[maʃe]	kauen
avaler	[avale]	schlucken
glisser	[glise]	rutschen
estomac *m*	[ɛstɔma]	Magen
s'enivrer	[sɑ̃nivʀe]	sich berauschen
voluptueux, -se	[volyptɥø/øz]	wonnevoll, wollüstig
œnophile *m*	[enofil]	Weinliebhaber

Arbeitsbuch

2

savoureux	[savuʀø]	schmackhaft
pas équilibré	[pazekilibʀe]	unausgeglichen

acide	[asid]	sauer

3

plume *f*	[plym]	Feder
tortue *f*	[tɔʀty]	Schildkröte
renard *m*	[ʀənaʀ]	Fuchs
éclair *m*	[eklɛʀ]	Blitz
encre *f*	[ɑ̃kʀə]	Tinte

5

cuisson *f*	[kɥisɔ̃]	Garzeit
souffrir	[sufʀiʀ]	leiden
hypertension *f*	[ipɛʀtɑ̃sjɔ̃]	Bluthochdruck
supprimer	[sypʀime]	streichen, weglassen
apport *m*	[apɔʀ]	Zufuhr

7

imprévu	[ɛ̃pʀevy]	unvorhergesehen
colline *f*	[kɔlin]	Hügel
en papillote	[ɑ̃papijɔt]	in Papier gebacken
brin de	[bʀɛ̃də]	ein Hauch von, ein wenig
nombre de	[nɔ̃bʀdə]	zahlreich

8

en outre	[ɑ̃nutʀə]	außerdem
paternité *f*	[patɛʀnite]	Vaterschaft
différer	[difeʀe]	sich unterscheiden
considérable	[kɔ̃sideʀabl]	beträchtlich
par ailleurs	[paʀajœʀ]	außerdem
bénéfique	[benefik]	wohltuend

Leçon 5

1

moyen *m* de transport	[mwajɛ̃d(ə) tʀɑ̃spɔʀ]	Verkehrsmittel

2

info *f* routière	[ɛ̃foʀutjɛʀ]	Verkehrsnachricht
panneau *m*	[pano]	Schild
ralentir	[ʀalɑ̃tiʀ]	verlangsamen
éviter	[evite]	umgehen
réglementé	[ʀɛgləmɑ̃te]	begrenzt
indiqué	[ɛ̃dike]	ausgeschildert
limiter la vitesse	[limitelavitɛs]	die Geschwindigkeit begrenzen

3

s'initier	[sinisje]	sich vertraut machen
représenter	[ʀ(ə)pʀezɑ̃te]	darstellen

4

localisation *f*	[lɔkalizasjɔ̃]	Verortung
proximité *f*	[pʀɔksimite]	Nähe
propreté *f*	[pʀɔpʀəte]	Sauberkeit
taille *f*	[taj]	Größe
véritable	[veʀitabl]	echt
Moyen Age *m*	[mwajɛnaʒ]	Mittelalter
être situé	[ɛtʀsitɥe]	gelegen sein
tracé *m*	[tʀase]	Trasse
échapper	[eʃape]	entkommen
bain *m* de foule	[bɛ̃d(ə)ful]	Massenandrang
construit	[kɔ̃stʀɥi]	erbaut
splendide	[splɑ̃did]	prächtig
temps *m* dégagé	[tɑ̃degaʒe]	klares Wetter
rester indifférent	[ʀɛsteɛ̃difeʀɑ̃]	unberührt bleiben
appel *m*	[apɛl]	Ruf

être équipé de	[ɛtʀekipedə]	ausgestattet sein mit
être à la	[ɛtʀala]	zur Verfügung
disposition de	[dispozisjɔ̃də]	stehen
avoir envie de	[avwaʀɑ̃vidə]	Lust haben
raisonnable	[ʀɛzɔnabl]	vernünftig
prix m hors saison	[pʀiɔʀsɛzɔ̃]	Preis in der Nebensaison
haute saison f	[otsɛzɔ̃]	Hauptsaison
nettoyage m	[netwajaʒ]	Reinigung
chauffage m	[ʃɔfaʒ]	Heizung
selon besoins m,pl	[s(ə)lɔ̃bəzwɛ̃]	nach Bedarf

5

formule f	[fɔʀmyl]	Angebot
forfait m	[fɔʀfɛ]	Pauschale
retirer	[ʀ(ə)tiʀe]	entgegennehmen
donner sur	[dɔnesyʀ]	liegen an
faire la queue	[fɛʀlakə]	Schlange stehen
être prêt	[ɛtʀpʀɛ]	bereit sein

6

prendre congé (de)	[pʀɑ̃dʀkɔ̃ʒe]	sich verabschieden (von)
s'associer	[sasɔsje]	sich anschließen

7

marin	[maʀɛ̃]	Meeres-
apporter	[apɔʀte]	bringen
conseil m	[kɔ̃sɛj]	Rat
adapté	[adapte]	angepasst
besoin m	[bəzwɛ̃]	Bedürfnis
plénitude f	[plenityd]	Fülle
soin m	[swɛ̃]	Anwendung
dos m	[do]	Rücken
nutrition f	[nytʀisjɔ̃]	Ernährung
minceur f	[mɛ̃sœʀ]	Abnehmen
relaxation f	[ʀ(ə)laksasjɔ̃]	Entspannung
profond	[pʀɔfɔ̃]	tief
prendre conscience	[pʀɑ̃dʀ kɔ̃sjɑ̃s]	sich bewusst werden
résistance f	[ʀezistɑ̃s]	Widerstand
défense f	[defɑ̃s]	Abwehr
responsable	[ʀɛspɔ̃sabl]	verantwortlich
état m	[eta]	Zustand
élaborer	[elabɔʀe]	ausarbeiten
être considéré (comme)	[ɛtʀ kɔ̃sideʀe]	angesehen werden als
sciatique f	[sjatik]	Hüftleiden, Ischias
posture f	[pɔstyʀ]	Haltung
innovant	[inɔvɑ̃]	innovativ
étirer	[etiʀe]	dehnen
renforcer	[ʀɑ̃fɔʀse]	stärken
tension f	[tɑ̃sjɔ̃]	Verspannung
s'envoler	[sɑ̃vɔle]	wegfliegen
équilibration f	[ekilibʀasjɔ̃]	Ausgleich
hydrojet m	[idʀɔʒɛ]	Wasserstrahl
clé f	[kle]	Schlüssel
démarrer	[demaʀe]	starten
en douceur	[ɑ̃dusœʀ]	sanft
perte f de poids	[pɛʀtd(ə)pwɑ]	Gewichtsverlust
durable	[dyʀabl]	dauerhaft
enveloppement m d'algues	[ɑ̃v(ə)lɔpmɑ̃ dalg]	Algenpackung
supplément m chambre individuelle	[syplemɑ̃ ʃɑ̃bʀ ɛ̃dividɥɛl]	Einzelzimmer- zuschlag

déranger	[deʀɑ̃ʒe]	stören

8

contrainte f	[kɔ̃tʀɛ̃t]	Zwang
randonnée f à bicyclette	[ʀɑ̃dɔne abisiklɛt]	Radtour
indispensable	[ɛ̃dispɑ̃sabl]	unerlässlich

9

surveiller	[syʀveje]	überwachen
laisser en évidence f	[leseɑ̃ evidɑ̃s]	offen liegen lassen
moyen m de sécurité	[mwɔjɛ̃ d(ə)sekyʀite]	Sicherheitsmaßnahme
porte f blindée	[pɔʀtblɛ̃de]	Stahltür
volet m	[vɔlɛ]	Rollladen
arroser	[aʀɔze]	gießen
ramasser le courrier m	[ʀamase l(ə)kuʀje]	die Post holen
faire suivre	[fɛʀsɥivʀ]	nachschicken lassen
pilule f contraceptive	[pilyl kɔ̃tʀasɛptiv]	Anti-Baby-Pille

10

VTT	[vetete]	Abk. für *vélo tout-terrain*, Mountain-bike
support m	[sypɔʀ]	Transportmittel
merveilleux, -se	[mɛʀvɛjø/øz]	wunderschön
cadre m	[kadʀ]	Rahmen
passionné	[pasjɔne]	begeistert
balade f	[balad]	Spaziergang
désert	[dezɛʀ]	einsam
baignade f	[bɛɲad]	Bad
étonnant	[etɔnɑ̃]	erstaunlich
dévasté	[devaste]	zerstört
issu	[isy]	hervorgegangen
compétition f nautique	[kɔ̃petisjɔ̃ notik]	Meereswettbewerb
performant	[pɛʀfɔʀmɑ̃]	leistungsfähig
engin m	[ɑ̃ʒɛ̃]	Maschine

11

circuit m	[siʀkɥi]	Rundfahrt
séduire	[sedɥiʀ]	verführen

Arbeitsbuch
1

s'entraîner	[sɑ̃tʀene]	üben
épeler	[ep(ə)le]	buchstabieren
spectacle m	[spɛktakl]	Veranstaltung
probable	[pʀɔbabl]	wahrscheinlich
préparer	[pʀepaʀe]	vorbereiten
particulier	[paʀtikylje]	besonders
correspondance f	[kɔʀɛspɔ̃dɑ̃s]	Anschluss
instant m	[ɛ̃stɑ̃]	Moment
passer	[pase]	holen, verbinden
louer	[lwe]	mieten, vermieten
suffisant	[syfizɑ̃]	ausreichend

2

souffler	[sufle]	blasen, wehen
brouillard m	[bʀujaʀ]	Nebel
couvert	[kuvɛʀ]	bedeckt
dégagé	[degaʒe]	aufgelockert

3

mettre	[mɛtʀ]	brauchen
s'habituer	[sabitɥe]	sich gewöhnen

calme *m*	[kalm]	Ruhe
se relaxer	[səʀ(ə)lakse]	sich ausruhen
4		
fiche *f*	[fiʃ]	Anmeldeformular
d'inscription	[dɛ̃skʀipsjɔ̃]	
séjour *m*	[seʒuʀ]	Aufenthalt
5		
maillot *m* de bain	[majod(ə)bɛ̃]	Badeanzug, Badehose
6		
se jeter	[səʒ(ə)te]	hineinspringen
berge *f*	[bɛʀʒ]	Ufer
voie *f* express	[vwaɛkspʀɛs]	Schnellstraße
bronzer	[bʀɔ̃ze]	bräunen
7		
canicule *f*	[kanikyl]	Jahrhunderthitze, Hundstage
influencer	[ɛ̃flyãse]	beeinflussen
chaleur *f*	[ʃalœʀ]	Hitze
rejoindre	[ʀ(ə)ʒwɛ̃dʀ]	aufsuchen
fuir	[fɥiʀ]	fliehen
8		
texto *m*	[tɛksto]	SMS
de plomb	[d(ə)plɔ̃]	bleiern
bêtise *f*	[betiz]	Dummheit
bisou *m*	[bizu]	Kuss
crique *f*	[kʀik]	kleine Bucht
nourriture *f*	[nuʀityʀ]	Essen, Lebensmittel
bouquiner (fam)	[bukine]	lesen
perdu	[pɛʀdy]	verloren
mec *m* (fam)	[mɛk]	Mann
coucou *m* (fam)	[kuku]	Gruß
ingrédient *m*	[ɛ̃gʀedjã]	Zutat
recharger	[ʀ(ə)ʃaʀʒe]	aufladen
installer	[ɛ̃stale]	unterbringen
bonnet *m*	[bɔnɛ]	Mütze
défaire les bagages	[defɛʀlebagaʒ]	auspacken

Leçon 6

2

éducatif, -ve	[edykatif/və]	Erziehungs-
public, -que	[pyblik]	öffentlich
scolariser	[skɔlaʀize]	einschulen
école *f* maternelle	[ekɔlmatɛʀnɛl]	Kindergarten
vaste	[vast]	groß, weit
se conformer	[səkɔ̃fɔʀme]	sich richten nach
laïque	[laik]	weltlich
signifier	[siɲifje]	bedeuten
manifestation *f*	[manifɛstasjɔ̃]	Demonstration
préscolaire	[pʀeskɔlɛʀ]	Vorschul-
secondaire *m*	[s(ə)gɔ̃dɛʀ]	höhere Schule
s'étonner	[setɔne]	sich wundern, erstaunen
collège *m*	[kɔlɛʒ]	*in etwa: Realschule*
lycée *m*	[lise]	Gymnasium
rentrée *f*	[ʀãtʀe]	Schulbeginn nach den Ferien
Toussaint *f*	[tusɛ̃]	Allerheiligen
quotidien	[kɔtidjɛ̃]	täglich
3		
brûlant	[bʀylã]	brennend

loi *f*	[lwa]	Gesetz
voile *m*	[vwal]	Schleier
peser	[pəze]	lasten, wiegen
association *f*	[asɔsjasjɔ̃]	Vereinigung, Verein
foulard *m*	[fulaʀ]	Seidenschal, Kopftuch
semer	[s(ə)me]	säen
trouble *m*	[tʀublə]	Verwirrung, Unordnung
s'exhiber	[sɛgzibe]	vorzeigen, zur Schau stellen
pavé *m*	[pave]	Pflaster, Pflasterstein
ostensible	[ɔstãsiblə]	offenkundig, deutlich
kippa *f*	[kipa]	*jüdische Kopfbedeckung*
juif, -ve	[ʒɥif/və]	jüdisch
estimer	[ɛstime]	schätzen, der Ansicht sein
port *m*	[pɔʀ]	Tragen (eines Schleiers)
tenue *f*	[t(ə)ny]	Anzug, Kleidung
appartenance *f*	[apaʀtənãs]	Zugehörigkeit
proscrire	[pʀɔskʀiʀ]	ausschließen, untersagen
croix *f*	[kʀwa]	Kreuz
étoile *f*	[etwal]	Stern
4		
maîtresse *f*	[mɛtʀɛs]	Grundschullehrerin
agent *m* de police	[aʒãdəpɔlis]	Polizeibeamter
timide	[timid]	schüchtern
se battre	[səbatʀə]	sich schlagen
ennui *m*	[ãnɥi]	Ärger, Problem
éloigner	[elwaɲe]	entfernen
sourcil *m*	[suʀsi]	Augenbraue
être	[ɛtʀə]	dabei sein zu tun
en train de faire	[ãtʀɛ̃dəfɛʀ]	
corbeau *m*	[kɔʀbo]	Rabe
faire semblant de	[fɛʀsãblãdə]	so tun als ob
au hasard	[oazaʀ]	aufs Geratewohl
doigt *m*	[dwa]	Finger
fond *m*	[fɔ̃]	Hintergrund
bouche *f*	[buʃ]	Mund
interroger	[ɛ̃teʀɔʒe]	befragen
par cœur	[paʀkœʀ]	auswendig
s'agir de	[saʒiʀdə]	sich um etwas handeln
bec *m*	[bɛk]	Schnabel
avoir l'air	[avwaʀlɛʀ]	scheinen als ob
couler	[kule]	fließen, laufen
sentir	[sãtiʀ]	fühlen, riechen, schmecken
chouette	[ʃwɛt]	prima, hervorragend, super
savon *m*	[savɔ̃]	Seife
bête	[bɛt]	blöde, dumm
contravention *f*	[kɔ̃tʀavãsjɔ̃]	Strafzettel
5		
écrivain *m*	[ekʀivɛ̃]	Schriftsteller
polar *m* (fam)	[pɔlaʀ]	Krimi
distribuer	[distʀibɥe]	verteilen
faute de temps	[fotdətã]	aus Zeitmangel
fier, -ère	[fjer/ɛʀ]	stolz
6		
calcul *m*	[kalkyl]	Rechnung

estimation *f*	[estimasjɔ̃]	Einschätzung
prévision *f*	[pʀevizjɔ̃]	Vorhersage
punir	[pyniʀ]	strafen
endurcir	[ãdyʀsiʀ]	hart machen, abhärten

7

magazine *m*	[magazin]	Zeitschrift
bachelier *m*	[baʃəlje]	Abiturient
poursuivre	[puʀsɥivʀə]	verfolgen, fortsetzen
intégrer	[ɛ̃tegʀe]	aufgenommen werden
à part	[apaʀ]	außer
fréquenter	[fʀekãte]	besuchen
cursus *m*	[kyʀsys]	Studiengang
prestigieux, -se	[pʀɛstiʒjø/øz]	ansehnlich, bemerkenswert
à l'exception de	[alɛksɛpsjɔ̃də]	mit Ausnahme von
fondé	[fɔ̃de]	gegründet
créer	[kʀee]	schaffen, erschaffen
entraîner	[ãtʀene]	nach sich ziehen
gestion *f*	[ʒɛstjɔ̃]	Management, BWL
aîné	[ɛne]	älter
matière *f*	[matjɛʀ]	Fach

8

pourcentage *m*	[puʀsãtaʒ]	Prozentsatz
croissant	[kʀwasã]	wachsend
convivial	[kɔ̃vivjal]	benutzerfreundlich

9

mélanger	[melãʒe]	mischen
ignorer	[iɲɔʀe]	nicht wissen
négliger	[negliʒe]	vernachlässigen
imagination *f*	[imaʒinasjɔ̃]	Phantasie, Einbildungskraft

10

vaincre	[vɛ̃kʀ]	besiegen
se tromper	[sətʀɔ̃pe]	sich täuschen
améliorer	[ameljɔʀe]	verbessern
assurance *f*	[asyʀãs]	Sicherheit, Versicherung
s'exprimer	[sɛkspʀime]	sich ausdrücken
se sentir à l'aise	[səsãtiʀalɛs]	sich wohlfühlen
adapter	[adapte]	anpassen
grâce à	[gʀasa]	dank
sécurisant	[sekyʀizã]	Sicherheit gebend
en fonction de	[ãfɔ̃ksjɔ̃də]	je nach, gemäß
local *sing* (locaux *pl*)	[lɔkal]	örtlich
assimiler	[asimile]	verarbeiten, gebrauchen
reproduire	[ʀ(ə)pʀɔdɥiʀ]	nachmachen
s'il s'y prête	[silsipʀɛt]	wenn es sich anbietet
transfrontalier	[tʀãsfʀɔ̃talje]	grenzüberschreitend
en tandem	[ãtãdɛm]	zu zweit, gekoppelt
baser	[baze]	basieren, stützen
agrémenter	[agʀemãte]	schmücken, verschönern
formateur *m*	[fɔʀmatœʀ]	Ausbilder
bilingue	[bilɛ̃g]	zweisprachig
préférence *f*	[pʀefeʀãs]	Vorliebe

Arbeitsbuch

2

conduite *f*	[kɔ̃dɥit]	Führung
arts *m, pl* plastiques	[aʀ] [plastik]	bildende Künste

cour *f*	[kuʀ]	Schulhof, Hof
éducation *f* physique	[edykasjɔ̃] [fizik]	Sportunterricht
gymnase *m*	[ʒimnaz]	Turnhalle, Sporthalle
cloche *f*	[klɔʃ]	Glocke
prendre son rang (Canada)	[pʀãdʀəsɔ̃ʀã]	Reihe einnehmen
s'habiller	[sabije]	sich kleiden
bretelles spaghettis *f*	[bʀətɛl] [spagɛti]	Spaghetti-Träger
obéir	[ɔbeiʀ]	gehorchen, folgen,
attitude *f*	[atityd]	Haltung

4

passionnant	[pasjonã]	fesselnd

5

mener	[məne]	führen
décision *f*	[desizjɔ̃]	Entscheidung

6

arrêter	[aʀete]	festnehmen
attacher	[ataʃe]	anbinden, verbinden
avortement *m*	[avɔʀtəmã]	Abtreibung
élire	[eliʀ]	wählen
devenir	[dəv(ə)niʀ]	werden
administrateur *m*	[administʀatœʀ]	Verwalter
maire *m*	[mɛʀ]	Bürgermeister
réélire	[ʀeeliʀ]	wiederwählen
obtenir	[ɔptəniʀ]	erhalten
licence *f*	[lisãs]	Staatsexamen
lettres *f, pl*	[lɛtʀə]	Philologie
gravir	[gʀaviʀ]	erklettern, hinaufsteigen
échelon *m*	[eʃlɔ̃]	Leitersprosse, Stufe
remporter	[ʀãpɔʀte]	gewinnen
élection *f*	[elɛksjɔ̃]	Wahl
remplir	[ʀãpliʀ]	füllen, erfüllen
député *m*	[depyte]	Abgeordneter
union *f* monétaire	[ynjɔ̃] [mɔnetɛʀ]	Währungsunion
convention *f*	[kɔ̃vãsjɔ̃]	verfassungsgebende Versammlung

7

acquérir	[akeʀiʀ]	erwerben

10

trésor *m*	[tʀezɔʀ]	Schatz

Leçon 7

2

temps *m* libre	[tãlibʀ]	Freizeit
travaux *m, pl* manuels	[tʀavo] [manɥɛl]	Handarbeiten
sortie *f*	[sɔʀti]	Veranstaltung, Besuch
collection *f*	[kɔlɛksjɔ̃]	Sammlung

3

salarié *m*	[salaʀje]	Arbeitnehmer
petit écran *m*	[p(ə)titekʀã]	Fernsehen
richesse *f*	[ʀiʃɛs]	Reichtum
chasse *f*	[ʃas]	Jagd
pêche *f*	[pɛʃ]	Angeln
bénéficier (de)	[benefisje]	in den Genuss kommen

repos *m*	[ʀ(ə)po]	Ruhe
congés *m, pl* payés	[kɔ̃ʒepeje]	bezahlter Urlaub
consacrer	[kɔ̃sakʀe]	widmen
se distraire	[sədistʀɛʀ]	sich unterhalten
bricoler	[bʀikɔle]	basteln
fléau *m*	[fleo]	Plage
spectacle *m*	[spɛktakl]	Veranstaltung, Aufführung
volonté *f*	[volɔ̃te]	Wille
regretter	[ʀ(ə)gʀete]	bedauern
être désolé	[ɛtʀdesole]	Leid tun
stage *m*	[staʒ]	Seminar, Kurs
voile *f*	[vwal]	Segel
4		
patinoire *f*	[patinwaʀ]	Eisstadion
roller *m* (faire du)	[ʀɔlœʀ]	Inlineskaten
municipalité *f*	[mynisipalite]	Stadtverwaltung
citoyen *m*	[sitwajɛ̃]	Bürger
mouton *m*	[mutɔ̃]	Schaf
se réveiller	[səʀeveje]	wach werden
piscine *f*	[pisin]	Schwimmhalle
passer	[pase]	zeigen, spielen
pas mal de (fam)	[pamaldə]	viele
commune *f*	[kɔmyn]	Gemeinde
5		
fréquence *f*	[fʀekɑ̃s]	Häufigkeit
équitation *f*	[ekitasjɔ̃]	Reiten
6		
case *f*	[kaz]	Feld
7		
recommandation *f*	[ʀəkomɑ̃dasjɔ̃]	Empfehlung
évacuer	[evakɥe]	abbauen
pinceau *m*	[pɛ̃so]	Pinsel
encre *f* de Chine	[ɑ̃kʀ(ə)dəʃin]	Tusche
décomposer	[dekɔ̃poze]	im Einzelnen vorführen
9		
défi *m*	[defi]	Herausforderung
aile *f*	[ɛl]	Flügel
voler	[vɔle]	fliegen
oiseau *m*	[wazo]	Vogel
sillage *m*	[sijaʒ]	Kielwasser
baleine *f*	[balɛn]	Walfisch
bousculé	[buskyle]	zur Seite gedrängt
fureur *f*	[fyʀœʀ]	Wut
écran *m*	[ekʀɑ̃]	Leinwand
géant	[ʒeɑ̃]	riesig, Riesen-
sémillant	[semijɑ̃]	sprühend, lebhaft
étourdissante	[etuʀdisɑ̃t]	atemberaubend
peuplé de	[pœpledə]	voller, bevölkert
soudain	[sudɛ̃]	plötzlich
envahir	[ɑ̃vaiʀ]	eindringen
dévorer	[devɔʀe]	fressen
circuit *m*	[siʀkɥi]	Schaltkreis
aviateur *m*	[avjatœʀ]	Flieger
acheminer	[aʃ(ə)mine]	befördern
relier	[ʀəlje]	verbinden
survoler	[syʀvɔle]	überfliegen
chaîne *f*	[ʃɛn]	Kette
tempête *f*	[tɑ̃pɛt]	Unwetter, Sturm
appareil *m*	[apaʀɛj]	Maschine, Flugzeug
lutter	[lyte]	kämpfen
hostile	[ɔstil]	feindlich

marche *f* forcée	[maʀʃfɔʀse]	Gewaltmarsch
délivrance *f*	[delivʀɑ̃s]	Befreiung
s'affronter	[safʀɔ̃te]	aufeinander treffen
char *m*	[ʃaʀ]	*antiker Streitwagen*
ahurissant	[ayʀisɑ̃]	verblüffend
coup *m*	[ku]	Trick, Kniff
permis	[pɛʀmi]	erlaubt
propulsé	[pʀɔpylse]	geschleudert
vertigineux, -se	[vɛʀtiʒinø, øz]	schwindelnd
course *f*	[kurs]	Rennen
ruelle *f*	[ʀɥɛl]	Gasse
englouti	[ɑ̃gluti]	versenkt
secousse *f*	[s(ə)kus]	Stoß
pousser	[puse]	schieben
peau *f*	[po]	Haut
changer de peau	[ʃɑ̃ʒed(ə)po]	sich völlig verändern
trépidant	[tʀepidɑ̃]	pulsierend
réseau *m*	[ʀezo]	Netzwerk
réunir	[ʀeyniʀ]	versammeln
être à la hauteur de	[ɛtʀ alahotœʀdə]	einer Sache gewachsen sein
suggérer	[sygʒeʀe]	vorschlagen
inverser	[ɛ̃vɛʀse]	tauschen
plaire	[plɛʀ]	gefallen
11		
à l'occasion de	[alɔkazjɔ̃də]	anlässlich
ingrédient *m*	[ɛ̃gʀedjɑ̃]	Zutat
12		
cordialement	[kɔʀdjalmɑ̃]	herzlich
partager	[paʀtaʒe]	teilen
se réjouir	[səʀeʒwiʀ]	sich freuen
fauvette *f*	[fovɛt]	Grasmücke
sigle *m*	[sigl]	Abkürzung
date limite	[datlimit]	letzte Frist
circuler	[siʀkyle]	durchgehen
touché	[tuʃe]	berührt, erfreut
déplacement *m*	[deplasmɑ̃]	Dienstreise
engagement *m*	[ɑ̃gaʒ(ə)mɑ̃]	Verpflichtung
13		
apprécier	[apʀesje]	beurteilen

Arbeitsbuch

2		
manuel, -le	[manɥɛl]	Hand-, manuell
consister (à)	[kɔ̃siste]	bestehen
tuer	[tɥe]	töten
aménager	[amenaʒe]	einrichten
se déplacer	[sədeplase]	sich bewegen
art *m* martial	[aʀmaʀsjal]	Kampfkunst
patins *m, pl* à roulettes	[patɔ̃ aʀulɛt]	Rollschuhe
prendre	[pʀɑ̃dʀ]	fangen
faire le ménage	[fɛʀl(ə)menaʒ]	putzen
4		
gardien *m*	[gaʀdjɛ̃]	Hausmeister
inflammable	[ɛ̃flamabl]	leicht entflammbar
immeuble *m*	[imœbl]	Mehrfamilienhaus
prudent	[pʀydɑ̃]	vorsichtig
scie *f*	[si]	Säge
se chausser	[saʃose]	sich Schuhe anziehen
tondre	[tɔ̃dʀ]	mähen
pelouse *f*	[pəluʒ]	Rasen
se couper	[səkupe]	sich schneiden

ramasser	[ʀamase]	aufheben
vitre f	[vitʀ]	Glasscheibe
à jour	[aʒuʀ]	auf dem neusten Stand
vaccination f	[vaksinasjɔ̃]	Impfung
échelle f	[eʃɛl]	Leiter
se brûler	[səbʀyle]	sich verbrennen
toit m	[twa]	Dach

7

vanter	[vɑ̃te]	loben
ambiance f	[ɑ̃bjɑ̃s]	Stimmung
sincère	[sɛ̃sɛʀ]	ehrlich
flatteur, -euse	[flatœʀ/œz]	schmeichelhaft, angenehm
gâter	[gate]	verwöhnen

Leçon 8

1

revue f	[ʀ(ə)vy]	Zeitschrift

2

poids m	[pwa]	Gewicht
couverture f	[kuvɛʀtyʀ]	Titelseite einer Zeitschrift
traiter	[tʀete]	behandeln
supposer	[sypoze]	annehmen
notoriété f	[notoʀjete]	Bekanntheit
récemment	[ʀesamɑ̃]	vor kurzem
transporter	[tʀɑ̃spɔʀte]	überwältigen
souffle m	[sufl]	Druckwelle
pantois	[pɑ̃twa]	verblüfft, verdutzt

3

quotidien m	[kɔtidjɛ̃]	Tageszeitung
mensuel m	[mɑ̃sɥɛl]	Monatschrift
trimestriel	[tʀimɛstʀijɛl]	vierteljährlich erscheinend
bimensuel	[bimɑ̃sɥɛl]	zweimal im Monat erscheinend
publication f	[pyblikasjɔ̃]	Veröffentlichung
parution f	[paʀysjɔ̃]	Erscheinung
tirage m	[tiʀaʒ]	Auflage
sommaire m	[sɔmɛʀ]	Inhaltsverzeichnis
ciblé	[sible]	Ziel-, gezielt
éditorial m	[editɔʀjal]	Leitartikel
chronique f	[kʀɔnik]	Kolumne, Kommentar
dépêche f	[depɛʃ]	Kurzmeldung
fait m divers	[fɛdivɛʀ]	*Nachricht aus der Rubrik „Vermischtes"*
dossier m	[dosije]	umfangreiche Reportage
une f	[yn]	Titelseite einer Zeitung
gros titre m	[gʀotitʀ]	Schlagzeile
chapeau m	[ʃapo]	Vorspann

4

sous-titre m	[sutitʀ]	Untertitel
en quête de	[ɑ̃kɛtdə]	auf der Suche nach
chiffrer	[ʃifʀe]	beziffern
absentéisme m	[apsɑ̃teism]	häufiges Fernbleiben vom Unterricht
étude f	[etyd]	Untersuchung
publier	[pyblije]	veröffentlichen
mener	[m(ə)ne]	durchführen

auprès de	[opʀɛdə]	bei
établissement m	[etablismɑ̃]	Schule
sécher	[seʃe]	schwänzen
régulièrement	[ʀegyljɛʀmɑ̃]	regelmäßig
absent	[apsɑ̃]	abwesend
marin-pêcheur m	[maʀɛ̃peʃœʀ]	Berufsfischer
passer (à)	[pase]	übergehen zu
carburant m	[kaʀbyʀɑ̃]	Treibstoff, Kraftstoff

5

flash m d'information	[flaʃ] [dɛ̃fɔʀmasjɔ̃]	Kurznachricht
otage m	[ɔtaʒ]	Geisel
préfet m	[pʀefɛ]	Präfekt
prison f	[pʀizɔ̃]	Gefängnis
avouer	[avwe]	zugeben
crime m	[kʀim]	Mord
agriculteur m	[agʀikyltœʀ]	Landwirt
condamnation f	[kɔ̃danasjɔ̃]	Verurteilung

6

cadavre m	[kadavʀ]	Leiche
cadavres m, pl exquis	[kadavʀəz] [ɛkski]	*Schreibspiel*
agression f	[agʀesjɔ̃]	Überfall
fournil m	[fuʀni]	Backstube
sol m	[sɔl]	Boden
trace f de pas	[tʀasdəpa]	Fußstapfen
pot m	[po]	Glas
casser	[kase]	brechen
apercevoir	[apɛʀsəvwaʀ]	flüchtig sehen
ours m	[uʀs]	Bär
voler	[vɔle]	stehlen
friandise f	[fʀijɑ̃diz]	Süßigkeit

7

contradiction f	[kɔ̃tʀadiksjɔ̃]	Widerspruch

8

détenir	[detəniʀ]	gefangen halten, festhalten
conclu	[kɔ̃kly]	erledigt
couloir m aérien	[kulwaʀaeʀjɛ̃]	Luftkorridor
négociation f	[negosjasjɔ̃]	Verhandlung
ravisseur m	[ʀavisœʀ]	Entführer
parvenir	[paʀvəniʀ]	erreichen
remise f	[ʀ(ə)miz]	Übergabe, Aushändigung
juste	[ʒyst]	gerecht
inadmissible	[inadmisibl]	untragbar
intolérable	[ɛ̃tɔleʀabl]	unerträglich

10

accès m	[aksɛ]	Zugang
payant	[pejɑ̃]	gebührenpflichtig
coûteux	[kutœ]	kostspielig
internaute m/f	[ɛ̃tɛʀnot]	Internetsurfer/rin
faire bon ménage m	[fɛʀbɔ̃] [menaʒ]	sich gut vertragen
relais m	[ʀelɛ]	Verbindung
gratuit	[gʀatɥi]	kostenlos
sinistré	[sinistʀe]	schrecklich
se profiler	[səpʀofile]	sich abzeichnen
disparaître	[dispaʀɛtʀ]	verschwinden
bénédiction f	[benediksjɔ̃]	Segen
dépendant	[depɑ̃dɑ̃]	süchtig

11

crédibilité f	[kʀedibilite]	Glaubwürdigkeit

audience *f*	[ɔdjãs]	Einschaltquote
politico-sanitaire	[pɔlitikosanitɛʀ]	gesundheitspolitisch
vache *f* folle	[vaʃfɔl]	Rinderwahnsinn
sang *m* contaminé	[sãkõtamine]	infizierte Blutkonserven
uranium *m* appauvri	[yʀanjɔm] [apovʀi]	nicht angereichertes Uran
pas grand-chose	[pagʀãʃoz]	nicht viel
soucieux de	[susjœdə]	auf etwas bedacht
épouser	[epuze]	vertreten
à l'inverse	[alɛ̃vɛʀs]	hingegen
porte-parole *m*	[pɔʀtpaʀɔl]	Sprecher, Sprachrohr
commettre	[kɔmɛtʀ]	begehen
rigueur *f*	[ʀigœʀ]	Gründlichkeit
soumission *f*	[sumisjõ]	Unterwerfung
indiquer	[ɛ̃dike]	auf etwas hinweisen
opposer	[ɔpoze]	gegenüberstellen
nuancer	[nɥãse]	differenzieren
télé-réalité *f*	[teleʀealite]	Reality-Shows

Arbeitsbuch

1

poser	[poze]	Modell stehen bzw. sitzen
quai *m*	[ke]	Bahnsteig
repérer	[ʀ(ə)peʀe]	ausfindig machen

2

faire le tour de	[fɛʀl(ə)tuʀdə]	sich eingehend mit etwas beschäftigen
délai *m*	[delɛ]	Zeitraum
écrasé	[ekʀaze]	überfahren
glorifiant	[glɔʀifjã]	glorifizierend
partial	[paʀsjal]	parteiisch
tenants et aboutissants *m/pl*	[tənãze] [abutisã]	nähere Umstände
station *f* de radio	[stasjõdəʀadjo]	Radiosender
d'occasion	[dokazjõ]	Gebraucht-, aus zweiter Hand

3

sauver	[sove]	retten
reporter	[ʀəpɔʀte]	aufschieben
œuvre *f*	[œvʀ]	Werk
enseigner	[ãseɲe]	unterrichten, lehren

4

apprenti *m*	[apʀãti]	Lehrling, Anfänger
dans le courant de	[dãl(ə)kuʀãdə]	im Laufe von

5

à temps	[atã]	rechtzeitig

6

folie *f*	[fɔli]	Manie, Wahnsinn
QI = quotient *m* intellectuel	[kyi]	IQ
gouvernement *m*	[guvɛʀnəmã]	Regierung
évaluer	[evalɥe]	bewerten
faculté *f*	[fakylte]	Fähigkeit, Vermögen
dédicacer	[dedikase]	signieren
instituer	[ɛ̃stitɥe]	einführen
courant	[kuʀã]	gängig
attribuer	[atʀibɥe]	gewähren, zuweisen
permis *m* de conduire	[pɛʀmi] [d(ə)kõdɥiʀ]	Führerschein
allocation *f* de chômage	[alɔkasjõ] [d(ə)ʃomaʒ]	Arbeitslosengeld

crèche *f*	[kʀɛʃ]	Hort

7

poisson *m* d'avril	[pwasõdavʀil]	Aprilscherz
plaisanterie *f*	[plɛzãtʀi]	Scherz
mettre en doute	[mɛtʀãdut]	in Zweifel ziehen
apposer	[apoze]	kleben
perte *f*	[pɛʀt]	Verlust
subir	[sybiʀ]	erleiden
chaussette *f*	[ʃosɛt]	Socke
graisse *f*	[gʀɛs]	Fett
maigrir	[megʀiʀ]	abnehmen
effort *m*	[efɔʀ]	Anstrengung, Mühe, Bemühung
électoral	[elɛktɔʀal]	Wahl-
évêché *m*	[eveʃe]	Bistum
lancer	[lãse]	ins Leben rufen
matrimonial	[matʀimɔnjal]	Ehe-, Heirats-

9

canard *m* (fam)	[kanaʀ]	Blatt (Zeitung)

10

concours *m*	[kõkuʀ]	Beitrag, Hilfe
chaîne *f*	[ʃɛn]	Sender, Programm
télécharger	[teleʃaʀʒe]	downloaden
visionner	[vizjɔne]	sich ansehen
transition *f*	[tʀãzisjõ]	Übergang

Leçon 9

2

au premier plan	[opʀəmjeplã]	im Vordergrund
au fond	[ofõ]	im Hintergrund
grâce	[gʀɑs]	dank

3

France *f* profonde	[fʀãspʀofõd]	*ländliche Regionen Frankreichs*
étroit	[etʀwa]	schmal
champ *m*	[ʃã]	Feld
sanglier *m*	[sãglije]	Wildschwein
traverser	[tʀavɛʀse]	überqueren
brusquement	[bʀyskəmã]	plötzlich
recenser	[ʀ(ə)sãse]	zählen
au bout de	[obud(ə)]	nach
esthéticienne *f*	[ɛstetisjɛn]	Kosmetikerin
gras, -se	[gʀɑ/s]	fett
juger	[ʒyʒe]	urteilen
niveau *m* de la mer	[nivo] [d(ə)lamɛʀ]	Meeresspiegel
déduction *f*	[dedyksjõ]	Ableitung, Schlussfolgerung
de toute façon	[dətutfasõ]	überhaupt
être concerné	[ɛtʀkõsɛʀne]	betroffen sein
multiple rural *m*	[myltiplʀyʀal]	*ländliches Einkaufs- und Verwaltungs- zentrum*
exode *m*	[ɛgzod]	Massenabwanderung
à l'inverse	[alɛ̃vɛʀs]	umgekehrt
se vider	[səvide]	sich entvölkern
logement *m*	[lɔʒmã]	Unterkunft
bourg *m*	[buʀ]	Ortschaft
désertification *f*	[dezɛʀti] [fikasjõ]	Verödung
rouvrir	[ʀuvʀiʀ]	wieder eröffnen

lien *m*	[ljɛ̃]	Bezug
siège *m*	[sjɛʒ]	(Firmen-)Sitz
vocation *f*	[vɔkasjɔ̃]	Berufung
dépanner	[depane]	helfen

4

pèlerinage *m*	[pɛlʀinaʒ]	Pilgerreise
chemin *m*	[ʃ(ə)mɛ̃]	Jakobsweg
de Saint-Jacques	[d(ə)sɛ̃ʒak]	
destination *f*	[dɛstinasjɔ̃]	Ziel
innombrable	[i(n)nɔ̃bʀabl]	unzählig
pèlerin *m*	[pɛlʀɛ̃]	Pilger
atteindre	[atɛ̃dʀ]	erreichen
respectivement	[ʀɛspɛktivmã]	beziehungsweise
rejoindre	[ʀ(ə)ʒwɛ̃dʀ]	sich vereinigen mit
route *f* secondaire	[ʀuts(ə)gɔ̃dɛʀ]	Nebenstrecke
parcourir	[paʀkuʀiʀ]	entlang gehen
inscription *f*	[ɛ̃skʀipsjɔ̃]	Eintrag
patrimoine *m*	[patʀimwan]	Weltkulturerbe
mondial	[mɔ̃djal]	
source *f*	[suʀs]	Quelle
séparer	[sepaʀe]	trennen

5

comporter	[kɔ̃pɔʀte]	beinhalten
offre *f*	[ɔfʀ]	Angebot
promesse *f*	[pʀɔmɛs]	Versprechen
en fonction de	[ãfɔ̃ksjɔ̃də]	im Hinblick auf
lien *m* de parenté	[ljɛ̃d(ə)paʀãte]	Verwandtschaftsgrad

6

loup *m*	[lu]	Wolf
ordure *f*	[ɔʀdyʀ]	Müll
coucher	[kuʃe]	schlafen
à la belle étoile	[alabɛletwal]	im Freien
pendant	[pãdã]	wenn wir schon dabei
qu'on y est	[kɔn(i)je]	sind
préoccupant	[pʀeɔkypã]	besorgniserregend
rôder	[ʀode]	herumlungern
bateau *m*	[bato]	Schiff
déluge *m*	[delyʒ]	Sintflut
inquiétant	[ɛ̃kjetã]	beunruhigend
hostile	[ɔstil]	feindlich
écolo *m* (fam)	[ekɔlɔ]	Abk. für *écologiste*, Umweltschützer
essayer	[eseje]	versuchen
arrière-pays *m*	[aʀjɛʀpei]	Hinterland von Nizza
niçois	[niswa]	
espèce *f*	[ɛspɛs]	Art
rivière *f*	[ʀivjɛʀ]	Bach
en effet	[ãnefɛ]	in der Tat
artificiel, -le	[aʀtifisjɛl/ə]	künstlich
éprouver	[epʀuve]	empfinden
se renseigner	[səʀãseɲe]	sich informieren
n'importe	[nɛ̃pɔʀt]	egal

7

Je m'en vais.	[ʒ(ə)mãvɛ]	Ich gehe weg.
J'en ai assez.	[ʒãnease]	Ich habe genug.
Je n'en peux plus.	[ʒ(ə)nãpəply]	Ich kann nicht mehr.
Je lui en veux.	[ʒ(ə)lɥiãvə]	Das trage ich ihm nach.
Ne vous en faites pas.	[n(ə)vuzã] [fɛtpa]	Machen Sie sich keine Sorgen
Il s'y connaît.	[ilsikɔnɛ]	Er kennt sich damit aus.
Je n'y suis pour rien.	[ʒ(ə)nisɥi] [puʀjɛ̃]	Ich kann nichts dafür.

Ça y est.	[saje]	Das wäre geschafft.
franchement	[fʀãʃmã]	offen, ehrlich

8

offrir	[ɔfʀiʀ]	schenken

9

territoire *m*	[teʀitwaʀ]	Überseegebiete
d'outre-mer	[dutʀ(ə)mɛʀ]	
être constitué (de)	[ɛtʀkɔ̃stitɥe]	bestehen aus

10

point *m* fort	[pwɛ̃fɔʀ]	Stärke

Arbeitsbuch

1

être en perdition	[ɛtʀãpɛʀdisjɔ̃]	verloren gehen
entreprendre	[ãtʀəpʀãdʀ]	unternehmen
croisière *f*	[kʀwazjɛʀ]	Kreuzfahrt
équipage *m*	[ekipaʒ]	Mannschaft, Besatzung
précipiter	[pʀesipite]	werfen
chasser	[ʃase]	jagen
pêcher	[peʃe]	fischen
inventer	[ɛ̃vãte]	erfinden
piège *m*	[pjɛʒ]	Falle
se heurter	[səœʀte]	aufeinander treffen
redoutable	[ʀ(ə)dutabl]	furchterregend
lutte *f*	[lyt]	Kampf
foi *f*	[fwa]	Glaube

3

cyclisme *m*	[siklism]	Radsport
s'étendre	[setãdʀ]	ausbreiten
altitude *f*	[altityd]	Höhe
causse *m*	[kos]	Kalkhochfläche
brebis *f*	[bʀəbi]	Schaf
moisissure *f*	[mwazisyʀ]	Edelpilz
noble	[nɔbl]	
colporteur *m*	[kɔlpɔʀtœʀ]	Hausierer
fortifié	[fɔʀtifje]	befestigt
haut lieu *m*	[oljə]	Zentrum
site	[sit]	Ort
exproprier	[ɛkspʀɔpʀije]	enteignen
violence *f*	[vjɔlãs]	Gewalt

4

bénévole *f*	[benevɔl]	Freiwillige
polluer	[pɔlɥe]	verschmutzen
environnement *m*	[ãviʀɔnmã]	Umwelt
déçu	[desy]	enttäuscht

5

demi *m*	[d(ə)mi]	kleines Bier
jeter	[ʒ(ə)te]	werfen
bassin *m* nageur	[basɛ̃naʒœʀ]	Schwimmbecken
s'énerver	[senɛʀve]	sich aufregen

6

rupture *f*	[ʀyptyʀ]	Trennung
claquer la porte *f*	[klakelapɔʀt]	die Tür zuschlagen
chaîne *f* stéréo	[ʃɛnsteʀeo]	Stereoanlage
lave-vaisselle *m*	[lavvɛsɛl]	Geschirrspülmaschine
immeuble *m*	[imœbl]	Mietshaus

7

circulation *f*	[siʀkylasjɔ̃]	Verkehr
rendre	[ʀãdʀ]	machen

9

prévu	[pʀevy]	vorgesehen
emmener	[ãm(ə)ne]	mitnehmen

10

unir	[yniʀ]	verbinden
déguster	[degyste]	verkosten
renoncer	[ʀ(ə)nɔ̃se]	verzichten
avoir lieu	[avwaʀljø]	stattfinden

Leçon 10

1

proposition f	[pʀɔpozisjɔ̃]	Vorschlag
cartouche f	[kaʀtuʃ]	Stange
soupçon m	[supsɔ̃]	Verdacht
rechercher	[ʀəʃɛʀʃe]	suchen
tousser	[tuse]	husten
coupe f	[kup]	Schnitt
brosse f	[bʀɔs]	Bürste
dessus m	[d(ə)sy]	die obere Seite
trou m	[tʀu]	Loch
milieu m	[miljø]	Mitte
nuque f	[nyk]	Nacken
dégarni	[degaʀni]	kahl
touffe f	[tuf]	Büschel
par-ci, par-là	[paʀsipaʀla]	hier und da
mouche f	[muʃ]	Fliege
dos crawlé m	[dokʀole]	Rückenkraulen
repousse f	[ʀ(ə)pus]	erneutes Wachsen
vous tombez bien	[vutɔ̃bebjɛ̃]	Sie kommen gerade recht
miracle	[miʀaklə]	Wunder
boule de poils f	[buldəpwal]	Fellkugel
flacon m	[flakɔ̃]	Flakon, Fläschchen

2

charcutier m	[ʃaʀkytje]	Metzger
infirmière f	[ɛ̃fiʀmjɛʀ]	Krankenschwester
pâtissier m	[patisje]	Konditor
caissière f	[kɛsjɛʀ]	Kassiererin
femme f d'affaires	[famdafɛʀ]	Geschäftsfrau
maçon m	[masɔ̃]	Maurer
traductrice f	[tʀadyktʀis]	Übersetzerin
pompier m	[pɔ̃pje]	Feuerwehrmann
décoratrice f	[dekʀatʀis]	Bühnenbildnerin
conserver	[kɔ̃sɛʀve]	aufbewahren, erhalten
délit m	[deli]	Straftat
éteindre	[etɛ̃dʀə]	löschen
incendie m	[ɛ̃sɑ̃di]	Brand
vente f	[vɑ̃t]	Verkauf
recevoir	[ʀəs(ə)vwaʀ]	erhalten
concevoir	[kɔ̃s(ə)vwaʀ]	entwerfen, verfassen
soigner	[swaɲe]	pflegen
bâtiment m	[batimɑ̃]	Gebäude
brique f	[bʀik]	Ziegelstein
pierre f	[pjɛʀ]	Stein
artisan m	[aʀtizɑ̃]	Handwerker
exercer	[ɛgzɛʀse]	ausüben
à son compte	[asɔ̃kɔ̃t]	auf eigene Rechnung
cadre m	[kadʀə]	leitender Angestellter
participer	[paʀtisipe]	sich beteiligen
fonctionnaire m	[fɔ̃ksjɔnɛʀ]	Beamter
magistrat m	[maʒistʀa]	hoher Beamter
mineur m	[minœʀ]	Bergmann
entretien m	[ɑ̃tʀətjɛ̃]	Wartung, Instandhaltung

rémunérer	[ʀemyneʀe]	vergüten, entlohnen
épicier m	[episje]	Lebensmittelhändler
instituteur, -trice	[ɛ̃stitytœʀ/tʀis]	Grundschullehrer/ lehrerin

3

en rapport avec	[ɔ̃ʀapɔʀavɛk]	im Zusammenhang mit
farine f	[faʀin]	Mehl
flûte f	[flyt]	längliches Brot
four m	[fuʀ]	Backofen
pain m complet	[pɛ̃kɔ̃plɛ]	Vollkornbrot

4

cote f	[kɔt]	die Bewertung
considération f	[kɔ̃sideʀasjɔ̃]	Wertschätzung, Ansehen
inspirer	[ɛ̃spiʀe]	anregen
confiance f	[kɔ̃fjɑ̃s]	Vertrauen
scientifique m	[sjɑ̃tifik]	Wissenschaftler
plombier m	[plɔ̃bje]	Klempner
juge m	[ʒyʒ]	Richter
prêtre m	[pʀɛtʀə]	Priester

5

témoignage m	[temwaɲaʒ]	Zeugnis, Bericht
sage-femme f	[saʒfam]	Hebamme
déclarer	[deklaʀe]	erklären, anzeigen
expliquer	[ɛksplike]	erklären

6

à la recherche de	[alaʀəʃɛʀʃdə]	auf der Suche nach
soie f	[swa]	Seide
recruter	[ʀəkʀyte]	einstellen, anwerben
exiger	[ɛgziʒe]	fordern
salaire m	[salɛʀ]	Gehalt
urgent	[yʀʒɑ̃]	dringend
embaucher	[ɑ̃boʃe]	ein-, anstellen
comptable m	[kɔ̃tablə]	Buchhalter
expérimenté	[ɛkspeʀimɑ̃te]	erfahren
polyvalent	[pɔlivalɑ̃]	vielseitig
CV m (curriculum vitae)	[seve]	Lebenslauf
prétention f	[pʀetɑ̃sjɔ̃]	Anspruch, Forderung
transmettre	[tʀɑ̃smɛtʀə]	übertragen, überbringen
louche f	[luʃ]	Suppenkelle
novateur, -trice	[novatœʀ/tʀis]	innovativ
notion f	[nosjɔ̃]	Kenntniss, Vorstellung
posséder	[pɔsede]	besitzen
négocier	[negosje]	verhandeln
standardiste m	[stɑ̃daʀdist]	Telefonist
messagerie f	[mesaʒʀi]	E-Mail Programm
commis m de cuisine	[kɔmi] [dəkɥizin]	Küchengehilfe
nourrir	[nuʀiʀ]	ernähren
de suite	[dəsɥit]	gleich, sofort
délai m de règlement	[dəlɛ] [dəʀɛgləmɑ̃]	Zahlungsverzug
étude f	[etyd]	Anwaltskanzlei
constitution f	[kɔ̃stitysjɑ̃]	Einrichtung, Erstellung
suivi m	[sɥivi]	weitere Betreuung
dossier m	[dosje]	Aktenstück, Vorgang
rédaction f	[ʀedaksjɔ̃]	Abfassung, Ausarbeitung

sténodactylo-graphe *m/f*	[stenodaktilɔgʀaf]	StenotypistIn
courrier m	[kuʀje]	Postsachen, Post
relance *f*	[ʀ(ə)lɑ̃s]	Wiedervorlage
gérant *m*	[ʒeʀɑ̃]	Geschäftsführer
clientèle *f*	[kliɑ̃tɛl]	Kundschaft
fournisseur *m*	[fuʀnisœʀ]	Lieferant
établissement *m*	[etablismɑ̃]	Zusammenstellung
encadrement *m*	[ɑ̃kadʀəmɑ̃]	Betreuung
permis *m*	[pɛʀmi]	Führerschein
parachutisme *m*	[paʀaʃytism]	Fallschirmspringen
moto *f*	[mɔto]	Motorrad

7

retenir	[ʀət(ə)niʀ]	zurückhalten
responsabilité *f*	[ʀɛspɔ̃sabilite]	Verantwortung
en intérim	[ɔ̃nɛ̃teʀim]	Vertretungsweise
publicité *f*	[pyblisite]	Werbung
accroître	[akʀwatʀə]	vergrößern, steigern
adaptation *f*	[adaptasjɔ̃]	Anpassung
se mettre au fait de	[səmɛtʀ ɔfɛdə]	sich Aufschluss verschaffen über
résolution *f*	[ʀezɔlysjɔ̃]	Lösung, Entscheidung
ci-joint	[siʒwɛ̃]	beigefügt
exposer	[ɛkspoze]	darlegen, darstellen
cependant	[s(ə)pɑ̃dɑ̃]	unterdessen, währenddessen
réfléchir	[ʀefleʃiʀ]	überlegen
susceptible	[sysɛptiblə]	empfänglich, geeignet
épanouir	[epanwiʀ]	aufblühen, entfalten
incontestablement	[ɛ̃kɔ̃tɛstabləmɑ̃]	unbestritten
en ce sens	[ɑ̃səsɑ̃s]	in dem Sinn
allier	[alje]	verbinden
imposer	[ɛ̃poze]	auferlegen
de vive voix	[dəvivvwa]	in persönlichem Gespräch
suivre	[sɥivʀə]	folgen
évoluer	[evɔlɥe]	sich entwickeln, verwandeln
suite à	[sɥita]	gemäß, im Anschluss an
agréer	[agʀee]	annehmen, entgegennehmen
distingué	[distɛ̃ge]	vornehm, hervorragend
sincère	[sɛ̃sɛʀ]	aufrichtig
attente *f*	[atɑ̃t]	Erwartung

9

entretien *m* d'embauche	[ɑ̃tʀətjɛ̃ dɑ̃boʃ]	Einstellungsgespräch, Bewerbungsgespräch
faiblesse *f*	[fɛblɛs]	Schwäche
initiale	[inisjal]	anfänglich, ursprünglich

10

sans cesse	[sɑ̃sɛs]	ununterbrochen
droguer	[dʀɔge]	unter Drogen setzen
preuve *f*	[pʀœv]	Beweis
ressortir	[ʀ(ə)sɔʀtiʀ]	herauskommen, folgen

Arbeitsbuch

1

mondialisation *f*	[mɔ̃djalizasjɔ̃]	weltweite Verbreitung
lancer	[lɑ̃se]	werfen, fallen
sévère	[sevɛʀ]	streng, ernst
prise *f* en compte de	[pʀizɑ̃ kɔ̃tdə]	Berücksichtigung

risquer	[ʀiske]	riskieren, drohen
de part	[dəpaʀ]	seitens, durch
percevoir	[pɛʀsəvwaʀ]	wahrnehmen
filière *f*	[filjɛʀ]	Bildungsweg
tournure *f*	[tuʀnyʀ]	Wendung, Redewendung
exhaustif,- ve	[ɛgzostif/və]	ausführlich, erschöpfend
minoritaire	[minɔʀitɛʀ]	in der Minderheit
avènement *m*	[avɛnmɑ̃]	Kommen, Erscheinen
amener	[am(ə)ne]	herbeiführen
s'inverser	[sɛ̃vɛʀse]	sich umkehren

2

facteur *m*	[faktœʀ]	Briefträger
tailleur *m*	[tajœʀ]	Schneider
ébéniste *m*	[ebenist]	Möbeltischler

3

coordonnées *f, pl* (fam)	[kɔɔʀdɔne]	Adresse und Telefonnummer
ressortissant *m*	[ʀ(ə)sɔʀtisɑ̃]	hier: Bürger

4

force *f*	[fɔʀs]	Stärke
dérouler	[deʀule]	ablaufen

5

augmentation *f*	[ogmɑ̃tasjɔ̃]	Erhöhung
durée *f*	[dyʀe]	Dauer
interdiction *f*	[ɛ̃tɛʀdiksjɔ̃]	Verbot
retraite *f*	[ʀ(ə)tʀɛt]	Ruhestand
jugement *m* de valeur	[ʒyʒmɑ̃ dəvalœʀ]	Werturteil
surprenant	[syʀpʀənɑ̃]	überraschend

6

bâtir	[batiʀ]	bauen
tonton *m* (fam)	[tɔ̃tɔ̃]	Onkel

Leçon 11

1

fraternité *f*	[fʀatɛʀnite]	Brüderlichkeit, Zusammen-gehörigkeit der Menschen
bâtiment *m*	[batimɑ̃]	Gebäude
valeur *f*	[valœʀ]	Wert

2

lutter	[lyte]	kämpfen
soutenir	[sut(ə)niʀ]	unterstützen
combattre	[kɔ̃batʀ]	bekämpfen
soutien *m*	[sutjɛ̃]	Unterstützung
s'opposer (à)	[sɔpoze]	dagegen sein
se battre	[səbatʀ]	kämpfen
partir en guerre	[paʀtiʀɑ̃gɛʀ]	in den Krieg ziehen
encourager	[ɑ̃kuʀaʒe]	fördern
pauvre	[povʀ]	arm
association *f*	[asɔsjasjɔ̃]	Verein
aide *f* humanitaire	[ɛdymanitɛʀ]	humanitäre Hilfe
parti *m*	[paʀti]	Partei
pollution *f*	[pɔlysjɔ̃]	Umwelt-verschmutzung

3

associatif, -ve	[asɔsjatif]	Vereins-

ensemble *m* des membres	[ãsãbl] [dəmãbʀ]	sämtliche Mitglieder
défense *f* de l'environnement	[defãsdə] [lãviʀɔnmã]	Umweltschutz
sondage *m*	[sɔ̃daʒ]	Umfrage
centenaire *m*	[sãt(ə)nɛʀ]	hundertste Jahrestag
faire partie de	[fɛʀpaʀtidə]	gehören zu
indispensable	[ɛ̃dispãsabl]	unentbehrlich
classement *m*	[klasmã]	Einstufung
jugement *m*	[ʒyʒmã]	Urteil
primordial	[pʀimɔʀdjal]	äußerst wichtig
superflu	[sypɛʀfly]	überflüssig
se passer (de)	[səpase]	ohne etwas auskommen

4

secours *m*	[səkuʀ]	Hilfe
urgence *f*	[yʀʒãs]	Notfall
bon *m*	[bɔ̃]	Gutschein
retourner	[ʀətuʀne]	zurückschicken
don *m*	[dɔ̃]	Spende
enveloppe *f*	[ãv(ə)lɔp]	Umschlag
affranchir	[afʀãʃiʀ]	frankieren
contribuer	[kɔ̃tʀibɥe]	beitragen
sinistré *m*	[sinistʀe]	Katastrophenopfer
montant *m*	[mɔ̃tã]	Betrag
à l'ordre de	[alɔʀdʀə]	auf
expiration *f*	[ɛkspiʀasjɔ̃]	Ablauf
rejoindre	[ʀ(ə)ʒwɛ̃dʀ]	sich anschließen
particulier *m*	[paʀtikylje]	Privatperson
droit *m*	[dʀwa]	Anspruch
réduction *f* d'impôt	[ʀedyksjɔ̃] [dɛ̃po]	Steuervergünstigung
revenu *m*	[ʀ(ə)vəny]	Einkommen
dans la limite de	[dãlalimitdə]	bis zu einem Höchstbetrag von
chiffre *m* d'affaires	[ʃifʀdafɛʀ]	Umsatz
hors taxes	[ɔʀtaks]	netto
adresser	[adʀese]	schicken
reçu *m*	[ʀəsy]	Beleg
joindre	[ʒwɛ̃dʀ]	beifügen
contribution *f*	[kɔ̃tʀibysjɔ̃]	Beitrag
valable	[valabl]	stichhaltig, treffend

5

atteindre	[atɛ̃dʀ]	erreichen
électeur *m*	[elɛktœʀ]	Wähler
exprimer	[ɛkspʀime]	ausdrücken
mentir	[mɛ̃tiʀ]	lügen
entendre parler (de)	[ãtɛ̃dʀ] [paʀle]	hören von
louer	[lue]	mieten
punir	[pyniʀ]	bestrafen
avertir	[avɛʀtiʀ]	Bescheid sagen
se plaindre (de)	[səplɛ̃dʀ]	sich beschweren, klagen

6

ronde *f*	[ʀɔ̃d]	Reigen
gars *m* (fam)	[ga]	Junge, Bursche
marin *m*	[maʀɛ̃]	Seefahrer
barque *f*	[baʀk]	Boot
onde *f*	[ɔ̃d]	Welle, Fluten

8

conquête *f*	[kɔ̃kɛt]	Eroberung
vote *m*	[vɔt]	Wahl
mixte	[mikst]	in gemischten Klassen

11

service *m* militaire	[sɛʀvis] [militɛʀ]	Wehrdienst
insertion *f*	[ɛ̃sɛʀsjɔ̃]	Eingliederung

12

regret *m*	[ʀ(ə)gʀɛ]	Bedauer
coutume *f*	[kutym]	Brauch

13

voter	[vote]	wählen
partisan *m*	[paʀtizã]	Anhänger
à bulletin secret	[abylətɛ̃sɛkʀɛ]	geheim

Arbeitsbuch

1

civisme *m*	[sivism]	bürgerschaftliches Engagement
amour *m* du prochain	[amuʀ] [dypʀɔʃɛ̃]	Nächstenliebe
générosité *f*	[geneʀɔzite]	Großzügigkeit
sonorité *f*	[sɔnɔrite]	Klang
mettre de côté	[mɛtʀdəote]	beiseite legen
et ainsi de suite	[eɛ̃sid(ə)sɥit]	und so weiter
pile *f*	[pil]	Stapel

2

visage *m*	[vizaʒ]	Gesicht

3

nettoyage *m* de printemps	[netwaje] [dəpʀɔ̃tã]	Frühjahrsputz
à merveille	[amɛʀvej]	ausgezeichnet, wunderbar
soif *f*	[swaf]	Durst
hésiter (à)	[ezite]	Bedenken haben zu
réfrigérateur *m*	[ʀefʀiʒeʀatœʀ]	Kühlschrank

4

détendu	[detãdy]	entspannt
faire des efforts	[fɛʀdezefɔʀ]	sich anstrengen
tomber	[tɔ̃be]	werden
attraper froid (fam)	[atʀape] [fʀwa]	sich erkälten
manteau *m*	[mãto]	Mantel

5

vieillesse *f*	[vjɛjɛs]	Alter

6

lune *f*	[lyn]	Mond
autant de	[ɔtãdə]	so viele
sucrerie *f*	[sykʀəʀi]	Süßigkeit

7

liens *m, pl*	[ljɛ̃]	Verhältnisse
enjoué	[ãʒue]	heiter
avoir tendance à	[avwʀtãdãsa]	neigen zu
avoir horreur de	[avwʀɔʀœʀdə]	es hassen, etwas zu tun
revenir à la charge	[ʀ(ə)vəniʀala] [ʃaʀʒ]	nicht locker lassen
s'ennuyer	[sãnɥje]	sich langweilen
sens *m*	[sãs]	Bedeutung, Sinn
vestiaire d'entraide (Canada)	[vɛstjɛʀ] [dãtʀɛd]	*Second-Hand-Laden für einen guten Zweck, z.B.: Oxfam*

8

manquer	[mãke]	fehlen

humeur *f*	[ymœʀ]	Laune
gaîté *f*	[gete]	Fröhlichkeit
défaut *m*	[defo]	Fehler
manquer	[mãke]	verpassen
fessée *f*	[fese]	Klaps auf dem Hintern
sage	[saʒ]	brav, artig
sans-abri *m*	[sãzabʀi]	Obdachloser

9

unification *f*	[ynifikasjɔ̃]	Vereinigung
domaine *m*	[dɔmɛn]	Bereich
vie *f* courante	[vikuʀãt]	Alltag

Leçon 12

1

associé	[asɔsje]	zugehörig, passend
dessin *m*	[desɛ̃]	Zeichnung
approprié	[apʀopʀie]	passend, angemessen
mise en scène	[mizãsɛn]	Inszenierung
embarquer	[ãbaʀke]	sich einschiffen
déchirure *f*	[deʃiʀyʀ]	Riss, Einschnitt
traversée *f*	[tʀavɛʀse]	Überfahrt
regret *m*	[ʀəgʀɛ]	Bedauern
espoir *m*	[ɛspwaʀ]	Hoffnung
racine *f*	[ʀasin]	Wurzel
crainte *f*	[kʀɛ̃t]	Angst, Furcht
joie *f*	[ʒwa]	Freude
mur *m*	[myʀ]	Mauer
documentaire *m*	[dɔkymãtɛʀ]	Dokumentarfilm
longer	[lɔ̃ʒe]	entlang gehen
gigantesque	[ʒigãtɛsk]	gigantisch, riesig
chantier *m*	[ʃãtje]	Baustelle
séparation *f*	[sepaʀasjɔ̃]	Trennung
enfermer	[ãfɛʀme]	einschließen
encercler	[ãsɛʀkle]	umzingeln
réalisatrice *f*	[ʀealizatʀis]	Filmregisseurin
haine *f*	[ɛn]	Hass
affirmer	[afiʀme]	bezeugen, betonen
tromper	[tʀɔ̃pe]	überlisten, täuschen
angoisse *f*	[ãgwas]	Angst
boulimique	[bulimik]	boulimisch

2

adolescent *m*	[adɔlesã]	Jugendlicher
cloué	[klue]	gebunden, gefesselt
esseulé	[esœle]	vereinsamt
sympathiser	[sɛ̃patize]	sich verstehen
physique *m*	[fizik]	Äußere, Gestalt
avantageux, -se	[avãtaʒø, øz]	vorteilhaft
grisonner	[gʀizɔne]	grau werden
livré à lui-même	[livʀealɥimɛm]	sich selbst überlassen
révolté	[ʀevɔlte]	empört, entsetzt
injustice *f*	[ɛ̃ʒystis]	Ungerechtigkeit
abîmé	[abime]	verdorben
violence *f*	[vjɔlãs]	Gewalt
sage	[saʒ]	klug, weise
croyant	[kʀwajã]	gläubig
rigoriste	[ʀigɔʀist]	stur, sittenstreng
déposer les armes	[depozelezaʀm]	die Waffen strecken
se réconcilier (avec soi-même)	[səʀekɔ̃silje]	(mit sich selbst) ins Reine kommen

3

branché	[bʀãʃe]	„in", angesagt
couronné	[kuʀɔne]	ausgezeichnet, gekrönt
mériter	[meʀite]	verdienen

4

carnet *m*	[kaʀnɛ]	Heft
tracer	[tʀase]	schreiben
poche *f*	[pɔʃ]	Tasche (am Kleidungsstück)
se détacher	[sədetaʃe]	sich lösen
élan *m*	[elã]	Ansatz, Bewegung
perceptible	[pɛʀsɛptiblə]	spürbar, wahrnehmbar
penché	[pãʃe]	geneigt
tranquillisé	[tʀãkilize]	beruhigt
sommeil m	[sɔmɛj]	Schlaf, Müdigkeit
se reprendre	[səʀ(ə)pʀãdʀə]	sich wieder fassen
plonger	[plɔ̃ʒe]	tauchen
verrière *f*	[vɛʀjɛʀ]	Glasdach
agitation *f*	[aʒitasjɔ̃]	Unruhe, Bewegung
dense	[dãs]	dicht
métro aérien	[metʀoaeʀjɛ̃]	Hochbahn
sourd	[suʀ]	matt, dumpf
autruche *f*	[otʀyʃ]	Strauß (Vogel)
s'écouler	[sekule]	fortfließen, weitergehen
serrer	[seʀe]	drücken

5

étaler	[etale]	verstreichen, streichen
menacer	[mənase]	drohen
révélation *f*	[ʀevelasjɔ̃]	Enthüllung
à son sujet	[asɔ̃syʒɛ]	betreffend
déroulement *m*	[deʀulmã]	Ablauf
comportement *m*	[kɔ̃pɔʀtəmã]	Verhalten

6

à des titres divers	[adetitʀədivɛʀ]	in verschiedener Hinsicht
ville-phare *f*	[vilfaʀ]	bedeutende Stadt
partiel,-le	[paʀsjɛl/lə]	teilweise
dépasser	[depase]	übersteigen
désigner	[dezipe]	bezeichnen
capable	[kapablə]	fähig
faire face	[fɛʀfas]	meistern, bestehen
courant	[kuʀã]	üblich, gewöhnlich
entendre	[ãtãdʀə]	verstehen
réduit	[ʀedɥi]	vermindert, verringert

7

couverture *f*	[kuvɛʀtyʀ]	Bettdecke
secouriste *m*	[s(ə)kuʀist]	Sanitäter
se débrouiller	[sədebʀuje]	sich zu helfen wissen

8

concours *m*	[kɔ̃kuʀ]	Wettbewerb
épreuve *f*	[epʀœv]	Test, Wettkampf
viser	[vize]	zielen auf
encourager	[ãkuʀaʒe]	ermutigen, aufmuntern
concept *m*	[kɔ̃sɛpt]	Begriff
désormais	[dezɔʀmɛ]	von nun an
barrer	[baʀe]	absperren, verschließen
promouvoir	[pʀɔmuvwaʀ]	fördern, unterstützen

plan *m*	[plã]	Ebene
rassembler	[ʀasãble]	versammeln
volontaire	[vɔlɔ̃ntɛʀ]	freiwillig

Arbeitsbuch

1

enterrement *m*	[ãtɛʀmã]	Beerdigung
ressembler	[ʀ(ə)sãble]	ähneln, gleichen

2

s'approcher	[sapʀɔʃe]	sich nähern
condamner	[kɔ̃dane]	verurteilen
prison *f*	[pʀizɔ̃]	Gefängnis

3

modifier	[mɔdifje]	verändern
odeur *f*	[ɔdœʀ]	Geruch
se voiler	[səvwale]	sich verstecken, sich verschleiern
graver	[gʀave]	gravieren
figer	[fiʒe]	erstarren lassen
murmurer	[myʀmyʀe]	murmeln
caresser	[kaʀese]	liebkosen, streicheln
pointe *f*	[pwɛ̃t]	Spitze

4

surnom *m*	[syʀnɔ̃]	Spitzname, Beiname
juron m	[ʒyʀɔ̃]	Fluch, Schimpfwort
consciencieux, -se	[kɔ̃sjãsjø/øz]	gewissenhaft
désinvolte	[dezɛ̃vɔlt]	gleichgültig, lässig
conciliant	[kɔ̃siljã]	versöhnlich

6

dépeindre	[depɛ̃dʀə]	schildern, beschreiben
compétition *f*	[kɔ̃petisjã]	Wettbewerb
hériter	[eʀite]	erben
appliquer	[aplike]	anbringen
avertir	[avɛʀtiʀ]	benachrichtigen, informieren

7

équivalent *m*	[ekivalã]	Gegenwert, Äquivalent

Alphabetischer Wortschatz

L = Lektion im Lehrbuchteil (1. Zahl = Lektionsummer, 2. Zahl = Nummer der Aktivität in der Lektion)
Ex = Arbeitsbuch (Exercices)

Bei den Adjektiven wird immer die männliche Form im Singular zuerst angegeben.
Bei unregelmäßigen Adjektiven folgt die weibliche Form und ggf. die unregelmäßige Pluralbildung.
Die angegebene Übersetzung bezieht sich immer auf den Sinn des Worts innerhalb der Lektion.
Sollte dasselbe Wort in verschiedenen Bedeutungen auftreten, so sind diese separat aufgeführt.

f = weiblich (feminin)   *pl* = Plural (pluriel)

m = männlich (masculin)   (fam) = umgangssprachlich (familier)

sing = Singular (singulier)   Abk. = Abkürzung

A

abîmé L 12, 2	verdorben	
absent L 8, 4	fehlend, abwesend	
absentéisme *m* L 8, 4	häufiges Fernbleiben vom Unterricht	
accéder L 1, 8	Zugang erlangen	
accès *m* L 8, 10	Zugang	
accompagner L 1, 8	begleiten	
accomplir L 2, 6	erfüllen	
accroître L 10, 7	vergrößern, steigern	
accueil *m* L 4, 5	Empfang	
accueillir L 1, 9	empfangen	
acheminer L 7, 9	befördern	
acide L 4, Ex 2	sauer	
acquérir L 6, Ex 7	erwerben	
acte *m* L 1, Ex 7	Tat	
adaptation *f* L 10, 7	Anpassung	
adapter L 6, 10	anpassen	
additionner L 4, 3	zusammenzählen	
administrateur *m* L 6, Ex 6	Verwalter	
adorable L 1, 1	reizend	
adresser L 11, 4	schicken	
affiche *f* L 3, 8	Plakat	
affiné L 4, 2	verfeinert	
affirmation *f* L 12, 6	Behauptung	
affirmer L 3, Ex 8	behaupten	
affranchir L 11, 4	frankieren	
s'affronter L 7, 9	aufeinander treffen	
âgé L 3, 2	alt, älter	
agent *m* de police L 6, 4	Polizeibeamter	
agitation *f* L 12, 4	Unruhe, Bewegung	
agréer L 10, 7	annehmen, entgegennehmen	
agrémenter L 6, 10	schmücken, verschönern	

agression *f* L 8, 6	Überfall	
agriculteur *m* L 8, 5	Landwirt	
ahurissant L 7, 9	verblüffend	
aide *f* L 3, 2	Hilfe	
aide *f* humanitaire L 11, 2	humanitäre Hilfe	
ail *m* L 2, Ex 1	Knoblauch	
aile *f* L 7, 9	Flügel	
aîné L 6, 7	älter	
aire *f* de repos L 1, Ex 1	Raststätte	
alentours *m*, *pl* L 2, Ex 8	Umgebung	
alimentation *f* L 2, 3	Lebensmittel	
allègre L 4, 12	munter, lebhaft	
aller L 1, Ex 5	stehen	
alliance *f* L 3, Ex 4	Trauring	
allier L 10, 7	verbinden	
allocation *f* de chômage L 8, Ex 6	Arbeitslosengeld	
altitude *f* L 9, Ex 3	Höhe	
amande *f* verte L 4, 3	Mandellikör	
ambiance *f* L 5, 4	Atmosphäre	
améliorer L 1, 8	verbessern	
aménager L 7, Ex 2	einrichten	
amener L 10, Ex 1	herbeiführen	
amer L 4, 4	bitter	
amour *m* du prochain L 11, Ex 1	Nächstenliebe	
angoisse *f* L 12, 1	Angst	
annoncer L 2, 3	ankündigen	
annulation *f* L 2, 7	Löschen	
antécédent *m* L 6, Ex 4	Beziehungswort	
apercevoir L 8, 6	flüchtig sehen	
s'apercevoir L 2, 1	bemerken	
apparaître L 1, 8	erscheinen	
appareil *m* L 7, 9	Maschine, Flugzeug	
apparemment L 3, Ex 8	anscheinend	

en apparence L 3, 8	scheinbar	
appartenance *f* L 6, 3	Zugehörigkeit	
appel *m* L 5, 4	Ruf	
appellation *f* L 4, 10	Bezeichnung	
appliquer L 12, Ex 6	anbringen	
apport *m* L 4, Ex 5	Zufuhr	
apporter L 5, 7	bringen	
apposer L 8, Ex 7	kleben	
apprécier L 7, 12	beurteilen	
apprendre par cœur L 1, Ex 2	auswendig lernen	
apprenti *m* L 8, Ex 4	Lehrling, Anfänger	
apprentissage *m* L 1, 6	Lernen, Lernprozess	
s'approcher L 12, Ex 2	sich nähern	
approfondissement *m* L 6, Ex 7	Vertiefung	
approprié L 12, 1	passend, angemessen	
d'après L 3, 2	nach	
arrêter L 6, Ex 6	festnehmen	
arrière-pays *m* niçois L 9, 6	Hinterland von Nizza	
arriver L 1, 8	passieren	
arroser L 5, 9	gießen	
art *m* L 2, 2	Kunst	
art *m* martial L 7, Ex 2	Kampfkunst	
artificiel, -le L 9, 6	künstlich	
artisan *m* L 10, 2	Handwerker	
artisanal L 4, 4	handwerklich	
arts *m, pl* plastiques L 6, Ex 2	bildende Künste	
ascenseur *m* L 1, Ex 3	Aufzug	
asperge *f* L 4, 3	Spargel	
aspirer L 4, 12	einatmen, aufsaugen	
assassin *m* L 3, Ex 8	Mörder	
assiette *f* L 4, 5	Teller	
assimiler L 6, 10	verarbeiten, gebrauchen	
assister (à) L 3, Ex 4	bei etwas anwesend sein	
associatif, -ve L 11, 3	Vereins-	
association *f* L 6, 3	Vereinigung, Verein	
associé L 12, 1	zugehörig, passend	
s'associer L 5, 6	sich anschließen	
assurance *f* L 6, 10	Sicherheit, Versicherung	
assurer L 10, 7	betreuen, leiten	
attacher L 6, Ex 6	anbinden, verbinden	
atteindre L 9, 4	erreichen	
attente *f* L 10, 7	Erwartung	
attentivement L 2, Ex 1	aufmerksam	
attitude *f* L 6, Ex 2	Haltung	
attraper froid (fam) L 11, Ex 4	sich erkälten	
attribuer L 8, Ex 6	gewähren, zuweisen	
audacieux L 4, 5	kühn	
audience *f* L 8, 11	Einschaltquote	

augmentation *f* L 3, Ex 5	Steigerung	
auparavant L 3, Ex 7	zuvor	
auprès de L 8, 4	bei	
autant de L 11, Ex 6	so viel(e)	
autour de L 4, 2	um, herum	
autrefois L 3, 5	früher, damals	
autruche *f* L 12, 4	Strauß (Vogel)	
avaler L 4, 12	schlucken	
avantage *m* L 3, 2	Vorteil	
avantageux, -se L 12, 2	vorteilhaft	
avènement *m* L 10, Ex 1	Kommen, Erscheinen	
avertir L 11, 5	benachrichtigen, informieren	
aviateur *m* L 7, 9	Flieger	
à mon avis L 1, 4	meiner Meinung nach	
avoir envie de L 5, 4	Lust haben	
avoir horreur de L 11, Ex 7	es hassen, etwas zu tun	
avoir l'air L 6, 4	scheinen, als ob	
avoir l'impression L 1, 4	den Eindruck haben	
avoir lieu L 9, Ex 10	stattfinden	
avoir raison L 1, 4	Recht haben	
avoir tendance à L 11, Ex 7	neigen zu	
avoir tort L 1, 4	Unrecht haben	
avortement *m* L 6, Ex 5	Abtreibung	
avouer L 8, 5	zugeben	

B

B.D. *f* (fam) L 2, 1	Abk. für bande dessinée: Comic	
bachelier *m* L 6, 7	Abiturient	
bague *f* L 2, 5	Ring	
baignade *f* L 5, 10	Bad	
bain *m* de foule L 5, 4	Massenandrang	
baisse *f* L 3, Ex 3	Sinken, Rückgang	
balade *f* L 5, 10	kleine Wanderung	
baleine *f* L 7, 9	Walfisch	
baptême *m* L 3, 3	Taufe	
barque *f* L 11, 6	Boot	
barrer L 12, 8	absperren, verschließen	
baser L 6, 10	basieren, stützen	
bassin *m* nageur L 9, Ex 5	Schwimmbecken	
bateau *m* L 9, 6	Schiff	
bâtiment *m* L 10, 2	Gebäude	
bâtir L 10, Ex 6	bauen	
se battre L 6, 4	sich schlagen	
beau-frère *m* L 3, Ex 2	Schwager	
beau-père *m* L 3, Ex 2	Schwiegervater bzw. Stiefvater	

beaux-parents *m, pl* L 3, Ex 2	Schwiegereltern
bec *m* L 6, 4	Schnabel
belle-mère *f* L 3, Ex 2	Schwiegermutter bzw. Stiefmutter
belle-sœur *f* L 3, Ex 2	Schwägerin
belote *f* L 2, 8	*frz. Kartenspiel*
bénédiction *f* L 8, 10	Segen
bénéficier (de) L 7, 3	in den Genuss kommen
bénéfique L 4, Ex 8	wohltuend
bénévole *f* L 9, Ex 4	Freiwillige
berge *f* L 5, Ex 6	Ufer
besoin *m* L 5, 7	Bedürfnis
selon besoins L 5, 4	nach Bedarf
bête L 6, 4	blöde, dumm
bêtise *f* L 5, Ex 8	Dummheit
bienfaisant L 4, 5	wohltuend
bière *f* à la pression L 1, Ex 1	gezapftes Bier
bijouterie *f* L 2, Ex 5	Juwelier
bilingue L 6, 10	zweisprachig
bimensuel L 8, 3	zweimal im Monat erscheinend
bisou *m* L 5, Ex 8	Kuss
blé *m* L 3, Ex 4	Weizen
bois *m, pl* L 3, Ex 7	Wälder
boîte *f* L 1, 2	Diskothek
bon *m* L 11, 4	Gutschein
bonnet *m* L 5, Ex 8	Mütze
au bord *m* de mer L 1, 2	am Meer
bouche *f* L 6, 4	Mund
boucher L 3, 10	verstopfen
bouchon *m* L 1, 9	Stau
bouchon *m* L 4, 8	Korken
boule de poils *f* L 10, 1	Fellkugel
boulimique L 12, 1	boulimisch
bouquet *m* L 3, Ex 4	Strauß (Blumen)
bouquiner (fam) L 5, Ex 8	lesen
bourg *m* L 9, 3	Ortschaft
bousculé L 7, 9	zur Seite gedrängt
au bout de L 9, 3	nach
branché L 12, 3	„in", angesagt
branche *f* L 2, Ex 2	Zweig
brebis *f* L 9, Ex 3	Schaf
bretelles spaghettis *f* L 6, Ex 2	Spaghetti-Träger
bricoler L 7, 3	basteln
briller L 3, 10	glänzen
brin de L 4, Ex 7	ein Hauch von, ein wenig
brindille *f* L 3, 10	Zweiglein
brique *f* L 10, 2	Ziegelstein
bronzer L 5, Ex 6	sich bräunen

brosse *f* L 10, 1	Bürste
brouillard *m* L 5, Ex 2	Nebel
brûlant L 6, 3	brennend
se brûler L 7, Ex 4	sich verbrennen
brusquement L 9, 3	plötzlich

C

Ça suffit ! L 3, 8	Es reicht!
caché L 3, Ex 2	versteckt
cadavre *m* L 8, 6	Leiche
caddie *m* L 2, 1	Einkaufswagen
cadre *m* L 4, 5	Rahmen, Umgebung
cadre *m* L 10, 2	leitender Angestellter
cahier *m* L 2, 9	Heft
caissière *f* L 10, 2	Kassiererin
calcul *m* L 6, 6	Rechnung
calme *m* L 5, Ex 3	Ruhe
canard *m* (fam) L 8, Ex 9	Blatt (Zeitung)
canicule *f* L 5, Ex 7	Jahrhunderthitze, Hundstage
capable L 12, 6	fähig
caractéristique *f* L 5, 7	Eigenschaft
carburant *m* L 8, 4	Treibstoff, Kraftstoff
caresser L 12, Ex 3	liebkosen, streicheln
carnet *m* L 12, 4	Heft
carte *f* de fidélité L 2, 8	Kundenkarte
carte *f* de vœux L 2, 8	Glückwunschkarte
carte *f* d'identité L 2, 8	Personalausweis
cartouche *f* L 10, 1	Stange
cas *m* L 4, 4	Fall
case *f* L 7, 6	Feld
casser L 8, 6	brechen, zerstören
cauchemar *m* L 1, Ex 8	Alptraum
causer L 2, 6	verursachen
causse *m* L 9, Ex 3	Kalkhochfläche
célibataire *m* L 1, 1	ledig
centenaire *m* L 11, 3	hundertster Jahrestag
centre *m* d'intérêt L 1, Ex 7	Interessenschwerpunkt
cépage *m* L 4, 11	Rebenart
cependant L 10, 7	unterdessen, währenddessen
cercle *m* L 3, Ex 1	Kreis
cesser L 3, Ex 8	aufhören, beenden
chaîne *f* L 7, 9	Kette
chaîne *f* L 8, Ex 10	Sender, Programm
chaîne *f* stéréo L 9, Ex 6	Stereoanlage
chaleur *f* L 5, Ex 7	Hitze
champ *m* L 9, 3	Feld
changer de peau L 7, 9	sich völlig verändern
chantier *m* L 12, 1	Baustelle
chapeau *m* L 8, 3	Vorspann
chaque fois *f* L 2, 2	jedes Mal
char *m* L 7, 9	antiker Streitwagen

charcutier *m* L 10, 2	Metzger	
chargé L 1, 4	voll	
chariot *m* L 2, 2	Einkaufswagen	
chasse *f* L 7, 3	Jagd	
chauffage *m* L 5, 4	Heizung	
se chausser L 7, Ex 4	sich Schuhe anziehen	
chaussette *f* L 2, 1	Socke	
chemin *m* de Saint-Jacques L 9, 4	Jakobsweg	
chemise *f* L 3, 10	Hemd	
chevalière *f* L 2, 5	Siegelring	
cheveu *m* L 4, 9	Haar	
chiffre *m* d'affaires L 11, 4	Umsatz	
chiffrer L 8, 4	beziffern	
choix *m* L 2, 9	Wahl	
chose *f* L 1, 9	Sache, Ding	
chou *m* farci L 3, 10	*mit Hackfleisch gefüllter Wirsing*	
chouette L 6, 4	prima, hervorragend, super	
chronique *f* L 8, 3	Kolumne, Kommentar	
ciblé L 8, 3	Ziel-, gezielt	
ci-joint L 10, 7	beigefügt	
circuit *m* L 5, 11	Rundfahrt	
circuit *m* L 7, 9	Schaltkreis	
circulation *f* L 9, Ex 7	Verkehr	
circuler L 7, 12	durchgehen	
citation *f* L 6, 9	Zitat	
citoyen *m* L 7, 4	Bürger	
civisme *m* L 11, Ex 1	bürgerl. Engagement	
claquer la porte *f* L 9, Ex 6	die Tür zuschlagen	
clarté *f* L 12, 6	Klarheit	
classement *m* L 11, 3	Einstufung	
classer L 2, 2	ordnen	
clavier *m* L 1, 8	Tastatur	
clé *f* L 5, 7	Schlüssel	
clientèle *f* L 10, 6	Kundschaft	
cloche *f* L 6, Ex 2	Glocke	
cloué L 12, 2	gebunden, gefesselt	
code *m* secret L 2, 7	Geheimzahl	
cœur *m* L 3, 10	Herz	
coffre *m* L 2, 5	Tresor	
collection *f* L 7, 2	Sammlung	
collège *m* L 6, 2	*in etwa: Realschule*	
colline *f* L 4, Ex 7	Hügel	
colporteur *m* L 9, Ex 3	Hausierer	
combattre L 11, 2	bekämpfen	
commande *f* L 2, Ex 7	Bestellung	
comme il sied L 4, 12	wie es sich gehört	
commerçant *m* L 2, 4	Händler	
commerce *m* L 2, Ex 5	Geschäft	
commettre L 8, 11	begehen	

commis *m* de cuisine L 10, 6	Küchengehilfe	
commun L 5, 1	gemeinsam	
commune *f* L 7, 4	Gemeinde	
compagnon, -gne L 2, 5	Lebensgefährte/in	
compagnie *f* d'assurances L 3, Ex 6	Versicherungsgesellschaft	
compétition *f* L 12, Ex 6	Wettbewerb	
complémentaire L 2, 11	ergänzend	
comportement *m* L 12, 5	Verhalten	
comporter L 9, 5	beinhalten	
compréhension *f* L 1, Ex 2	Verständnis	
comptable *m* L 10, 6	Buchhalter	
compter L 1, 4	zählen	
à son compte L 10, 2	auf eigene Rechnung	
concept *m* L 12, 8	Begriff	
concevoir L 10, 2	entwerfen, verfassen	
conciliant L 12, Ex 4	versöhnlich	
conclu L 8, 8	erledigt	
concours *m* L 8, Ex 6	Ausleseprüfung, Wettbewerb	
concours *m* L 8, Ex 10	Beitrag, Hilfe	
concubinage *m* L 3, 2	nicht eheliche Lebensgemeinschaft	
condamnation *f* L 8, 5	Verurteilung	
conditionnel *m* L 11, 7	Konditional	
conditions *f, pl* L 3, Ex 8	Umstände	
conduite *f* L 6, Ex 2	Führung	
confession *f* L 3, 7	Bekenntnis	
confiance *f* L 10, 4	Vertrauen	
confier L 3, Ex 8	anvertrauen	
confirmer L 3, 8	bestätigen	
confit *m* de canard L 4, 2	Entenfleisch	
se conformer L 6, 2	sich richten nach	
congés *m, pl* payés L 7, 3	bezahlter Urlaub	
conquête *f* L 3, 8	Errungenschaft	
consacrer L 7, 3	widmen	
consciencieux, -se L 12, Ex 4	gewissenhaft	
conseil *m* L 5, 7	Rat	
conserver L 10, 2	aufbewahren, erhalten	
considérable L 4, Ex 8	beträchtlich	
considération *f* L 10, 4	Wertschätzung, Ansehen	
consister (à) L 7, Ex 2	bestehen	
consommé *m* L 4, 2	Kraftbrühe	
constamment L 2, 2	ständig	
constitution *f* L 10, 6	Einrichtung, Erstellung	
construire L 1, 8	bilden	
contenir L 1, 8	enthalten	
contradiction *f* L 8, 7	Widerspruch	
contrainte *f* L 5, 8	Zwang	
contrat *m* L 3, 2	Vertrag	

contravention *f* L 6, 4	Strafzettel	
contredire L 1, 4	widersprechen	
contribuer L 11, 4	beitragen	
convenable L 4, 12	passend, gebührend	
convenir L 1, 9	passen	
convention *f* L 6, Ex 6	verfassungsgebende Versammlung	
convivial L 6, 8	benutzerfreundlich	
coordonnées *f, pl* (fam) L 11, 4	Adresse und Telefonnummer	
corbeau *m* L 6, 4	Rabe	
cordialement L 7, 12	herzlich	
correspondance *f* L 5, Ex 1	Anschluss	
cortège *m* L 3, Ex 4	Zug	
cote *f* L 10, 4	Bewertung	
couche *f* L 2, 1	Windel	
coucher L 9, 6	schlafen	
se coucher L 1, 3	sich hinlegen, zu Bett gehen	
coucou *m* (fam) L 5, Ex 8	Gruß	
couler L 6, 4	fließen, laufen	
couloir *m* aérien L 8, 8	Luftkorridor	
coup *m* L 7, 9	Trick, Kniff	
coupe *f* L 10, 1	Schnitt	
couper L 4, 9	schneiden	
se couper L 7, Ex 4	sich schneiden	
couple *m* L 2, 5	(Ehe-)Paar	
cour *f* L 6, Ex 2	Schulhof, Hof	
courant L 6, 10	laufend, üblich, gebräuchlich	
au courant L 3, 4	auf dem Laufendem	
dans le courant de L 8, Ex 4	im Laufe von	
courant *m* d'air L 4, 8	Durchzug	
courgette *f* L 2, Ex 1	Zucchini	
courir L 1, 6	laufen	
couronné L 12, 3	ausgezeichnet, gekrönt	
courrier *m* L 10, 6	Post	
course *f* L 7, 9	Lauf	
courses *f, pl* L 1, 8	Einkäufe	
courtois L 4, 5	höflich	
couscoussier *m* L 4, 5	Couscoustopf	
coûteux L 8, 10	kostspielig	
coutume *f,* L 11, 12	Gebrauch	
couvert L 5, Ex 2	bedeckt	
couverture *f* L 8, 2	Titelseite einer Zeitschrift	
couverture *f* L 12, 7	Bettdecke	
crainte *f* L 12, 1	Angst, Furcht	
craquer (fam) L 3, 8	die Nerven verlieren	
crayon *m* L 4, 3	Bleistift	
crèche *f* L 8, Ex 6	Hort	
crédibilité *f* L 8, 11	Glaubwürdigkeit	

créer L 6, 7	schaffen, erschaffen	
crime *m* L 8, 5	Verbrechen, Mord	
crique *f* L 5, Ex 8	kleine Bucht	
crisser L 3, 10	knirschen	
croire L 1, 4	glauben	
croisière *f* L 9, Ex 1	Kreuzfahrt	
croissant L 6, 8	wachsend	
croix *f* L 6, 3	Kreuz	
croyant L 12, 2	gläubig	
cru L 2, Ex 6	roh	
cru *m* L 4, 11	Gewächs	
cuillère *f* à soupe L 2, Ex 2	Suppenlöffel	
cuire L 4, 8	kochen	
cuisson *f* L 4, Ex 5	Garzeit	
cuit L 2, Ex 6	gekocht	
curieux, -se L 1, 4	interessant	
CV *m*, curriculum vitae L 10, 6	Lebenslauf	
cursus *m* L 6, 7	Studiengang	
cyclisme *m* L 9, Ex 3	Radsport	

D

date *f* limite L 7, 12	letzte Frist	
déballer L 2, 1	auspacken	
se débrouiller L 12, 7	sich zu helfen wissen	
début *m* L 1, 6	Beginn	
déception *f* L 3, 8	Enttäuschung	
déchirure *f* L 12, 1	Riss, Einschnitt	
se décider L 1, 2	sich entscheiden	
décision *f* L 6, Ex 5	Entscheidung	
déclaration *f* d'amour L 1, Ex 8	Liebeserklärung	
décomposer L 7, 7	im Einzelnen vorführen	
décoratrice *f* L 10, 2	Bühnenbildnerin	
découvrir L 1, Ex 3	entdecken	
décrire L 1, 3	beschreiben	
déçu L 9, Ex 4	enttäuscht	
dédicacer L 8, Ex 6	signieren	
déduction *f* L 9, 3	Ableitung, Schlussfolgerung	
déduire L 3, 8	herleiten	
défaire les bagages L 5, Ex 8	auspacken	
défaut *m* L 11, Ex 7	Fehler	
défense *f* L 5, 7	Abwehr	
défier L 2, 9	herausfordern	
dégagé L 5, Ex 2	aufgelockert	
dégarni L 10, 1	kahl	
dégeler L 2, 1	auftauen	
dégoûter (de) L 3, 8	anwidern	
déguster L 4, 12	kosten, abschmecken	
dehors L 4, 5	draußen	

délai *m* L 8, Ex 2	Zeitraum	
délai *m* de règlement L 10, 6	Zahlungsfrist	
délimiter L 4, 11	abgrenzen, bestimmen	
délinquant *m* L 3, 7	Delinquent	
délit *m* L 10, 2	Straftat	
délivrance *f* L 7, 9	Befreiung	
déluge *m* L 9, 6	Sintflut	
démarrer L 5, 7	starten	
demi *m* L 9, Ex 5	kleines Bier	
denrée *f* L 4, 5	Lebensmittel	
dense L 12, 4	dicht	
dépanner L 9, 3	helfen	
au départ L 3, 4	anfangs, ursprünglich	
dépasser L 12, 6	übersteigen	
dépêche *f* L 8, 3	Kurzmeldung	
se dépêcher L 1, 3	sich beeilen	
dépeindre L 12, Ex 6	schildern, beschreiben	
dépendant L 8, 10	süchtig	
dépendre L 6, Ex 7	abhängen	
dépense *f* L 2, 6	finanzielle Ausgabe	
déplacement *m* L 7, 12	Dienstreise	
se déplacer L 7, Ex 2	sich bewegen	
déplaire L 1, 4	nicht gefallen	
déposer les armes L 12, 2	die Waffen strecken	
député *m* L 6, Ex 6	Abgeordneter	
déranger L 5, 7	stören	
déroulement *m* L 2, 7	Verlauf	
dès L 4, 5	seit	
dès lors L 4, 5	infolgedessen, daher	
dès que L 4, 11	sobald	
désert L 5, 10	einsam	
désertification *f* L 9, 3	Verödung	
désigner L 12, 6	bezeichnen	
désinvolte L 12, Ex 4	gleichgültig, lässig	
désormais L 12, 8	von nun an	
dessin *m* L 12, 1	Zeichnung	
dessus *m* L 10, 1	die obere Seite	
au dessus de L 4, 5	über	
destination *f* L 9, 4	Ziel	
se détacher L 12, 4	sich lösen	
détendu L 11, Ex 4	entspannt	
détenir L 8, 8	gefangen halten, festhalten	
dévasté L 5, 10	zerstört	
développement *m* L 3, Ex 3	Fortschreiten	
devenir L 6, Ex 6	werden	
deviner L 1, 9	raten	
devoirs *m, pl* L 1, 1	Hausaufgaben	
dévorer L 7, 9	fressen	
dictionnaire *m* L 1, Ex 2	Wörterbuch	
différer L 4, Ex 8	sich unterscheiden	
digestion *f* L 2, Ex 6	Verdauung	

diminution *f* L 3, Ex 3	Rückgang	
discours *m* L 6, 3	Rede	
disparaître L 3, 10	verschwinden	
dispenser L 4, 12	gewähren, spenden	
disponible L 1, 8	verfügbar	
se disputer L 3, 9	sich streiten	
distingué L 10, 7	vornehm, hervorragend	
se distraire L 7, 3	sich unterhalten	
distribuer L 6, 5	verteilen	
distributeur *m* automatique L 2, 7	(Geld-)Automat	
divorcé L 1, 1	geschieden	
dizaine *f* de L 3, 10	etwa zehn	
documentaire *m* L 12, 1	Dokumentarfilm	
doigt *m* L 6, 4	Finger	
domaine *m* L 11, Ex 9	Bereich	
domestique *m/f* L 3, Ex 5	Hausangestellter, Butler	
dommage L 3, 8	schade	
don *m* L 11, 4	Spende	
donner sur L 5, 5	liegen an	
dos crawlé *m* L 10, 1	Rückenkraulen	
dossier *m* L 8, 3	umfangreiche Reportage	
dossier *m* L 10, 6	Aktenstück, Vorgang	
en douceur L 5, 7	sanft	
droguer L 10, 10	unter Drogen setzen	
droit *m* L 3, 2	Recht	
drôle (fam) L 1, 4	lustig	
dur L 4, 3	hart	
durable L 5, 7	dauerhaft	
durée *f* L 10, Ex 5	Dauer	
durer L 1, Ex 2	dauern	

E

ébéniste *m* L 10, Ex 2	Möbeltischler	
écarter L 2, 5	ausschließen	
échanger L 4, 7	austauschen	
échapper L 1, 9	entfallen	
échelle *f* L 7, Ex 4	Leiter	
échelon *m* L 6, Ex 6	Leitersprosse, Stufe	
éclair *m* L 4, Ex 3	Blitz	
école *f* maternelle L 6, 2	Kindergarten	
écolo *m* (fam) L 9, 6	Abk. für *écologiste*: Umweltschützer	
s'écouler L 12, 4	fortfließen	
écran *m* L 1, 8	Fernseher	
écran *m* L 7, 9	Leinwand	
écrasé L 8, Ex 2	überfahren	
écraser L 2, 9	niederschmettern	
s'écrier L 1, 9	aufschreien	
écrivain *m* L 6, 5	Schriftsteller	
éditorial *m* L 8, 3	Leitartikel	
éducatif, -ve L 6, 2	erziehungs-	

éducation f physique L 6, Ex 2	Sportunterricht
en effet L 9, 6	in der Tat
effectuer L 9, 4	ausführen, durchführen
efficace L 4, 4	wirksam
efficacement L 2, 2	effizient
effort m L 8, Ex 7	Anstrengung, Mühe, Bemühung
égal L 4, 3	gleich, egal
à l'égard de L 3, 8	gegenüber
élaborer L 5, 7	ausarbeiten
élan m L 12, 4	Ansatz, Bewegung
électeur m L 11, 5	Wähler
élection f L 6, Ex 6	Wahl
électroménager m L 2, 9	elektrische Haushaltsgeräte
élevé L 2, Ex 7	hoch
élever L 3, 4	aufziehen, erheben
éleveur m de chevaux L 1, 4	Pferdezüchter
élire L 6, Ex 6	wählen
éloigner L 6, 4	entfernen
embarquer L 12, 1	sich einschiffen
s'embarrasser (de) L 2, 1	sich belasten mit
embaucher L 10, 6	ein-, anstellen
émission f L 1, 2	(Fernseh-)Sendung
emmener L 9, Ex 9	mitnehmen
emploi m L 3, 3	Stelle
emporter L 2, 8	mitnehmen
encadrement m L 10, 6	Betreuung
encercler L 12, 1	umzingeln
enchanté L 1, 1	angenehm
enchantement m L 4, 12	Entzücken
encourager L 11, 2	fördern, ermutigen
encre f de Chine L 7, 7	Tusche
encre m L 4, Ex 3	Tinte
endroit m L 1, Ex 5	Ort
endurcir L 6, 6	hart machen/abhärten
énervant L 2, 1	nervig
s'énerver L 9, Ex 5	sich aufregen
enfermer L 12, 1	einschließen
engagement m L 7, 12	Verpflichtung
engin m L 5, 10	Maschine
englouti L 7, 9	versenkt
énigme f L 1, Ex 3	Rätsel
s'enivrer L 4, 12	sich berauschen
enjoué L 11, Ex 7	heiter
ennui m L 6, 4	Ärger, Problem
s'ennuyer L 11, Ex 7	sich langweilen
enregistrement m L 1, 2	Aufnahme
enregistrer L 1, 6	verzeichnen
enrichir L 1, 8	bereichern
enseigner L 8, Ex 3	unterrichten, lehren
ensemble L 1, Ex 2	gemeinsam
ensemble m des membres L 11, 3	sämtliche Mitglieder
entendre L 12, 6	verstehen
entendre parler (de) L 11, 5	hören von
enterrement m L 3, 3	Beerdigung
entier, -ière L 1, Ex 2	gesamt
entourer L 4, 9	umgeben
entraîner L 6, 7	nach sich ziehen
s'entraîner L 5, Ex 1	üben
entrée f L 1, 8	Eintrag
entreprendre L 9, Ex 1	unternehmen
entreprise f L 1, 1	Unternehmen
entretien m L 1, Ex 2	Gespräch
entretien m L 10, 2	Wartung, Instandhaltung
entretien m d'embauche L 10, 9	Bewerbungsgespräch
envahir L 7, 9	eindringen
enveloppe f L 11, 4	Umschlag
enveloppement m d'algues L 5, 7	Algenpackung
envers m L 3, 10	Innenseite
environnement m L 9, Ex 4	Umwelt
s'envoler L 5, 7	wegfliegen
épanouir L 10, 7	aufblühen, entfalten
s'éparpiller L 3, 10	sich verlaufen
épeler L 5, Ex 1	buchstabieren
épicier m L 10, 2	Lebensmittelhändler
épinards m, pl L 2, 6	Spinat
épouser L 8, 11	vertreten
à cette époque L 3, Ex 8	zu der Zeit, damals
épreuve f L 12, 8	Test, Wettkampf
éprouver L 9, 6	empfinden
équilibration f L 5, 7	Ausgleich
équipage m L 9, Ex 1	Mannschaft, Besatzung
équitation f L 7, 5	Reiten
équivalent m L 12, Ex 7	Gegenwert, Äquivalent
erreur f L 1, 6	Fehler
escalier m L 1, Ex 3	Treppe
escargot m L 4, 2	Weinbergschnecke
espèce f L 9, 6	Art
espoir m L 12, 1	Hoffnung
esquisse f L 1, 4	Entwurf
à l'essai L 3, 2	Probe-
essayer L 9, 6	versuchen
essentiel m L 1, Ex 7	Wesentliche
esseulé L 12, 2	vereinsamt
esthéticienne f L 9, 3	Kosmetikerin
estimer L 3, 2	meinen
estomac m L 4, 12	Magen
et ainsi de suite L 11, Ex 1	und so weiter

établissement *m* L 8, 4	Schule	
établissement *m* L 10, 6	Zusammenstellung	
étagère *f* L 4, 5	Regal	
étaler L 12, 5	verstreichen, streichen	
état *m* L 5, 7	Zustand	
état *m* civil L 3, Ex 2	Familienstand	
éteindre L 10, 2	löschen	
s'éteindre L 3, 10	entschlafen	
étincellement *m* L 4, 12	Funkeln	
étirer L 5, 7	dehnen	
étoile *f* L 6, 3	Stern	
à la belle étoile L 9, 6	im Freien	
étonnant L 5, 10	erstaunlich	
étonnement *m* L 3, 8	Überraschung	
s'étonner L 6, 2	sich wundern, erstaunen	
étouffer L 3, 10	ersticken	
étourdissante L 7, 9	atemberaubend	
étrangement L 3, Ex 8	seltsamerweise	
être à la disposition de L 5, 4	zur Verfügung stehen	
être concerné L 9, 3	betroffen sein	
être considéré comme L 5, 7	angesehen werden als	
être constitué de L 9, 9	bestehen aus	
être d'accord avec L 1, 4	übereinstimmen mit	
être d'origine *f* italienne L 1, 2	ital. Herkunft sein	
être désolé L 7, 3	Leid tun	
être en perdition L 9, Ex 1	verloren gehen	
être en train de faire L 6, 4	dabei sein zu tun	
être équipé de L 5, 4	ausgestattet sein mit	
être prêt L 5, 5	bereit sein	
être situé L 5, 4	gelegen sein	
étroit L 9, 3	schmal	
étude *f* L 8, 4	Untersuchung	
évacuer L 7, 7	abbauen	
évaluer L 8, Ex 6	bewerten	
évêché *m* L 8, Ex 7	Bistum	
événement *m* L 3, 3	Ereignis	
éviter L 5, 2	Umgehen, vermeiden	
évolution *f* L 3, Ex 3	Entwicklung	
exagérer L 1, 4	übertreiben	
à l'exception de L 6, 7	mit Ausnahme von	
exercer L 10, 2	ausüben	
exhaustif, -ve L 10, Ex 1	ausführlich, erschöpfend	
s'exhiber L 6, 3	vorzeigen, zur Schau stellen	
exiger L 10, 6	fordern	
exode *m* L 9, 3	Massenabwanderung	
expérimenté L 10, 6	erfahren	
expiration *f* L 11, 4	Ablauf	
expliquer L 10, 5	erklären	

exposer L 10, 7	darlegen, darstellen	
s'exprimer L 6, 10	sich ausdrücken	
exprimer son opinion L 1, 4	seine Meinung ausdrücken	
exproprier L 9, Ex 3	enteignen	

F

se fâcher (fam) L 3, Ex 8	sich verkrachen	
façon *f* L 2, 1	Art und Weise	
de toute façon L 9, 3	überhaupt	
facteur *m* L 10, Ex 2	Briefträger	
faculté *f* L 8, Ex 6	Fähigkeit, Vermögen	
faiblesse *f* L 10, 9	Schwäche	
faire bon ménage L 8, 10	sich gut vertragen	
faire de la monnaie L 2, 1	Geld wechseln	
faire des efforts L 11, Ex 4	sich anstrengen	
faire face L 12, 6	meistern, bestehen	
faire la queue L 5, 5	Schlange stehen	
faire le ménage L 7, Ex 3	putzen	
faire le plein L 2, 7	voll tanken	
faire le tour de L 8, Ex 2	sich eingehend mit etw. beschäftigen	
faire mention L 4, 11	erwähnen	
faire partie de L 11, 3	gehören zu, Mitglied sein	
faire semblant de L 6, 4	so tun als ob	
faire suivre L 5, 9	nachschicken lassen	
faire-part *m* L 3, Ex 4	Anzeige	
en fait L 3, 8	in der Tat	
fait *m* divers L 8, 3	vermischte Nachrichten	
famille *f* recomposée L 3, 2	Patchwork-Familie	
farine *f* L 10, 3	Mehl	
faute de temps L 6, 5	aus Zeitmangel	
fauvette *f* L 7, 12	Grasmücke	
favori L 4, 10	beliebt	
femme *f* d'affaires L 10, 2	Geschäftsfrau	
fessée *f* L 11, Ex 8	Klaps auf dem Hintern	
feuille *f* L 12, 4	Blatt	
feuilleter L 2, 1	durchblättern	
fiançailles *f, pl* L 3, 2	Verlobung	
fiche *f* L 11, Ex 1	Blatt	
fiche *f* d'inscription L 5, Ex 4	Anmeldeformular	
fier, -ère L 6, 5	stolz	
figer L 12, Ex 3	erstarren lassen	

figurant *m* L 3, 7	Statist
fil *m* L 4, 9	Faden
au fil de L 4, 5	im Laufe von
au fil des années L 9, 3	im Laufe der Jahre
filet *m* L 4, 2	Filet
filière *f* L 10, Ex 1	Bildungsweg
en fin de compte L 2, 2	letztlich
flacon *m* L 10, 1	Flakon, Fläschchen
flash *m* d'information L 8, 5	Kurznachricht
flatteur, -se L 7, Ex 7	schmeichelhaft
fléau *m* L 7, 3	Plage
flûte *f* L 10, 3	längliches Brot
foi *f* L 9, Ex 1	Glaube
foie *m* L 4, 5	Leber
foire *f* L 4, 4	Messe, Markt
folie *f* L 8, Ex 6	Manie, Wahnsinn
en fonction de L 6, 10	je nach, im Hinblick auf
fonctionnaire *m* L 10, 2	Beamter
fond *m* L 6, 4	Hintergrund
au fond L 9, 2	im Hintergrund
fondé L 6, 7	gegründet
force *f* L 10, Ex 4	Stärke
forcément L 3, 4	unbedingt, notgedrungen
forfait *m* L 5, 5	Pauschale
formateur *m* L 6, 10	Ausbilder
formation *f* L 2, 5	Bildung
formule *f* L 5, 5	Angebot
formule *f* de politesse L 1, 8	Höflichkeitsformel
fortifié L 9, Ex 3	befestigt
fortune *f* L 3, 6	Vermögen
fouiller L 3, Ex 8	durchsuchen
foulard *m* L 6, 3	Seidenschal, Kopftuch
four *m* L 10, 3	Backofen
fournil *m* L 8, 6	Backstube
fournisseur *m* L 10, 6	Lieferant
frais *m, pl* de livraison L 2, Ex 7	Lieferkosten
fraise *f* L 4, 3	Erdbeere
France *f* profonde L 9, 3	*ländliche Regionen Frankreichs*
franchement L 9, 7	offen, ehrlich
fraternité *f* L 11, 1	Brüderlichkeit, Zusammen-gehörigkeit der Menschen
fréquence *f* L 7, 5	Häufigkeit
fréquenter L 6, 7	besuchen
friandise *f* L 8, 6	Süßigkeit
frigo *m* (fam) L 2, 1	Abk. für *réfrigérateur*: Kühlschrank
fromage *m* de chèvre L 2, 3	Ziegenkäse
frontière *f* L 2, 8	Grenze
fuir L 5, Ex 7	fliehen
fumer L 3, Ex 7	rauchen
fureur *f* L 7, 9	Wut

G

gaîté *f* L 11, Ex 7	Fröhlichkeit
gamme *f* L 2, 9	Produktpalette
gardien *m* L 7, Ex 4	Hausmeister
garer la voiture L 2, 1	das Auto parken
gars *m* (fam) L 11, 6	Junge, Bursche
gâter L 7, Ex 7	verwöhnen
géant L 7, 9	riesig, Riesen-
gêner L 2, 2	stören
générosité *f* L 11, Ex 1	Großzügigkeit
gérant *m* L 10, 6	Geschäftsführer
gestion *f* L 6, 7	Management, BWL
gigantesque L 12, 1	gigantisch, riesig
glisser L 4, 12	rutschen, gleiten
glorifiant L 8, Ex 2	glorifizierend
gousse *f* L 2, Ex 2	Zehe
goût *m* L 1, Ex 1	Geschmack
gouvernement *m* L 8, Ex 6	Regierung
grâce à L 6, 10	Dank
grain *m* L 4, 9	Korn
graisse *f* L 8, Ex 7	Fett
grande école *f* L 3, 8	Eliteschule
grande personne *f* L 3, 10	Erwachsener
gras, -se L 9, 3	fett
gratte-ciel *m* L 1, Ex 3	Hochhaus
gratuit L 6, 2	kostenfrei, umsonst
graver L 12, Ex 3	gravieren
gravir L 6, Ex 6	erklettern, hinaufsteigen
grille *f* L 1, Ex 2	Gitternetz
grisonner L 12, 2	grau werden
gros titre *m* L 8, 3	Schlagzeile
groseille *f* L 2, Ex 1	Johannisbeere
gymnase *m* L 6, Ex 2	Turnhalle, Sporthalle

H

s'habiller L 1, 3	sich anziehen
s'habituer L 5, Ex 3	sich gewöhnen
d'habitude *f* L 1, 3	normalerweise
haine *f* L 3, 8	Hass
au hasard L 6, 4	aufs Geratewohl
par hasard L 2, 2	zufällig
haut lieu *m* L 9, Ex 3	Zentrum
(être) à la hauteur de L 7, 9	einer Sache gewachsen sein
hélas L 7, 12	leider

hériter L 12, Ex 6	erben	
hésiter (à) L 11, Ex 3	Bedenken haben zu	
heure *f* de fermeture L 2, 2	Ladenschluss	
heures *f, pl* de pointe L 2, 2	Stoßzeiten	
se heurter L 9, Ex 1	aufeinander treffen	
hier L 3, 5	gestern	
se hisser L 4, 5	sich aufschwingen	
hongrois *m* L 6, 8	Ungarisch	
horlogerie *f* L 2, Ex 5	Uhrmacher	
hors L 2, Ex 7	außerhalb	
hors taxes L 11, 4	netto	
hostile L 7, 9	feindlich	
huile *f* L 2, 1	Öl	
humecter L 4, 12	anfeuchten	
humeur *f* L 11, Ex 7	Laune	
hydrojet *m* L 5, 7	Wasserstrahl	
hypertension *f* L 4, Ex 5	Bluthochdruck	

I

ignorer L 6, 9	nicht wissen
il s'agit de L 1, 9	es handelt sich um
s'il s'y prête L 6, 10	wenn es sich anbietet
image *f* L 1, Ex 1	Bild
imaginer L 1, 2	sich vorstellen
immédiatement L 3, Ex 7	sofort
immeuble *m* L 7, Ex 4	Mehrfamilienhaus
imposer L 10, 7	auferlegen
impression *f* tactile L 1, Ex 1	Tasten
imprévu L 4, Ex 6	unvorhergesehen
imprimante *f* L 1, Ex 1	Drucker
imprimer L 4, 12	drucken, verleihen
inadmissible L 8, 8	untragbar
incendie *m* L 10, 2	Brand
inciter L 4, 5	anregen
inconnu L 1, Ex 2	unbekannt
incontestablement L 10, 7	unbestritten
inconvénient *m* L 3, 2	Nachteil
incroyable L 3, 8	unglaublich
indiqué L 5, 2	ausgeschildert
indiquer L 8, 11	auf etwas hinweisen
indispensable L 5, 8	unerlässlich
infirmière *f* L 10, 2	Krankenschwester
inflammable L 7, Ex 4	leicht entflammbar
influencer L 5, Ex 7	beeinflussen
info *f* routière L 5, 2	Verkehrsnachricht
ingrédient *m* L 5, Ex 8	Zutat
initial L 10, 8	anfänglich, ursprünglich

s'initier L 5, 3	sich vertraut machen
injustice *f* L 12, 2	Ungerechtigkeit
innombrable L 9, 4	unzählig
innovant L 5, 7	innovativ
inquiétant L 9, 6	beunruhigend
inscription *f* L 9, 4	Eintrag
s'inscrire (à) L 1, 2	sich anmelden
insensé L 4, 3	sinnlos
insertion *f* L 2, 7	Einführen
insister L 4, 3	auf etwas bestehen
inspirer L 10, 4	anregen
installer L 5, Ex 8	unterbringen
s'installer L 1, 3	sich einrichten
s'installer (à) L 3, 8	ziehen nach
instant *m* L 5, Ex 1	Moment
instituer L 8, Ex 6	einführen
instituteur, -trice L 10, 2	Grundschullehrer, -lehrerin
instruction *f* L 2, 7	Anweisung
intégralement L 4, 11	vollständig
intégrer L 6, 7	aufgenommen werden
interdiction *f* L 10, Ex 5	Verbot
interdit L 1, Ex 4	verboten
en intérim L 10, 7	Vertretungsweise
intermédiaire *m/f* L 3, 6	Vermittler/rin
internaute *m/f* L 8, 10	Internetsurfer/rin
interroger L 6, 4	befragen
intolérable L 8, 8	unerträglich
intonation *f* L 1, 1	Betonung
introduction *f* L 2, 7	Einführen
inutile L 4, 3	nutzlos
inventer L 9, Ex 1	erfinden
à l'inverse L 8, 11	hingegen
inverser L 7, 9	tauschen
s'inverser L 10, Ex 1	sich umkehren
inversion *f* L 1, 1	Umstellung
issu L 5, 10	hervorgegangen

J

jambe *f* L 3, 7	Bein
jarretière *f* L 3, Ex 4	Strumpfband
jeter L 9, Ex 5	werfen
se jeter L 5, Ex 6	hineinspringen
joie *f* L 12, 1	Freude
joindre L 11, 4	beifügen
à jour L 7, Ex 4	auf dem neusten Stand
juge *m* L 10, 4	Richter
jugement *m* L 11, 3	Urteil
juger L 9, 3	urteilen
juif, -ve L 6, 3	jüdisch
jumeaux *m, pl* L 3, Ex 2	Zwillinge
juron *m* L 12, Ex 4	Fluch, Schimpfwort
juste L 8, 8	gerecht

K

kippa *f* L 6, 3	*jüdische Kopfbedeckung*

L

laïque L 6, 2	weltlich
laisser en évidence L 5, 9	offen liegen lassen
lait *m* écrémé L 2, Ex 6	entrahmte Milch
lait *m* entier L 2, Ex 6	Vollmilch
lancer L 8, Ex 7	ins Leben rufen
lancer L 10, Ex 1	werfen, fallen
langage *m* courant L 3, 2	Umgangsprache
langue *f* maternelle L 1, 2	Muttersprache
lardon *m* L 2, Ex 2	Speckwürfel
lave-vaisselle *m* L 9, Ex 6	Geschirrspülmaschine
léger, -ère L 2, 9	leicht
Légion *f* d'Honneur L 4, 3	Ehrenlegion
législation *f* L 3, 2	Gesetzgebung
lent L 2, 1	langsam
lettre *f* L 1, 1	Buchstabe
lettres *f, pl* L 6, Ex 6	Philologie
se lever L 1, 3	aufstehen
licence *f* L 6, Ex 6	Staatsexamen
lien *m* L 9, 3	Bezug
lien *m* de parenté L 9, 5	Verwandtschaftsgrad
liens *m, pl* L 11, Ex 7	Verhältnis
limiter la vitesse L 5, 2	die Geschwindigkeit begrenzen
dans la limite de L 11, 4	bis zu einem Höchstbetrag von
linguistique L 9, 6	sprachlich
liquide *m* vaisselle L 2, 3	Geschirrspülmittel
livré à lui-même L 12, 2	sich selbst überlassen
local, -aux L 6, 10	örtlich
localisation *f* L 5, 4	Verortung
logement *m* L 9, 3	Unterkunft
loi *f* L 6, 3	Gesetz
longer L 12, 1	entlang gehen
louche *f* L 10, 6	Suppenkelle
louer L 5, Ex 1	mieten, vermieten
loup *m* L 9, 6	Wolf
lune *f* L 11, Ex 6	Mond
lunettes *f, pl* L 1, Ex 5	Brille
lutter L 7, 9	kämpfen
lycée *m* L 6, 2	Gymnasium

M

mâcher L 4, 12	kauen
machin *m* L 1, 9	Sache, Ding
maçon *m* L 10, 2	Maurer
magazine *m* L 6, 7	Zeitschrift
magistrat *m* L 10, 2	hoher Beamter
magnifier L 4, 12	preisen, rühmen
maigrir L 8, Ex 7	abnehmen
maillot *m* de bain L 5, Ex 5	Badeanzug, Badehose
se maintenir L 4, 5	sich halten
maire *m* L 6, Ex 6	Bürgermeister
mairie *f* L 3, 5	Standesamt
maître *m* d'hôtel L 4, 1	Oberkellner
maîtresse *f* L 6, 4	Grundschullehrerin
maîtriser L 1, 8	beherrschen
majeure L 3, 2	volljährig
manière *f* L 2, 6	Art und Weise
manifestation *f* L 6, 2	Demonstration
manquer L 4, 9	fehlen, verpassen
manteau *m* L 11, Ex 4	Mantel
manuel *m* L 7, Ex 2	Hand-, manuell
se maquiller L 1, 3	sich schminken
marche *f* forcée L 7, 9	Gewaltmarsch
marcher L 2, 2	laufen
marié L 1, 1	verheiratet
marin L 5, 7	Meeres-
marin-pêcheur *m* L 8, 4	Berufsfischer
marqué L 3, 2	deutlich
matière *f* L 6, 7	Fach
matières *f, pl* grasses L 2, Ex 6	Fett
matrimonial L 8, Ex 7	Ehe-, Heirats-
mec *m* (fam) L 5, Ex 8	Mann
mécontentement *m* L 3, 8	Unzufriedenheit
mél *m* L 4, 5	E-Mail
mélanger L 6, 9	mischen
se mêler (de) L 4, 9	sich einmischen
membre *m* L 3, 6	Mitglied
menacer L 1, Ex 3	bedrohen
mener L 8, 4	durchführen
mener L 6, Ex 5	führen
mensuel *m* L 8, 3	Monatschrift
mentionner L 4, 5	erwähnen
mentir L 11, 5	lügen
merguez *f* L 4, 5	scharfe Bratwurst
mériter L 12, 3	verdienen
à merveille L 11, Ex 3	ausgezeichnet, wunderbar
merveilleux, -se L 5, 10	wunderschön
messagerie *f* L 10, 6	E-Mail Programm
métro *m* aérien L 12, 4	Hochbahn
mettre L 2, 1	einpacken

mettre L 5, Ex 3	brauchen	mutuel L 3, 2	gegenseitig
se mettre au fait de	sich Aufschluss verschaffen	mystérieux L 3, Ex 8	geheimnisvoll
L 10, 7	über		
se mettre au travail	sich an die Arbeit machen	**N**	
L 1, 3		nager L 2, 10	schwimmen
mettre de côté L 11, Ex 1	beiseite legen	natalité f L 3, Ex 3	Geburtenzahl
mettre du temps L 2, 2	Zeit brauchen	nécessaire L 1, 6	notwendig
mettre en doute	in Zweifel ziehen	négliger L 6, 9	vernachlässigen
L 8, Ex 7		négocier L 2, 11	aus-, verhandeln
meurtre m L 3, Ex 8	Mord	nettoyage m L 5, 4	Reinigung
miel m L 2, Ex 6	Honig	neveu m L 3, Ex 2	Neffe
mieux vaut L 1, 6	es ist besser	nièce f L 3, Ex 2	Nichte
mignon L 3, 8	süß	n'importe L 9, 6	egal
milieu m L 10, 1	Mitte	niveau m de la mer	Meeresspiegel
millésime m L 4, 11	Jahrgang	L 9, 3	
minceur f L 5, 7	Abnehmen	nocturne f L 2, 9	Abendöffnung
mineur m L 10, 2	Bergmann	nombre de L 4, Ex 7	zahlreich
minoritaire L 10, Ex 1	in der Minderheit	nombre m L 1, 1	Anzahl
miracle L 10, 1	Wunder-, wundertätig	notamment L 12, 6	insbesondere
mise f en scène L 12, 1	Inszenierung	notion f L 10, 6	Kenntniss, Vorstellung
mixte L 11, 8	in gemischten Klassen	notoriété f L 8, 2	Bekanntheit
mobile m L 3, Ex 8	Beweggrund, Motiv	nourrir L 10, 6	ernähren
modification f L 4, 4	Veränderung	nourriture f L 5, Ex 8	Essen, Lebensmittel
moisissure f noble	Edelpilz	novateur, -trice L 10, 6	innovativ
L 9, Ex 3		nuancer L 8, 11	differenzieren
môme m/f (fam) L 3, 10	Kleiner, -e	nuque f L 10, 1	Nacken
mondialisation f	weltweite Verbreitung	nutrition f L 5, 7	Ernährung
L 10, Ex 1			
monnaie f L 2, Ex 1	Kleingeld	**O**	
monoparental L 3, 2	mit nur einem Elternteil	obéir L 6, Ex 2	gehorchen, folgen
montant m L 2, 7	Betrag	obligation f L 2, 6	Verpflichtung
se moquer (de) L 4, 3	sich lustig machen	obtenir L 6, Ex 6	erhalten, erreichen
mot clé m L 1, Ex 2	Schlüsselwort	occasion f L 2, 1	Gelegenheit
moto f L 10, 6	Motorrad	à l'occasion de L 7, 11	anlässlich
mots m, pl fléchés	Kreuzworträtsel	d'occasion L 8, Ex 2	Gebraucht-, aus zweiter
L 1, Ex 2			Hand
mouche f L 10, 1	Fliege	s'occuper (de) L 1, 3	sich um etwas kümmern
mouchoir m en papier	Papiertaschentuch	odeur f L 1, Ex 1	Geruch
L 2, 1		œil sing/yeux pl	Auge
mousseline f L 4, 6	Püree	L 1, Ex 1	
mouton m L 7, 4	Schaf	œnophile m L 4, 12	Weinliebhaber
Moyen Age m L 5, 4	Mittelalter	œuvre f L 8, Ex 3	Werk
en moyenne L 3, 2	im Durchschnitt	offre f L 9, 5	Angebot
moyen m de sécurité	Sicherheitsmaßnahmen	offrir L 9, 8	schenken
L 5, 9		oiseau m L 7, 9	Vogel
moyen m de transport	Verkehrsmittel	onde f L 11, 6	Welle, Fluten
L 5, 1		opération f L 2, 7	Vorgang
multiple rural m L 9, 3	*ländliches Einkaufs- und*	opposer L 8, 11	gegenüberstellen
	Verwaltungszentrum	s'opposer (à) L 11, 2	dagegen sein
multiplication f L 3, Ex 3	Vermehrung	ordinateur m L 2, 8	Computer
municipalité f L 7, 4	Stadtverwaltung	à l'ordre de L 11, 4	auf
mur m L 12, 1	Mauer		
murmurer L 12, Ex 3	murmeln		

ordure *f* L 9, 6	Müll	paternité *f* L 4, Ex 8	Vaterschaft
origine *f* L 4, 11	Ursprung	patienter L 1, Ex 2	sich gedulden
orthographe *f* L 1, Ex 8	Rechtschreibung	patinoire *f* L 7, 4	Eisstadion
oser L 4, 3	wagen	patins *m, pl* à roulettes	Rollschuhe
ostensible L 6, 3	offenkundig, deutl. sichtbar	L 7, Ex 2	
otage *m* L 8, 5	Geisel	pâtissier *m* L 10, 2	Konditor
ouïe *f* L 1, Ex 1	Gehör	patrimoine *m* mondial	Weltkulturerbe
ours *m* L 8, 6	Bär	L 9, 4	
en outre L 4, Ex 8	außerdem	pauvre L 11, 2	arm

P

pain *m* complet L 10, 3	Vollkornbrot	pavé *m* L 6, 3	Pflaster, Pflasterstein
panneau *m* L 5, 2	Schild	payant L 8, 10	gebührenpflichtig
pantois L 8, 2	verblüfft, verdutzt	payer en espèces *f, pl*	bar bezahlen
papa *m* poule L 3, 4	(männliche) Glucke	L 2, 7	
papier *m* de verre L 3, 10	Sandpapier	peau *f* L 7, 9	Haut
papille *f* L 4, 12	Geschmackspapille	peccadille *f* L 3, 10	Lappalie
en papillote L 4, Ex 7	in Papier gebacken	pêcher L 9, Ex 1	fischen
par ailleurs L 4, Ex 8	außerdem	peindre L 1, 4	malen
par-ci, par-là L 10, 1	hier und da	pèlerin *m* L 9, 4	Pilger
de par L 10, Ex 1	seitens, durch	pelouse *f* L 7, Ex 4	Rasen
parachutisme *m* L 10, 6	Fallschirmspringen	penché L 3, 8	gebeugt
parcourir L 1, 9	zurücklegen	pendant L 4, 5	während
parent L 3, 2	verwandt	pendant qu'on y est	wenn wir schon dabei sind
parfois L 1, Ex 2	bisweilen	L 9, 6	
parmi L 3, 2	unter	perceptible L 12, 4	spürbar, wahrnehmbar
part *f* L 3, Ex 5	Anteil	percevoir L 10, Ex 1	wahrnehmen
à part L 6, 7	außer	se perdre L 1, 1	in Vergessenheit geraten
partager L 7, 12	teilen	perdu L 5, Ex 8	verloren
parti *m* L 11, 2	Partei	père *m* au foyer L 3, 4	Hausmann und Vater
partial L 8, Ex 2	parteiisch	performant L 5, 10	leistungsfähig
participant *m* L 1, 1	Teilnehmer	permis L 7, 9	erlaubt
participer (à) L 10, 2	sich beteiligen	permis *m* de conduire	Führerschein
particulier *m* L 11, 4	Privatperson	L 8, Ex 6	
particulier, -ière L 5, Ex 1	besonders	perte *f* de poids L 5, 7	Gewichtsverlust
partiel, -le L 12, 6	teilweise	peser L 2, 1	lasten, wiegen
partir à point L 1, 6	rechtzeitig	petit écran *m* L 7, 3	Fernsehen
	losgehen	petit noir *m* L 2, 1	Espresso
partir en guerre L 11, 2	in den Krieg ziehen	petit pois *m* L 4, 3	Erbse
partisan *m* L 11, 13	Anhänger	peuplé de L 7, 9	voller, bevölkert
parution *f* L 8, 3	Erscheinung	peupler L 3, Ex 6	beleben
parvenir L 8, 8	erreichen	peur *f* L 2, 6	Angst
pas équilibré L 4, Ex 2	unausgeglichen	physique *m* L 12, 2	Äußere, Gestalt
pas grand-chose L 8, 11	nicht viel	piaule *f* (fam) L 3, 10	Bude
pas mal de (fam) L 7, 4	viele	pièce *f* montée L 3, Ex 4	*französische Hochzeitstorte*
passer L 5, Ex 1	holen, verbinden	piège *m* L 9, Ex 1	Falle
passer L 7, 4	zeigen, spielen	pierre *f* L 10, 2	Stein
passer (à) L 8, 4	übergehen zu	pile *f* L 11, Ex 1	Stapel
se passer (de) L 11, 3	ohne etwas auskommen	pile ou face L 2, 2	Kopf oder Zahl, reiner Zufall
passionné L 5, 10	begeistert	pilule *f* contraceptive	Anti-Baby-Pille
pâté *m* de campagne	Landpastete	L 5, 9	
L 2, 3		pin *m* L 2, 9	Pinie
		pinceau *m* L 7, 7	Pinsel
		piscine *f* L 7, 8	Schwimmbad
		pissenlit *m* L 2, 6	Löwenzahn

se plaindre L 4, 6	sich beschweren	prendre L 7, Ex 2	fangen
plaire L 7, 9	gefallen	prendre congé L 5, 6	sich verabschieden von
plaisanterie *f* L 8, Ex 7	Scherz	prendre conscience	sich bewusst werden
plaisir *m* L 1, Ex 2	Vergnügen	L 5, 7	
plan *m* L 12, 8	Ebene	se prendre la tête (fam)	sich mit etwas aufhalten
planche *f* L 2, 6	Brett	L 1, 4	
plat *m* L 4, 2	Speise	prendre son rang	seine Reihe einnehmen
en plein milieu L 2, 2	mittendrin	(Canada) L 6, Ex 2	
plénitude *f* L 5, 7	Fülle	prendre un bon départ *m*	gut beginnen
pleurer L 3, 9	weinen	L 1, 6	
de plomb L 5, Ex 8	bleiern	préoccupant L 9, 6	besorgniserregend
plombier *m* L 10, 4	Klempner	préparer L 2, Ex 2	zubereiten
plonger L 12, 4	tauchen	préparer L 5, Ex 1	vorbereiten
plume *f* L 4, Ex 3	Feder	se préparer L 3, Ex 7	sich vorbereiten
poche *f* L 1, 8	Tasche	préscolaire L 6, 2	Vorschul-
	(am Kleidungsstück)	présence *f* L 3, 2	Vorhandensein
poids *m* L 8, 2	Gewicht	présenter L 2, 8	vorzeigen
point *m* fort L 9, 10	Stärke	se présenter L 1, 1	sich vorstellen
pointe *f* L 12, Ex 3	Spitze	se presser L 1, 6	sich beeilen
poireau *m* L 4, 2	Lauch	prestigieux, -se L 6, 7	ansehnlich,
pois *m* chiche L 4, 5	Kichererbse		bemerkenswert
poisson *m* d'avril	Aprilscherz	prétention *f* L 10, 6	Anspruch, Forderung
L 8, Ex 7		prêtre *m* L 10, 4	Priester
poivron *m* L 2, Ex 2	Gemüsepaprika	preuve *f* L 10, 10	Beweis
polar *m* (fam) L 6, 5	Krimi	prévision *f* L 6, 6	Vorhersage
poli L 4, 5	höflich	prévoir L 6, Ex 7	vorhersehen
politico-sanitaire L 8, 11	gesundheitspolitisch	prévu L 9, Ex 9	vorgesehen
polluer L 9, Ex 4	verschmutzen	primordial L 11, 3	äußerst wichtig
polyvalent L 10, 6	vielseitig	prise en compte de	Berücksichtigung
pompier *m* L 10, 2	Feuerwehrmann	L 10, Ex 1	
population *f* L 3, 2	Bevölkerung	prison *f* L 8, 5	Gefängnis
port *m* L 6, 3	Tragen (eines Schleiers)	prix *m* hors saison	Preis in der Nebensaison
portable *m* L 1, 2	Mobiltelefon, Handy	L 5, 4	
porte *f* blindée L 5, 9	Stahltür	probable L 5, Ex 1	wahrscheinlich
porte-parole *m* L 8, 11	Sprecher, Sprachrohr	processus *m* L 6, Ex 7	Prozess, Verfahren,
porter (sur) L 8, 7	sich um etwas drehen	proche L 2, Ex 8	nah
poser L 2, 1	abstellen	profil *m* linguistique	Sprachenprofil
poser L 8, Ex 1	Modell stehen	L 1, 7	
	bzw. sitzen	se profiler L 8, 10	sich abzeichnen
posséder L 10, 6	besitzen	profond L 5, 7	tief
posture *f* L 5, 7	Haltung	profusion *f* L 4, 5	Fülle
pot *m* L 8, 6	Glas	progrès *m* L 6, Ex 7	Fortschritt
pourcentage *m* L 6, 8	Prozentsatz	progression *f* L 3, Ex 3	Zunahme, Ansteigen
poursuivre L 6, 7	verfolgen, fortsetzen	promesse *f* L 3, 9	Versprechen
pourtant L 1, Ex 2	dennoch	promotion *f* L 2, 4	Sonderangebot
pousser L 7, 9	schieben	promotion *f* L 3, 3	Beförderung
précédent L 3, Ex 7	vorig, vorangehend	promouvoir L 12, 8	fördern, unterstützen
précipiter L 9, Ex 1	werfen	prononciation *f* L 1, 8	Aussprache
préférer L 1, 1	vorziehen	à propos de L 2, 5	hinsichtlich
selon vos préférences	nach Ihren Vorlieben	proposition *f* L 10, 1	Vorschlag
L 1, Ex 2		propreté *f* L 5, 4	Sauberkeit
préfet *m* L 8, 5	Präfekt	propriétaire *m/f* L 1, 4	Eigentümer/in
au premier plan L 9, 2	im Vordergrund	propulsé L 7, 9	geschleudert

proscrire	L 6, 3	ausschließen, abschaffen
provenir	L 4, 10	stammen, herkommen
proverbe *m*	L 1, 6	Sprichwort
proximité *f*	L 5, 4	Nähe
prudent	L 7, Ex 4	vorsichtig
publication *f*	L 3, 7	Veröffentlichung
publicité *f*	L 10, 7	Werbung
publier	L 6, 5	veröffentlichen
public, -que	L 6, 2	öffentlich
punir	L 6, 6	strafen

Q

QI	L 8, Ex 6	Abk. für *quotient m intellectuel*: IQ
quai *m*	L 8, Ex 1	Bahnsteig
qualité *f*	L 2, 11	Eigenschaft
quarantaine *f*	L 1, 4	etwa vierzig
questionnaire *m*	L 1, 1	Fragebogen
en quête de	L 8, 4	auf der Suche nach
queue *f* de bœuf	L 4, 2	Ochsenschwanz
quinze jours	L 3, Ex 7	zwei Wochen
quitter	L 2, 2	verlassen, aufgeben
quotidien	L 6, 2	täglich
quotidien *m*	L 8, 3	Tageszeitung

R

racine *f*	L 2, 6	Wurzel
rafraîchir	L 1, Ex 7	wieder auffrischen
en raison de	L 12, 6	auf Grund
raisonnable	L 5, 4	vernünftig
ralentir	L 5, 2	verlangsamen
ramasser	L 7, Ex 4	aufheben
ramasser le courrier	L 5, 9	die Post holen
ramener	L 3, 8	mitbringen
randonnée *f* à bicyclette	L 5, 8	Radtour
ranger	L 2, 1	aufräumen
se ranger (à)	L 3, 2	sich einer Sache anschließen
se rappeler	L 1, 9	sich erinnern
rapport *m*	L 1, Ex 7	Bericht
en rapport avec	L 1, 4	in Zusammenhang mit
rassembler	L 12, 8	versammeln
ravisseur *m*	L 8, 8	Entführer
rayon *m*	L 2, 1	Abteilung, Regal
réalisatrice *f*	L 12, 1	Filmregisseurin
réaliser	L 3, 4	verwirklichen
récemment	L 8, 2	vor kurzem

recenser	L 9, 3	zählen
recevoir	L 10, 2	erhalten
recharger	L 5, Ex 8	aufladen
réchaud *m*	L 3, 10	Herd
rechercher	L 10, 1	suchen
à la recherche de	L 10, 6	auf der Suche nach
récit *m*	L 3, Ex 6	Erzählung
récolte *f*	L 4, 11	Ernte
recommander	L 4, 5	empfehlen
se réconcilier avec soi-même	L 12, 2	mit sich selbst ins Reine kommen
reconnaître	L 2, 4	erkennen
recruter	L 10, 6	einstellen, anwerben
reçu *m*	L 11, 4	Beleg
récupération *f*	L 2, 7	Wiedererlangung
rédaction *f*	L 10, 6	Abfassung, Ausarbeitung
redémarrer	L 1, 6	erneut starten
rédiger	L 10, 2	abfassen, aufsetzen
redoutable	L 9, Ex 1	furchterregend
réduction *f* d'impôt	L 11, 4	Steuervergünstigung
réduit	L 12, 6	vermindert, verringert
réélire	L 6, Ex 6	wieder wählen
réellement	L 4, 3	wirklich
réfléchir	L 2, 5	überlegen
réfrigérateur *m*	L 11, Ex 3	Kühlschrank
réglementé	L 5, 2	begrenzt
régler la facture	L 2, 5	die Rechnung bezahlen
régner	L 4, 5	herrschen
regretter	L 7, 3	bedauern
regrouper	L 2, 2	zusammenstellen
régulièrement	L 8, 4	regelmäßig
rejeter	L 2, 5	zurückweisen
rejoindre	L 5, Ex 7	aufsuchen, sich anschließen
se réjouir	L 7, 12	sich freuen
relais *m*	L 8, 10	Verbindung
relance *f*	L 10, 6	Wiedervorlage
relatif à	L 1, Ex 7	bezüglich
en relation avec	L 9, 6	in Bezug auf
relaxation *f*	L 5, 7	Entspannung
se relaxer	L 5, Ex 3	sich ausruhen
relier	L 7, 9	verbinden
remercier	L 1, Ex 3	sich bedanken
se remettre	L 1, 1	erneut beginnen
remise *f*	L 8, 8	Übergabe, Aushändigung
remise *f* en forme	L 2, 5	Fitnesstraining
remplacer	L 8, Ex 6	ersetzen
remplir	L 6, Ex 6	füllen, erfüllen
remporter	L 6, Ex 6	gewinnen
rémunérer	L 10, 2	vergüten, entlohnen
renard *m*	L 4, Ex 3	Fuchs

rendre L 2, 2	zurückgeben	
rendre visite (à) L 1, 5	besuchen	
renforcer L 5, 7	stärken	
renoncer (à) L 9, Ex 10	verzichten	
se renseigner L 9, 6	sich informieren	
rentrée f des classes L 2, 9	Schulanfang	
rentrer L 1, 6	erlernen	
répartition f L 3, Ex 5	Aufteilung	
repas m L 1, 8	Essen	
repérer L 8, Ex 1	ausfindig machen	
reporter L 8, Ex 3	aufschieben	
repos m L 7, 3	Ruhe	
reposant L 4, 5	erholsam	
se reposer L 1, 2	sich erholen	
repousse f L 10, 1	erneutes Wachsen	
se reprendre L 12, 4	sich wieder fassen	
représenter L 5, 3	darstellen	
reproche m L 3, 9	Vorwurf	
reproduire L 6, 10	nachmachen	
réseau m L 7, 9	Netzwerk	
résistance f L 5, 7	Widerstand	
résolution f L 10, 7	Lösung, Entscheidung	
respectivement L 9, 4	beziehungsweise	
respirer L 4, 12	einatmen	
responsable L 5, 7	verantwortlich	
ressembler L 1, 2	ähneln	
ressortir L 10, 10	herauskommen, folgen	
ressortissant m L 10, Ex 3	Bürger	
rester indifférent L 5, 4	unberührt bleiben	
en retard L 1, Ex 5	mit Verspätung	
retenir L 1, Ex 1	sich merken	
retenir L 10, 7	zurückhalten, wecken	
retirer L 5, 5	entgegennehmen	
retirer de l'argent L 2, 7	Geld abheben	
retourner L 11, 4	zurückschicken	
retraite f L 3, 5	Ruhestand	
se retrouver L 1, 4	sich wiederfinden	
réunir L 7, 9	versammeln	
réussir L 4, 3	Erfolg haben, gelingen	
se réveiller L 1, 3	aufwachen	
révélation f L 12, 5	Enthüllung	
revenir à la charge L 11, Ex 7	nicht locker lassen	
revenu m L 11, 4	Einkommen	
réviser L 1, 8	wiederholen	
révolté L 12, 2	empört, entsetzt	
revue f L 8, 1	Zeitschrift	
richesse f L 1, Ex 8	Reichtum	
rien ne sert de L 1, 6	es nützt nichts	
rigoriste L 12, 2	stur, sittenstreng	

rigueur f L 4, 5	Strenge, Gründlichkeit	
risquer L 10, Ex 1	riskieren, drohen	
rivière f L 9, 6	Bach	
robe f L 3, 10	Kleid	
rôder L 9, 6	herumlungern	
faire du roller m L 7, 4	Inlineskaten	
rond m de serviette L 4, 3	Serviettenring	
ronde f L 11, 6	Reigen	
route f secondaire L 9, 4	Nebenstrecke	
rouvrir L 9, 3	wieder eröffnen	
ruelle f L 7, 9	Gasse	
rupture f L 9, Ex 6	Trennung	

S

sable m L 4, 5	Sand	
sac m à main L 1, 4	Handtasche	
sage L 11, Ex 8	brav, klug, weise	
sage-femme f L 10, 5	Hebamme	
sainement L 2, Ex 6	gesund	
saisir L 1, Ex 7	erfassen	
salade f de crevettes L 4, 2	Krabbensalat	
salaire m L 10, 6	Gehalt	
salarié m L 7, 3	Arbeitnehmer	
Salon m du livre L 2, 8	Buchmesse	
sang m contaminé L 8, 11	infizierte Blutkonserven	
sanglier m L 9, 3	Wildschwein	
sans cesse L 10, 9	ununterbrochen	
sans-abri m L 11, Ex 8	Obdachlose(r)	
satisfait L 1, Ex 3	zufrieden	
saucisse f L 2, 1	Wurst, Würstchen	
saucisson m L 4, 4	Wurst	
saumon m gratiné L 4, 2	gratinierter Lachs	
sauver L 8, Ex 3	retten	
saveur f L 1, Ex 1	Geschmack	
savon m L 6, 4	Seife	
savoureux L 4, Ex 2	schmackhaft	
sciatique f L 5, 7	Hüftleiden, Ischias	
scie f L 7, Ex 4	Säge	
scientifique m L 10, 4	Wissenschaftler	
scolariser L 6, 2	einschulen	
sècher L 8, 4	schwänzen	
secondaire m L 6, 2	höhere Schule	
secouriste m L 12, 7	Sanitäter	
secours m L 11, 4	Hilfe	
secousse f L 7, 9	Stoß	
secret L 3, Ex 8	verschlossen	
secret m L 3, Ex 8	Geheimnis	
sécurisant L 6, 10	Sicherheit gebend	

séduisant L 3, 8	anziehend, verführerisch	
séjour *m* L 5, Ex 4	Aufenthalt	
sélectionner L 1, 8	auswählen	
selon L 3, 2	laut	
sembler L 3, 8	scheinen	
semer L 6, 3	säen	
sémillant L 7, 9	sprühend, lebhaft	
sens *m* L 2, 8	Bedeutung, Sinn	
en ce sens L 10, 7	in dem Sinn	
sentir L 6, 4	fühlen, riechen, schmecken	
se sentir à l'aise L 6, 10	sich wohlfühlen	
séparé L 3, 7	getrennt	
serrer L 3, 10	einengen, drücken	
servir (à) L 1, 8	zu etwas dienen	
s'étendre L 9, Ex 3	ausbreiten	
seul L 1, 9	einzig	
sévère L 10, Ex 1	streng, ernst	
si nécessaire L 1, 2	wenn nötig	
siège *m* L 9, 3	(Firmen-)Sitz	
sigle *m* L 7, 12	Abkürzung	
signé L 2, 5	aus dem Hause	
signifier L 6, 2	bedeuten	
sillage *m* L 7, 9	Kielwasser	
sincère L 7, Ex 7	ehrlich	
sinistré L 8, 10	schrecklich	
sinistré *m* L 11, 4	Katastrophenopfer	
site L 9, Ex 3	Ort	
site *m* L 3, Ex 5	Internetseite	
soie *f* L 10, 6	Seide	
soif *f* L 11, Ex 3	Durst	
soigner L 10, 2	pflegen	
soin *m* L 4, 9	Sorge, Sorgfalt	
soin *m* L 5, 7	Anwendung	
soixantaine *f* de L 3, Ex 8	etwa 60	
sol *m* L 8, 6	Boden	
sommaire *m* L 8, 3	Inhaltsverzeichnis	
sommeil *m* L 12, 4	Schlaf, Müdigkeit	
son *m* L 1, Ex 1	Ton	
sondage *m* L 11, 3	Umfrage	
sonorité *f* L 11, Ex 1	Klang	
sortie *f* L 7, 2	Veranstaltung, Besuch	
sortir L 1, Ex 3	herausholen	
soucieux de L 8, 11	auf etwas bedacht	
soudain L 7, 9	plötzlich	
souffle *m* L 8, 2	Druckwelle	
souffler L 5, Ex 2	blasen, wehen	
souffrir L 4, Ex 5	leiden	
soumission *f* L 8, 11	Unterwerfung	
soupçon *m* L 10, 1	Verdacht	
source *f* L 9, 4	Quelle	
sourcil *m* L 6, 4	Augenbraue	
sourd L 12, 4	matt, dumpf	
sous-marin *m* L 4, 5 (Canada)	*gefülltes Sandwich*	
sous-titre *m* L 8, 4	Untertitel	
soutenir L 11, 2	unterstützen	
spectacle *m* L 5, Ex 1	Veranstaltung	
splendide L 5, 4	prächtig	
stage *m* L 7, 3	Kurs, Praktikum	
stagiaire *m/f* L 1, 4	Praktikant/in	
standardiste *m/f* L 10, 6	Telefonist/in	
station *f* de radio L 8, Ex 2	Radiosender	
station-service *f* L 2, Ex 5	Tankstelle	
sténodactylographe *m/f* L 10, 6	StenotypistIn	
subir L 8, Ex 7	erleiden	
succès *m* L 1, 6	Erfolg	
sucrerie *f* L 11, Ex 6	Süßigkeit	
suffisant L 5, Ex 1	ausreichend	
suggérer L 7, 9	vorschlagen	
se suicider L 3, Ex 8	Selbstmord begehen	
suite à L 10, 7	gemäß, im Anschluss an	
de suite L 10, 6	gleich, sofort	
suite *f* L 1, 2	Fortsetzung	
suivant L 1, 1	folgend	
suivi *m* L 10, 6	weitere Betreuung	
suivre L 10, 7	folgen	
suivre un cours L 1, 2	an einem Kurs teilnehmen	
à son sujet L 12, 5	betreffend	
sujet *m* de conversation courante L 1, 8	geläufige Konversationsthemen	
superflu L 11, 3	überflüssig	
supérieur L 4, 11	höher	
supplément *m* chambre individuelle L 5, 7	Einzelzimmerzuschlag	
supplémentaire L 6, Ex 7	zusätzlich	
support *m* L 5, 10	Transportmittel	
supporter L 3, 8	ausstehen	
supposer L 8, 2	annehmen	
supprimer L 4, Ex 5	streichen, weglassen	
suprême *m* de poularde L 4, 2	Geflügelbrust	
surgelé L 2, 1	tiefgefroren	
surnom *m* L 12, Ex 4	Spitzname, Beiname	
surprenant L 10, Ex 5	überraschend	
surpris L 1, 4	überrascht	
surveiller L 5, 9	überwachen	
survoler L 7, 9	überfliegen	
susceptible L 10, 7	empfänglich, geeignet	
susciter L 10, 7	erregen, erwecken	
sympathiser L 12, 2	sich verstehen	

T

tableau *m*	L 1, 2	Tabelle
tableau *m*	L 1, 4	Bild, Gemälde
tâche *f*	L 3, Ex 5	Aufgabe
taille *f*	L 5, 4	Größe
tailleur *m*	L 10, Ex 2	Schneider
en tandem	L 6, 10	zu zweit, gekoppelt
taper au clavier *m*	L 1, 8	per Tastatur eingeben
tard	L 3, 2	spät
teinte *f*	L 4, 12	Farbton, Färbung
télécharger	L 8, Ex 10	downloaden
télé-réalité *f*	L 8, 11	Reality-Show
témoignage *m*	L 1, Ex 8	Aussage
témoin *m*	L 3, 6	Zeuge
tempête *f*	L 7, 9	Unwetter, Sturm
à temps	L 8, Ex 5	rechtzeitig
de temps en temps	L 3, 10	ab und zu
temps *m* dégagé	L 5, 4	klares Wetter
temps *m* libre	L 7, 2	Freizeit
tenants et aboutis- sants *m, pl*	L 8, Ex 2	nähere Umstände
teneur *f*	L 4, 11	Inhalt, Gehalt
tension *f*	L 5, 7	Verspannung
tentative *f*	L 1, 6	Versuch
tenter	L 4, 3	versuchen
tenter	L 7, 7	hinreißen
tenue *f*	L 6, 3	Anzug, Kleidung
se terminer par	L 3, 2	enden mit
territoire *m* d'outre-mer	L 9, 9	Überseegebiete
texto *m*	L 5, Ex 8	SMS
thèse *f*	L 3, 8	Dissertation, Habilitationsschrift
tiédir	L 3, 10	abkühlen
tiers *m*	L 3, 2	Drittel
timide	L 2, 6	schüchtern
tirage *m*	L 8, 3	Auflage
titre *m*	L 3, Ex 5	Überschrift
à des titres divers	L 12, 6	in verschiedener Hinsicht
à titre *m* gracieux	L 4, 3	unentgeltlich
toit *m*	L 7, Ex 4	Dach
tomber	L 11, Ex 4	werden
tomber en panne	L 2, 8	ausfallen
tondre	L 7, Ex 4	mähen
tonton *m* (fam)	L 10, Ex 6	Onkel
tortue *f*	L 4, Ex 3	Schildkröte
torture *f*	L 1, Ex 2	Folter
tôt	L 2, 10	früh
touché	L 7, 12	berührt, erfreut
touche *f*	L 1, 4	Pinselstrich
touffe *f*	L 10, 1	Büschel
tournure *f*	L 10, Ex 1	Wendung, Redewendung
Toussaint *f*	L 6, 2	Allerheiligen
tousser	L 10, 1	husten
tout de même	L 4, 3	trotzdem, dennoch
trace *f* de pas	L 8, 6	Fußstapfen
tracé *m*	L 5, 4	Trasse
tracer	L 12, 4	schreiben
traduction *f*	L 1, 8	Übersetzung
traiter	L 4, 9	behandeln
tranquillité *f*	L 1, Ex 5	Ruhe
transfrontalier	L 6, 10	grenzüberschreitend
transition *f*	L 8, Ex 10	Übergang
transmettre	L 10, 6	übertragen, überbringen
transport *m*	L 1, 8	Verkehr
transporter	L 8, 2	überwältigen
travaux *m, pl* manuels	L 7, 2	Handarbeit
traverser	L 9, 3	überqueren
trépidant	L 7, 9	pulsierend
trésor *m*	L 6, Ex 10	Schatz
trié sur le volet *m*	L 6, 7	auserlesen
trimbaler (fam)	L 2, 2	mitführen
trimestriel, -le	L 8, 3	vierteljährlich erscheinend
se tromper	L 6, 10	sich täuschen
tromper	L 12, 1	überlisten, täuschen
trou *m*	L 10, 1	Loch
trouble *m*	L 6, 3	Verwirrung, Unordnung
trousseau *m*	L 3, Ex 4	Aussteuer
truc *m*	L 1, 9	Sache, Ding
tuer	L 7, Ex 2	töten

U

un *m* par un	L 1, Ex 1	eins nach dem anderen
une *f*	L 8, 3	Titelseite einer Zeitung
unification *f*	L 11, Ex 9	Vereinigung
union *f* libre	L 3, 2	wilde Ehe
union *f* monétaire	L 6, Ex 6	Währungsunion
unir	L 9, Ex 10	verbinden
universitaire	L 3, 3	Hochschul-, akademisch
uranium *m* appauvri	L 8, 11	nicht angereichertes Uran
urgence *f*	L 11, 4	Notfall
urgent	L 2, 9	dringend
user	L 3, 10	abnutzen

V

vaccination *f*	L 7, Ex 4	Impfung
vache *f* folle	L 8, 11	Rinderwahnsinn

vaincre   L 6, 10   besiegen
valable   L 11, 4   stichhaltig, treffend
valeur *f*   L 11, 1   Wert
validation *f*   L 2, 7   Bestätigung
vanter   L 7, Ex 7   loben
varié   L 4, 5   abwechslungsreich
vaste   L 6, 2   groß, weit
veau *m*   L 4, 3   Kalb
veille *f*   L 3, 9   Vortag
vente *f*   L 10, 2   Verkauf
verdure *f*   L 4, 5   grüne Umgebung
vérifier   L 1, 4   überprüfen
véritable   L 3, 8   richtig, echt
verrière *f*   L 12, 4   Glasdach
vertigineux, -se   L 7, 9 schwindelnd
vertu *f*   L 4, 5   Tugend
vestiaire *m* d'entraide   *Second-Hand-Laden für einen*
   L 11, Ex 7   *guten Zweck*
   (Canada)
veuf, -ve   L 1, 1   verwitwet
victime *f*   L 3, Ex 8   Opfer
vide-grenier *m*   L 2, 11 Speicherentrümpelung
se vider   L 9, 3   sich entvölkern
vie *f* active   L 3, 4   Erwerbsleben
vie *f* courante   Alltag
   L 11, Ex 9
vieillesse *f*   L 11, Ex 5 Alter
vigneron *m*   L 3, 7   Winzer
vigueur *f*   L 1, 6   Stärke, Nachdruck
ville-phare *f*   L 12, 6 bedeutende Stadt

violence *f*   L 9, Ex 3   Gewalt
virement *m*   L 2, Ex 1   Überweisung
visage *m*   L 11, Ex 2   Gesicht
viser   L 12, 8   zielen
visionner   L 8, Ex 10   sich ansehen
visite *f*   L 2, 3   Besuch
vitre *f*   L 7, Ex 4   Glasscheibe
vocation *f*   L 9, 3   Berufung
voie *f* express   Schnellstraße
   L 5, Ex 6
voile *f*   L 7, 3   Segeln
voile *m*   L 6, 3   Schleier, Kopftuch
se voiler   L 12, Ex 3   sich verstecken, sich
                              verschleiern
voix *f*   L 4, 3   Stimme
de vive voix   L 10, 7   in persönlichem Gespräch
voler   L 7, 9   fliegen
voler   L 8, 6   stehlen
volet *m*   L 5, 9   Rollladen
volontaire   L 12, 8   freiwillig
volonté *f*   L 7, 3   Willen
voluptueux, -se   L 4, 12 wonnevoll, wollüstig
vote *m*   L 11, 8   Wahl
s'en vouloir (de)   L 3, 8 einem Leid tun (zu)
vous tombez bien   Sie kommen gerade recht
   L 10, 1
VTT   L 5, 10   Abk. für *vélo tout-terrain,*
                              Mountainbike
vue *f*   L 1, Ex 1   Blick, Sehen

Lösungen

Bilan 1

1/1a

se – se – se – se – nous – nous – se – nous – s' – se – me – s' – t' – se – se – nous – se – se – s'

1/1b

Nous nous serrons la main ? – Nous serrons-nous la main et nous embrassons-nous ? – Est-ce que nous nous serrons la main et (est-ce que) nous nous embrassons ? – Nous nous installons là ? – Nous installons-nous là ? – Est-ce que nous nous installons là ? – Comment tu t'appelles ? – Comment t'appelles-tu ? – Comment est-ce que tu t'appelles ? – On se revoit ? – Se revoit-on ? – Est-ce qu'on se revoit ?

1/2a

sera : être – rencontreras : rencontrer – aura : avoir – t'amuseras : s'amuser – devras : devoir – feras : faire – auras : avoir – passerez : passer – seras : être

1/2b

Réponses possibles
Quand tu seras grand, tu auras une carte de crédit.
Quand tu seras grand, tu pourras sortir tard le soir.
Quand tu seras grand, tu prendras le train tout seul.

2/1

1 – 4 – 8 – 9 – 10 – 11

2/2

Réponses possibles
Hier matin, ils sont d'abord allés chercher des boutons à la mercerie.
Puis, ils ont essayé des sandales en caoutchouc chez le marchand de chaussures.
Après, ils ont acheté de la crème solaire à la pharmacie.
Ensuite, ils ont commandé un kilo de viande à la boucherie.
Puis, ils ont pris cinq boîtes de petits pois au supermarché.
Pour finir, ils ont trouvé des fraises au marché.

2/3 a

1 j'ai fait – je n'ai rien mangé – j'ai perdu
2 je suis allé(e) – j'ai monté (les escaliers)
3 tu es rentré(e) – se sont inquiétés
4 nous nous sommes maquillées – nous nous sommes mis
5 vous avez fait – je me suis endormi(e)

2/3b

Réponses possibles
L'année dernière, j'ai conduit une voiture pour la première fois.
Il y a cinq ans, j'étais en France pour la première fois.
Quand ma grand-mère est morte, j'ai pleuré pour la première fois.

2/4

1 Un week-end est plus court/moins long qu'une semaine.
2 Les prix en temps normal sont plus élevés qu'en période de soldes.
3 Le choix d'articles dans les boutiques de quartier est moins grand que dans les grands magasins.
4 Un maillot une pièce est plus pratique qu'un bikini.
5 Une traductrice électronique est moins efficace qu'un traducteur.
6 Mon humeur est meilleure le vendredi soir que le lundi matin./ Je suis de meilleure humeur le vendredi soir que le lundi matin.

3/1

1 l'an dernier – tous les ans
2 au cours des 12 derniers mois – chaque jour – trois fois par semaine
3 la semaine dernière
4 ce soir
5 demain

3/2a

a fait – était – s'est arrêtée – a examiné – n'arrivait pas – a emporté – ne savait pas – avait pris – était – fallait – a appelé – lui a apporté – a hésité – s'est décidée – avait choisis

3/2b

1 Faux
2 Faux, elle a essayé plusieurs maillots différents dans la cabine.
3 Vrai
4 Faux, la responsable de cabine lui a proposé 15 maillots.

3/3a

Green Card

3/3b

était – fallait – était – rêvait – a organisé – pouvait – ont été obligés – était – séparait – étaient faits (ouvert)

Bilan 2

4/1

1 correct
2 On ne le lui avait jamais proposé avant.
3 Je vous l'apporte tout de suite.
4 Le serveur a oublié de me le donner.
5 correct

4/2

| 1 | b et c | 3 | c |
| 2 | a et c | 4 | c |

5/1

Horizontalement

1	MINCIR	7	CORSE
2	PEAGE	8	AUTOROUTE
3	RANDONNEE	9	BAGAGES
4	AQUITAINE	10	MONTAGNE
5	BATEAU	11	ETRANGER
6	PLAGE	12	NEIGE

Verticalement
MEDITERRANEE

5/2

1 b 4 a et c
(c : archaïque) 5 b et c
2 a et b (c : non
3 b et c idiomatique)

5/3

1 preniez 4 sont
2 fasse 5 puisses
3 soit

6/1

1 La femme dit que sa fille Marine veut devenir mécanicienne.
2 Ils parlent des métiers manuels (mécanicien, électricien, par exemple).
3 D'après eux, les diplômes ne servent plus à rien, car les employeurs préfèrent les débutants pour les former eux-mêmes.
4 C'est équilibrant et cela élimine les angoisses.
5 L'homme critique les études et les diplômes, mais trouve important que son fils ait son bac.

6/2

1 Vrai
2 Faux : Dialang ne propose pas de test pour l'expression orale.
3 Faux : Dialang s'adresse à tous.
4 Vrai
5 Faux : Dialang permet seulement de mesurer les compétences linguistiques non validées par les diplômes.

6/3a

1 que
2 ce que 3 qui 5 dont
  4 ce qui 6 où

6/3b (ouvert)

Bilan 3

7/1

1 l'Euro (de football) – le Tour de France – les Jeux olympiques
2 On travaille moins, on a des congés, et surtout, les retraites se sont allongées parce qu'on vit en moyenne plus longtemps.
3 le tourisme

4 les Américains
5 La priorité des Américains est l'argent (Ils gagnent un tiers de plus.), celle des Européens le temps libre.

7/2

Réponses possibles
1 Oui, cela me plairait assez.
2 Non, malheureusement, je serai en déplacement loin d'ici ce jour-là.
3 Oui, je suis/serai libre ce jour-là. Je suis très touché(e) par l'invitation.
4 Oui, cela m'a fait très plaisir de passer quelques jours avec vous.
5 Et si on faisait une partie d'échecs ?

7/3

1 … que tu n'ailles pas…
2 … de ne pas y aller.
3 … que nous apprenions…
4 … que vous étudiez … avant de participer…
5 … qu'il fasse…
6 … qu'il ne pleuve pas…
7 … qu'il y a…
8 … qu'il y en ait…
9 … que la radio permet…
10 … qu'elle permette…

8/1

Réponses possibles
1 … les hommes ne seraient pas allés sur la Lune en 1969.
2 … nous cuirions les aliments au feu de bois.
3 … on ne guérirait pas de certaines maladies.
4 … Hiroshima et Nagasaki n'auraient pas été détruites en 1945.
5 … vous liriez davantage.
6 … je n'aurais pas pu faire cette traduction la semaine dernière.

8/2

a été expérimenté – étaient développés – étaient improvisés – a été intégré – ont été mis – ont été brisés – a été lancée

8/3a

Réponses possibles
1 Premiers pas encore improvisés en 1949/Un journal télévisé artisanal

2 1956 – Le journal télévisé, un instrument de propagande gouvernementale/L'omniprésence de la censure
3 1969 – La concurrence brise des tabous
4 Evolution de la forme
5 L'indépendance politique

8/3b

Les mots du texte en rapport avec la notion *censure* sont *contrôler* (le contenu), *tabous* et *indépendance face au pouvoir*.
On aurait pu aussi trouver dans le texte *liberté d'opinion* et *liberté d'expression*.

9/1a

Vue de Delft de Jan Vermeer.

9/1b (ouvert)

9/2

1 En buvant un verre de bon vin…
2 … en courant un marathon sous la pluie.
3 … en travaillant dans un foyer pour sans-abri.
4 … en faisant le tour du monde.
5 En sortant de l'immeuble…
6 … en jetant une cigarette mal éteinte…

9/3

1 Depuis plusieurs années, je m'y intéresse particulièrement.
2 J'y en ai visité beaucoup.
3 Je m'en souviens très bien.
4 Par la suite, j'y suis souvent retourné.
5 Il y a deux ans, je l'ai achetée près de Lourmarin.
6 Je leur en parle souvent.
7 Je les ai invités à m'y accompagner.
8 Je l'y ai retrouvée.

Bilan 4

10/1a

A 4 Planifiez vos activités !
B 3 Divisez les tâches importantes en plusieurs séquences !
C 1 Apprenez à dire « Non » !

10/1b (ouvert)

10/2a
dialogue 1
Qui appelle : Madame Blanchard
Heure du rendez-vous : 20 heures
Lieu du rendez-vous et personnes
présentes : informations non
données (Il s'agit d'un rendez-vous
téléphonique entre madame
Blanchard et madame Rémy.)
Objet du rendez-vous : article
devant paraître

dialogue 2
Qui appelle : Monsieur Michard
Heure du rendez-vous : 19 heures
Lieu du rendez-vous : Cabinet
Lamarre
Les personnes qui seront présentes :
Maître Lamarre, monsieur et
madame Michard
Objet du rendez-vous : information
non donnée

10/2b (ouvert)

10/3
1 Marie-Hélène dit/explique
   qu'elle a exercé le métier de
   sage-femme pendant dix ans.
2 François explique/dit qu'il
   travaille comme surveillant pour
   financer ses études.
3 Charly et Lisa annoncent qu'ils
   se marieront l'année prochaine.
4 Géraldine (se) demande/veut
   savoir si les collègues partent
   tous en vacances au mois d'août.
5 Lisa veut savoir/me demande ce
   que je pense de son idée.
6 Alain (se) demande/veut savoir
   comment il faut parler au
   patron.

11/1
1 combattre   3 donner
2 égalité   4 désintéressé

11/2
Réponses possibles
1 Si tu ne manges pas ta soupe, tu
   n'auras pas de dessert.
2 Si vous voulez éviter les
   problèmes, vous devez être plus
   gentil avec votre collègue.
3 Si les météorologues avaient

prévu le tsunami, il y aurait eu
moins de victimes.
4 S'il n'avait pas obtenu ce poste
   au Québec, il n'aurait jamais
   appris le français.
5 Si les entreprises européennes
   ne faisaient pas fabriquer leurs
   produits dans les pays en
   développement, il y aurait plus
   de travail en Europe.

11/3a
auraient – contiendrait – vivraient –
rêveraient – serait – serait acceptée –
tomberaient – allumeraient

11/3b
Une pièce de théâtre qu'ils auraient
écrit, du pétrole et de l'uranium
dans leur jardin. – Ils prendraient le
métro en première et allumeraient
leurs cigares avec des billets.

11/3c
1 J'aurais joué au loto toutes les
   semaines.
2 J'aurais cambriolé une banque.
3 J'aurais épousé une femme/un
   homme riche.
4 J'aurais fondé une entreprise
   profitable.
5 Je serais parti chercher un trésor
   sur une île déserte.

12/1 (ouvert)

12/2

1 d	4 c	7 c	10 a
2 a	5 b	8 c	
3 b	6 c	9 c	

12/3
ambitioniert = ambition
brüskieren = brusquer
Dementi = démenti
eklatant = éclatant
Finanzen = finances
genieren = gêner
Jacke = jaquette
konstruieren = construire
Leutnant = lieutenant
Maskottchen = mascotte
Onkel = oncle
Profiteur = profiteur
raffiniert = raffiné
servieren = servir
Weste = veste

Leçon 1

1 (ouvert)

2a
1 travaillez   4 structurez   7 traduire
2 patienter   5 se motiver   8 chercher
3 préparez   6 analysez   9 utilisez

2b apprendre

3a
Réponses possibles
énigme 1
Quel est le rôle de l'autre personne
dans l'ascenseur ?
Pourquoi le temps influence-t-il le
comportement de l'homme ?

énigme 2
Pourquoi l'homme demande un
verre d'eau ?
Comment peut-on expliquer la
réaction du barman ?

3b
1 L'homme est de petite taille et il
   arrive seulement à la hauteur du
   bouton du 20e étage. S'il y a une
   autre personne, il lui demande
   d'appuyer sur le bouton du 25^e
   étage. S'il fait mauvais temps, il
   prend son parapluie pour appuyer.

2 L'homme a le hoquet et demande
   un verre d'eau pour le faire passer.
   Le barman remarque que l'homme a
   le hoquet et prend son revolver pour
   l'effrayer. L'effet voulu a lieu et
   l'homme n'a plus le hoquet. Il en est
   satisfait, remercie le barman et s'en va.

3c (ouvert)

4a
Réponses possibles
le jardin : c'est un endroit agréable
avec beaucoup d'arbres et de fleurs.
le travail : c'est une activité
quotidienne qui prend une partie
importante de la journée et pour
laquelle on reçoit de l'argent.
la ville : c'est un endroit avec
beaucoup de rues et de maisons.
Souvent plusieurs millions de

personnes y habitent, malheu-reusement il y a peu d'espaces verts.

4b (ouvert)

5

1 m'excuse – 2 nous rappelons – 3 se trouvent – 4 ne s'inquiète jamais – 5 vous décider – 6 s'écrit – 7 ne te dépêches pas

6

1 aller – b : tu iras
2 avoir – d : il aura
3 devoir – g : elles devront
4 être – e : nous serons
5 faire – h : ils feront
6 pouvoir – c : elle pourra
7 venir – a : je viendrai
8 voir – f : vous verrez

7

1 comprendrai   5 saisira
2 reconnaîtras   6 suivrez
3 expliquerai   7 pourront
4 écrirons   8 passeras

8

témoignage 1 – C Apprendre une langue est une richesse.

témoignage 2 – B L'orthographe et les conjugaisons en français : quels cauchemars !

Leçon 2

1

Les listes de vocabulaire sont structurées selon deux principes : les mots de chaque liste sont en rapport avec un même sujet et les premiers mots sont classés par ordre alpha-bétique. Pour pouvoir répondre aux questions, il suffit donc de mémo-riser les premiers mots.

2 Réponses possibles

Pour préparer une ratatouille, il faut des tomates, des aubergines, des poivrons, des courgettes, trois gousses d´ail, un peu de thym et de basilic.
Pour faire des crêpes, il faut 200 g de farine, 80 g de beurre, un litre de lait, un œuf et un peu de sel.

Pour une raclette du pays de Vaud, il faut 1 kg de fromage, 1 kg de pommes de terre, du sel, des oignons et des cornichons.
Pour un coq au vin, il faut un beau coq, 1/2 l de vin rouge, 100 g de lardons …

3

Infinitif	Participe passé	Passé composé
acheter	acheté	il a acheté
faire	fait	vous avez fait
voir	vu	elles ont vu
aller	allé	je suis allé/e
être	été	on a été
prendre	pris	tu as pris
manger	mangé	elle a mangé
réussir	réussi	j'ai réussi
vouloir	voulu	tu as voulu
choisir	choisi	vous avez choisi
boire	bu	nous avons bu
venir	venu	ils sont venus
comprendre	compris	j'ai compris

4

1 J'ai très bien dormi.
2 Les enfants sont allés au marché.
3 Mon mari n'a jamais voulu faire les courses.
4 Nous avons invité nos amis à dîner ce soir.
5 Après le cinéma, ils ont bu un verre au bar.
6 Vous avez pris la voiture pour aller en ville ?

5 Réponses possibles

1 J'ai fait changer la pile de ma montre à la bijouterie-horlogerie.
2 J'ai essayé des escarpins rouges chez le marchand de chaussures.
3 J'ai choisi de la peinture verte à la droguerie.
4 J'ai fait le plein à la station-service.
5 J'ai pris des pieds de veau à la boucherie.
6 J'ai vu une photo de mariage chez le photographe.
7 J'ai acheté de l'aspirine à la pharmacie.
8 J'ai pris un magazine russe chez le marchand de journaux.

6

a Le miel est plus sain que la confiture.
b Le yaourt nature est moins calorique que la mousse au chocolat.
c Le lait écrémé contient moins de matières grasses que le lait entier.
d L´eau fait moins grossir que les boissons sucrées.
e Manger régulièrement est meilleur pour la digestion que manger beaucoup le soir.
f Le pain complet a plus de goût que la baguette.

7 (ouvert)

8

1 Les livres les plus intéressants se trouvent…
2 Le supermarché le moins cher, c'est…
3 Le parking le moins dangereux la nuit, c'est…
4 Les prix les plus bas en électroménager, c'est chez…
5 Le magasin de meubles le plus proche du centre-ville se trouve…
6 Les meilleurs croissants se trouvent…
7 Les fruits les plus frais se trouvent chez…
8 Le plus grand choix de chaussures est à…

9

Réponse de l'exemple : la Suisse
1 Quel est le bâtiment le plus haut : la tour Eiffel, l'arche de la Défense ou la cathédrale Notre-Dame de Paris ?
Réponse : la tour Eiffel
2 Quelle est la ville la plus peuplée : Bruxelles, Genève ou Marseille ? Réponse : Bruxelles
3 Quelle ville se trouve le plus au nord : Chinon, Nevers ou Beaune ? Réponse : Chinon
4 Quel pont est le plus long : le pont du Gard, le pont de Normandie ou le pont de Millau ? Réponse : le pont de Normandie

5   Quelle ville est la plus an-
    cienne : Arles, Liège ou Nîmes ?
    Réponse : Arles

Leçon 3

1 (ouvert)

2 mots cachés

Horizontalement
a 6   beaux-parents
c 1   jumeaux
f 3   petit-fils
h 1   belle-mère
j 1   célibataire
l 5   grand-mère – l 17 : mari
n 5   grands-parents
p 5   nièce – p 11 : beau-frère
r 7   petite-fille
s 5   enfants
t 14   divorcé

Verticalement
1 m   parents
2 a   veuve
3 l   cousine
4 b   femme
5 p   neveu
9 c   veuf
12 c   cousin
14 c   grand-père
16 c   beau-père
19 b   belle-sœur
20 n   sœur

On pourrait rajouter : belle-fille –
gendre – jumelles – frère – divorcée –
marié(e) – père – mère –
oncle – tante – parrain – marraine

3a
1 – e : la diminution du nombre des
        mariages
2 – c : la progression des familles
        « monoparentales » et des
        familles « recomposées »
3 – f : la multiplication des divorces
4 – b : la baisse du nombre
        d'enfants/de la natalité
5 – g : l'évolution de la législation
6 – d : le développement de l'union
        libre
7 – a : l'augmentation du nombre de
        personnes vivant seules

3b
1   Le nombre des mariages a
    diminué.
2   Les familles « monoparentales »
    et les familles « recomposées »
    ont progressé.
3   Les divorces se sont multipliés.
4   Le nombre d'enfants/La natalité
    a baissé.
5   La législation a évolué.
6   L'union libre s'est développée.
7   Le nombre de personnes vivant
    seules a augmenté.

4 (ouvert)

5a
1   36 %
2   34 h 19
3   2 h 16
4   19 h 26
5   5 h 09

5b (ouvert)

6a
faisait – étaient – peuplaient – étais –
travaillais – étais – ai pris – faisais –
ai dû – s'est ouverte – j'ai vu –
souriait – a souri – était

6b (ouvert)

6c (ouvert)

7
1   aviez cuisiné – aviez mis – aviez
    choisi – aviez rangé – aviez
    décoré
2   s'était préparée – avait couru –
    avait mangé – avait arrêté –
    avait réduit
3   s'étaient rencontrés – étaient
    tombés – s'étaient vus

8a
avait – a appris – parlaient – ont dit
– ne savaient pas – était – s'était
fâchée – avait aussi cessé – aimait – a
interrogé – était – parlait – adorait –
lisait – fouillait – s'est arrêté –
ressemblait – avait écrit – s'est
suicidée – a assassiné

8b
Isabelle a été assassinée par ses
propres parents qui n'avaient pas
supporté la liaison incestueuse de
leur fille avec un cousin de la mère
d'Isabelle (dont l'inspecteur a trouvé
la photo dans le sac d'Isabelle).
Isabelle s'était mariée en cachette de
ses parents quelques années auparavant et avait confié ce secret à sa
sœur deux mois avant sa mort. C'est
ainsi que la mère a appris le mariage
et a décidé de « punir » sa fille. Passe
encore qu'elle vive en union libre
avec ce parent éloigné, mais aller
jusqu'à se marier, non !

Leçon 4

1 (ouvert)

2
a   la serveuse : mal habillée
b   le client : énervant
c   les légumes : trop cuits
d   le repas : savoureux
e   le vin : acide

3a
1 – b   6 – d
2 – j   7 – g
3 – a   8 – f
4 – h   9 – e
5 – c   10 – i

3b
1   hart wie Stein
2   schwarz wie die Nacht
3   treu wie ein Hund
4   stark wie ein Bär
5   leicht wie eine Feder
6   langsam wie eine Schnecke
7   schnell wie der Blitz
8   schlau wie ein Fuchs
9   alt wie Methusalem
10 bekannt wie ein bunter Hund

4a
1   Non il ne le connaît pas.
2   Une collègue originaire de la
    région a recommandé ce
    restaurant.
3   Elle s'appelle Marie-Christine.
4   Ils commandent quatre ratafias,
    quatre salades campagnardes et
    quatre bœufs bourguignons
    avec un châteauneuf-du-pape.
5   Non, ils demandent une carafe
    d'eau.

4b

une bonne idée – quatre salades campagnardes – quatre bœufs bourguignons – une grande carafe d'eau

5a

1 Oui, on peut l'utiliser pour la cuisson.
2 Oui, on peut l'éliminer de son alimentation sans risque pour la santé.
3 Non, il ne faut pas le supprimer absolument.
4 Non, il ne faut pas les varier de temps en temps.
5 Non, l'alimentation moderne ne nous les apporte pas.
6 Non, il ne faut pas le réduire.
7 Oui, ils peuvent la supprimer totalement.

6

1 Il la lui raconte.
2 Il ne la lui raconte pas.
3 Il ne raconte pas l'histoire à sa sœur.
4 On va la leur annoncer.
5 On ne va pas la leur annoncer.
6 On ne va pas annoncer la nouvelle à nos amis.
7 Je peux le lui donner.
8 Je ne peux pas le lui donner.
9 Je ne peux pas donner le journal à mon mari.
10 Vous me l'avez demandé.
11 Vous ne me l'avez pas demandé.
12 Vous ne m'avez pas demandé le chemin.

7

heureusement – bien sérieusement – brillamment malheureusement – vraiment savoureusement – rarement intelligemment – joliment

8a

Le vin joue un rôle important. Les Français boivent deux à trois verres de vin par jour.

8b

le médecin lyonnais Serge Renaud

8c

C'est un paradoxe : les Français boivent plus de vin et cela a des conséquences positives sur leur santé.

8d

Les Français mangent plus de fruits et légumes frais que les Américains, les consomment crus ou peu cuits. Ils cuisinent avec de l'huile d'olive.

8e (ouvert)

9 (ouvert)

Leçon 5

1a

Réponses possibles
Prix : Quel est le prix par semaine ?
Indication de prix : Ça fait 400 € par semaine.
Prix raisonnable : Très bien.
Ça me semble convenable.
Nombre de lits :
C'est pour combien de personnes ?
Indication de nombre de lits : Il y a de la place pour deux personnes.
Prix trop élevé : Pour deux seulement ? C'est trop cher !
Cela me semble bien cher !
Nombre de lits suffisant : C'est exactement ce qu'il me faut.
Très bien, ça me convient.
Nombre de lits insuffisant : Nous sommes cinq, c'est impossible.
Dommage, il nous faudrait un lit de plus.
La clé : Comment peut-on faire pour la clé ?
Comment payer : Comment peut-on régler ?

1b (ouvert)

2a (ouvert)

2b

Beau temps

Il y a du soleil. – Il fait chaud. – Le ciel est bleu. – Le ciel est clair. – Le ciel est dégagé.

Mauvais temps

Le vent souffle. – Il pleut. – Il y a du brouillard. – Il neige. – Le temps est couvert. – Le ciel est gris. – Il fait froid. – Il y a de l'orage. – Il y a des nuages.

Réponses possibles
A Berne le ciel est gris et il pleut.
A Londres il y a du brouillard mais il fait assez chaud.
A Barcelone le temps est couvert et il y a de l'orage.

3a

Chaque – plusieurs – Chaque – plusieurs – Tous – autres – quelques – toute

3b (ouvert)

4 (ouvert)

5a

1 Il faut que tu écrives une carte postale !
2 Il faut que vous preniez la route nationale !
3 Il faut que tu respectes les limitations de vitesse !
4 Il faut que vous soyez patients !
5 Il faut que tu viennes chez moi !
6 Il faut que vous rouliez relax !
7 Il faut que tu partes en train !
8 Il faut que vous emportiez votre maillot de bain !

5b (ouvert)

6 Réponses possibles

1 Il y a un vaste programme culturel pour que les faux vacanciers ne bronzent pas idiot.
2 La voie express Georges-Pompidou doit être bloquée avant que le spectacle commence.
3 Paris-Plage est ouvert de 7 heures à minuit afin qu'un maximum de personnes ait la possibilité d'y aller.
4 Plus de 100000 personnes par jour s'installent sur la plage bien qu'il ne fasse pas toujours beau.
5 Un bassin de baignade est installé afin que l'illusion soit presque parfaite.

7

| 1 | Vrai | 3 | Faux | 5 | Vrai |
| 2 | Faux | 4 | Vrai | | |

8a (ouvert)

8b (ouvert)

Leçon 6

1a

n : nom
obj/dir : objet/direct
m/pl : masculin/pluriel
f/sg : féminin/singulier
inf : infinitif
cf : confer, voir
plais : plaisanter
qc : quelque chose
qn : quelqu'un

1b

[~ik] : 2 ; [~isjõ] : 1 ; [~iR] : 4 ;
[~mã] : 3 ; [~ablə] : 5

1c

sich darüber einig sein, dass – einig
er hat nichts zu lachen – lachen

2a

1 secrétariat
2 l'école
3 autorisation, gymnase, cour
4 convenablement
5 matériel, éducation physique,
   arts plastiques
6 adulte

2b (ouvert)

3a

Corinne : pour ; argument : éviter le
rejet d'enfants défavorisés par le
reste de la classe
Philippe : contre ; argument : liberté
d'exprimer sa personnalité
Véronique : pour ; argument : aspect
pédagogique, ne pas juger en
fonction de l'apparence
Patrick : contre ; argument : besoin
de diversité dans la société

3b (ouvert)

4

1 dont - des étudiants
2 qu' - un rôle
3 dont - du livre
4 que - le film
5 dont - du voyage

5a

1 Notre école se trouvait au bout
   d'une petite rue qui menait au
   château.

2 Sylvie suit un cours intensif de
   chinois dont elle est très
   contente.
3 C'est une étudiante allemande
   qui cherche un appartement
   pour dix mois.
4 Le professeur a pris une décision
   que je ne comprends pas.
5 C'est une école de langues où
   l'on rencontre beaucoup de gens
   intéressants.

5b (ouvert)

6a

Valéry Giscard d'Estaing – 3
François Mitterrand – 2
Simone Veil – 1

6b (ouvert)

7 (ouvert)

8 (ouvert)

9 Réponses possibles

1 Nous ne savons vraiment pas ce
   qui se passe.
2 J'aimerais bien savoir ce qu'il a
   fait.
3 Il ne dit pas toujours ce qui lui
   est arrivé.
4 Elle n'a pas vu ce que je leur ai
   rapporté.
5 Pourriez-vous me dire ce qui se
   trouve derrière cette porte ?

10 (ouvert)

Leçon 7

1 (ouvert)

2a

Horizontalement : 1 POTERIE –
2 CHASSE – 3 BRICOLAGE –
4 NATATION – 5 KARATE –
6 SURF – 7 ROLLER – 8 PECHE

2b

Verticalement :
PEINTURE
représentation figurative ou abstraite
sur une surface plane au moyen de
couleurs

3

1 Elle imagine aussi qu'ils ont dû
   la payer cher.
2 Elle ne croit pas qu'ils aient pris
   un crédit.
3 Elle ne pense pas qu'ils
   s'occupent eux-mêmes du
   jardin.
4 Elle ne croit pas qu'elle fasse
   elle-même le ménage.
5 Elle a bien l'impression aussi
   qu'ils sont heureux en mariage.
6 Elle ne trouve pas vraiment que
   ce soit une jolie femme.

4a

1 correct
2 correct
3 incorrect : le sujet du verbe *se
   chausser* et celui du verbe *tondre*
   sont identiques. On doit alors
   utiliser *pour* + infinitif.
4 incorrect : le sujet du verbe *avoir
   peur* et celui du verbe *se couper*
   sont identiques. On doit alors
   utiliser *de* + infinitif.
5 incorrect (sujets différents)
6 correct
7 incorrect : le sujet du verbe *être*
   et celui du verbe *se brûler* sont
   identiques. On doit alors utiliser
   de + infinitif.
8 incorrect : le sujet du verbe
   souhaiter et celui du verbe *faire*
   sont identiques. On doit alors
   utiliser *de* + infinitif.

4b

3 Chausse-toi convenablement
   pour tondre la pelouse.
4 Nous avons peur de nous couper
   en ramassant les morceaux de
   vitre brisée.
5 Il est nécessaire que vous soyez …
7 Je suis contente de ne pas m'être
   brûlée avec ce produit.
8 Il souhaite ne pas faire de chute en
   montant sur le toit de la maison

5a

Sur la page d'accueil du Futuroscope,
il faut cliquer sur l'onglet *Tarifs*, puis
sur *Séjours*.

5b (ouvert)

6a

L'accent circonflexe est signe

qu'autrefois la voyelle en question était suivie d'un « s ». Pour économiser du papier, les copistes notaient le « s » au dessus de la voyelle. La forme de ce « s » a évolué pour donner l'accent circonflexe.

6b

festivité – festif – festin – festoyer

6c

das Fest

6d

forêt – Forst – forest
hâte – Hast – haste
château – Kastell – castle
maître – Meister – master
fraîcheur – Frische – freshness
rôtir – rösten – to roast
hôpital – Hospital, Spital – hospital
croûte – Kruste – crust
coûter – kosten – to cost

7

Réponse possible
Chère Madame, cher Monsieur,

Je tiens à vous remercier de votre invitation. La soirée a été très agréable. Je me suis bien amusée avec les autres invités lors du repas qui était excellent. Je garderai un excellent souvenir de votre fête.

Un grand merci pour votre accueil chaleureux,

Marine Dalanbrec

Leçon 8

1a

modèle : poser – corps – vêtements – se déshabiller – nu – nudité – gêne
gare : train – voie – arrivée – départ – retard – changement de quai – passage souterrain

1b

modèle – gênée/non-amour de soi – comédie/comédienne

1c

Lucile habite à Paris.
Poser nue lui rapporte environ 1 200 € par mois.
Elle a posé pour la première fois à l'âge de 26 ans.

1d

information 1 (groupe A) : le train aura 30 minutes de retard.

information 2 (groupe B) : les voyageurs doivent se rendre voie cinq.

2

1   un dossier
2   les dépêches
3   son éditorial
4   les faits divers
5   une analyse
6   une chronique
7   les petites annonces

3

1   On pourra sauver l'enfant.
2   On a dû reporter l'émission de télévision à la semaine suivante.
3   On distribuera trois journaux gratuitement dans les universités.
4   On attribue le prix Femina chaque année à une œuvre d'imagination.
5   Autrefois, on enseignait la morale à l'école.
6   La veille, on nous avait attaqués en pleine rue.

4 (ouvert)

5

1   J'enverrais le message. – J'aurais envoyé…
2   Tu prendrais le train de 10 h 50. Tu aurais pris…
3   Il finirait son travail à temps. – Il aurait fini…
4   Nous irions au cinéma. – Nous serions allés…
5   Vous viendriez chez nous. – Vous seriez venus…
6   Ils connaîtraient tous les verbes irréguliers. – Ils auraient connu…
7   J'aurais peur du chien. J'aurais eu…
8   Tu pourrais lire ce livre. – Tu aurais pu…
9   Elle écrirait une lettre de réclamation. – Elle aurait écrit…
10   Nous mettrions un manteau. – Nous aurions mis…
11   Vous écouteriez une émission de radio.– Vous auriez écouté…

12   Elles tiendraient un journal à la main. – Elles auraient tenu…

6

1   a décidé – aurait décidé
2   remplacera – remplacerait
3   permet – permettrait
4   organisera – organiserait
5   dédicacera – dédicacerait
6   a prévu – aurait prévu ; – doit ; devrait
7   attribuera – attribuerait

7

1   D'après le *Daily Mail,* les chaussettes mange-graisses FatSox permettraient de maigrir sans effort.
2   Selon le quotidien *National*, le président Emil Constantinescu aurait invité en Roumanie le groupe britannique *Spice Girls* comme agent électoral.
3   D'après le quotidien *Gazeta Wyborcza*, l'évêché de Radom lancerait un bureau matrimonial catholique. Les clients devraient s'engager à fonder une famille nombreuse.
4   Selon l'agence PAP, l'Oscar que vient de recevoir Andrzej Wajda pour son œuvre serait un faux. Le cinéaste devrait retourner à Hollywood pour récupérer le vrai Oscar lors d'une nouvelle cérémonie.

8

1 – f	5 – g	9 – i
2 – j	6 – d	10 – c
3 – h	7 – a	
4 – e	8 – b	

9 (ouvert)

10 (ouvert)

Leçon 9

1a

1   dans le Pacifique
2   des enfants
3   un yacht
4   Ils font naufrage sur une île déserte.

1b (ouvert)

2 (ouvert)

3
1 en y ajoutant
2 en s'y installant
3 en faisant
4 en expropriant
5 en se fixant
6 en détruisant

4
1 Faux, Marie s'est engagée pour défendre ses idées écologiques.
2 Vrai
3 Vrai
4 Faux, c'est extrêmement difficile de respecter toutes les règles de l'éthique écologique lors d'un grand festival.
5 Vrai
6 Faux, elle est déçue par les gens qui critiquent sans proposer d'améliorations.

5a
1 Il conduit en buvant un demi après l'autre.
2 Elle fait ses devoirs en regardant la télé.
3 Il fait le plein en fumant une cigarette.
4 Il prend son petit-déjeuner en compagnie de sa femme en lisant le journal.
5 Il jette sa sœur dans le bassin nageur de la piscine en sachant qu'elle ne sait pas nager.
6 Il discute en s'énervant.

5b (ouvert)

6 (ouvert)

7 (ouvert)

8
1 … nous en prenons.
2 … ils n'en ont pas parlé.
3 … je m'y intéresse
4 … je n'en ai pas.
5 … il y va.
6 … non. Nous n'en avons pas besoin.
7 … on y pense.

9
1 Je m'y intéresse beaucoup.
2 Je le passerai seul en Corse.
3 J'en parle souvent.
4 Je lui en ai déjà parlé.
5 Je ne les emmènerai pas.
6 Je l'ai déjà informé de mon arrivée.
7 Je l'en ai déjà informé.
8 Je vais y passer deux jours à mon arrivée.

10a
1 le – y – en
2 les – y – en – en
3 y – lui – nous

10b (ouvert)

11
1a l'océan Indien
2b l'Hexagone
3c Département d'Outre-Mer
4c en Nouvelle-Calédonie
5b à la Martinique
6b 130

Leçon 10

1 (ouvert)

2a
1 un architecte (profession libérale)
2 un tailleur (ne travaille pas dans l'alimentation)
3 un ébéniste (profession non médicale)
4 un diplomate (profession non militaire)

2b
un architecte : fait les plans de construction pour une maison.
f : une architecte
un tailleur : coud les vêtements sur mesure.
f : une tailleuse / couturière
un ébéniste : fabrique des meubles.
f : une ébéniste
un diplomate : travaille dans les relations politiques entre différents pays.
f : une diplomate

3a (ouvert)

3b (ouvert)

3c (ouvert)

4a (ouvert)

4b (ouvert)

5a (ouvert)

5b (ouvert)

6a (ouvert)

6b
1 Ce matin Louise a annoncé que son chef lui proposait de travailler à l'administration centrale de Metz.
2 Jacques lui a demandé si elle avait vraiment envie de quitter Reims et la Champagne.
3 Louise a répondu qu'on lui donnerait un meilleur poste et un salaire beaucoup plus intéressant.
4 Jacques a dit qu'ils avaient leur famille ici.
5 Louise a déclaré que par l'autoroute, ça faisait deux heures de Metz à Reims.
6 Jacques a répondu qu'on voulait acheter le terrain à bâtir derrière la maison de tonton Georges.
7 Louise a indiqué que l'entreprise possédait des terrains magnifiques aux alentours de Metz à un prix extraordinaire.
8 Jacques a voulu savoir quand ils devraient partir.

6c (ouvert)

Leçon 11

1 (ouvert)

2 (ouvert)

3
1 si   3 quand   5 si
2 quand   4 si   6 quand

4
1 Si nous faisons plus de sport, nous serons plus détendus.

2 Si tu manges un peu de chocolat, tu te sentiras mieux.
3 Si j'ai un peu de chance, j'aurai le train.
4 Si tu fais des efforts, tu réussiras.
5 S'ils ne se reposent pas, ils vont tomber malades.
6 Si vous ne mettez pas de manteau, vous allez attraper froid.

5a
Selon ce proverbe, les jeunes savent peu de choses et manquent d'expérience, mais ils ont la forme physique nécessaire pour faire ce qu'ils veulent ou ce qui les intéressent. En revanche, les personnes âgées ont beaucoup de connaissances et une grande expérience des choses de la vie, mais elles n'ont plus ni la forme physique ni souvent les moyens financiers nécessaires pour faire ce qu'elles veulent ou ce qui les intéressent.

5b (ouvert)

6
Réponses possibles
1 Si la lune n'était pas si loin, on pourrait y aller en week-end.
2 Si les enfants regardaient moins la télévision, ils seraient plus musclés.
3 Si le chinois n'était pas si difficile pour les Européens, plus d'Européens l'apprendraient.
4 Si les automobilistes étaient plus prudents, il y aurait moins d'accidents de la route.
5 Si tu ne mangeais pas autant de sucreries, tu n'aurais pas de caries.
6 Si nous avions plus de temps, nous lirions le journal tous les jours.

7a
Ils sont collègues.
Mme Corval essaie de convaincre M. Spitzweg de s'engager dans une association. Elle lui explique ses propres motivations. M. Spitzweg explique pourquoi il ne fait pas partie d'une association.

7b
1 enjouée
2 se mêler de ce qui ne la regarde pas
3 revenir à la charge
4 vestiaire d'entraide

7c
1 Elle est sympathique, dynamique et paraît pleine de gaîté, mais elle est trop curieuse et veut imposer son point de vue aux autres.
2 Parce qu'il ne s'ennuie jamais.
3 Elle a besoin de se sentir utile et pense que si elle se montre généreuse, les autres seront généreux envers elle.
4 (ouvert)

7d
1 Faux, monsieur Spitzweg est célibataire.
2 Vrai
3 Faux, il résiste peu aux sollicitations des mendiants.
4 Vrai

8
1 Si nous n'avions pas manqué notre train, nous ne serions pas arrivés en retard.
2 S'ils avaient eu le temps de se changer, ils auraient mis une tenue de soirée.
3 Si tu m'avais demandé de le faire, j'aurais acheté du pain.
4 Si son fils avait été sage, elle ne lui aurait pas donné de fessée.
5 Si j'avais eu ton adresse, je t'aurais écrit.
6 S'il avait eu de l'argent pour s'acheter à manger, le sans-abri n'aurait pas volé une pomme.

9 (ouvert)

Leçon 12

1 (ouvert)

2
1	sortir	5	faire – partir
2	naître	6	commencer
3	voir	7	avoir – cesser
4	être	8	pouvoir

3a
resta – fut – prit – rentra – déposa – recouvrit – caressa – s'en alla

3b (ouvert)

4 (ouvert)

5 (ouvert)

6 Jeux de mots
1 FRANCOPHONE
2 DECRIRE
3 RESUMER
4 CONCOURS
5 COMMENTER
6 CINEMA
7 PATRIMOINE
8 LAUREAT
9 PEINTURE
10 AFFICE
11 OPERA
12 PRONONCER

7a
1 airbag : le coussin gonflable, le sac gonflable
2 aquaplaning : l'aquaplanage
3 back-up : la sauvegarde
4 brainstorming : le remue-méninges
5 come-back : le retour
6 computer : l'ordinateur
7 crew : l'équipage
8 home banking : la banque à domicile
9 hot line : le numéro d'urgence
10 mail box : la boîte aux lettres
11 mountain bike : le vélo tout-terrain (VTT)
12 take-off : le décollage
13 walkman : le baladeur

7b (ouvert)

Quellenverzeichnis

Umschlagfoto: © PhotoAlto/Gérard Launet
Seite 8: Foto: MHV-Archiv
Seite 9: Foto oben: © MEV/MHV; Fotos: Silvia: MHV-Archiv, Eric: © superjuli/MHV, Marc + Christophe: MHV-Archiv/Dieter Reichler
Seite 12: Foto oben: MHV-Archiv; Foto unten: © Rubberball Productions/MHV; Text: aus „Le Monde 2", 9/10/2004, S. 42-44
Seite 14: Foto: © Lexibook ® Electronic Devices
Seite 15: Text: aus „Je parler français" von David Sedaris, © Éditions Florent Massot Présente 2000; Champagnerkorken: MHV-Archiv
Seite 17: Foto: © Danone Waters Deutschland GmbH
Seite 18: Fotos und Plan: © Les Mousquetaires/Intermarché
Seite 19: Foto: © Véronique Marquet
Seite 21: Foto: © Stefan Lewanskowski
Seite 23: Fotos: MHV-Archiv/Werner Bönzli
Seite 24: Foto links: © CORBIS /Dean Conger; Foto rechts: © IFA/IDS
Seite 25: Foto oben: Mauritius/CuboImages; Foto unten: CORBIS/Stephanie Maze
Seite 28: Fotos: links: © CORBIS/Henri Tullio; Foto Mitte: © picture-alliance/dpa-Bildarchiv; Foto rechts: © CORBIS/Eric Fougere
Seite 29: Plakat: © Deutsches Filminstitut – DIF, Frankfurt
Seite 31: Lied: „La famille" by Michel Jonasz Marouani Editions and Musique des Anges All Rights administered Neue Welt Musikverlag GmbH & CO. KG
Seite 36: Foto: © VISUM/Lionel Derimais
Seite 37: Foto: © Mauritius/Workbookstock; Text: aus „L'addition" in Histoires von Jacques Prevert, © Editions Gallimard
Seite 38: Texte: Auszüge von www.quebecvacances.com, 20/12/2004
Seite 40: Foto: MHV-Archiv/Werner Bönzli
Seite 41: Karte: MHV-Archiv
Seite 42: Foto: © Vignobles Brunier
Seite 43: Gedicht: René Sauts
Seite 44: Foto links + Mitte oben: © MEV/MHV; Foto Mitte unten: © PhotoDisc/MHV; Foto rechts: © CORBIS/Owen Franken; Karte: © www.bison-fute.equipement.gouv.fr, 2004
Seite 45: Logo: © Gîtes de France
Seite 46: Fotos und Text Château d'Estrac: http://destrac.online.fr/
Seite 47: Foto: © Mauritius/Stock Image
Seite 48: Text: aus www.allo-thalasso.com
Seite 50: Text: von Emma Priam; Foto: © Fabienne Bariteau
Seite 51: Foto links: © Mauritius/age; Foto rechts: © MEV/MHV

Seite 52: Foto: © PIXTAL/MHV
Seite 53: Kalender: © AFP; Foto: © CORBIS SYGMA/Leloup Vincent
Seite 54: Rede: Jacques Chirac, 17. Dezember 2003 im Elysée-Palast (http://www.elysee.fr); Text: „Le Petit Nicolas" © 1960, by Éditions Denoël, et Nouvelle édition © 2002; Illustration: «Le Petit Nicolas» by Sempé/Goscinny © 1960, by Éditions Denoël New edition © 2002
Seite 55: Foto: © picture-alliance/dpa
Seite 57: Foto: © CORBIS SYGMA/Tatiana Markow; Text: aus © écoute, das aktuelle Magazin in Französisch, Spotlight Verlag 2004, www.ecoute.de
Seite 63: Text: aus Le Magazine de l'éducation et de la culture, Nr. 22/2004
Seite 64: Comic: Les Bidochon - Tome 12 © Binet/Fluide Glacial
Seite 67: Foto: © superjuli/MHV
Seite 68: Foto: © CORBIS SYGMA/Forestier Yves
Seite 69: Plakat: © LM Communiquer.com/Stéphanie Lacombe
Seite 72: Foto oben: © ROPI/Rainer Unkel; Fotos Mitte: Bild 1, 2, 3 + 6: MHV-Archiv; Bild 4: © CORBIS SYGMA/Eric Robert; Bild 5: © Sony Deutschland GmbH
Seite 73: Foto: © C. Brincourt pour Paris Match; Text: © Paris Match
Seite 74: Texte: oben links: „Le Monde", 11/10/2004; oben rechts: „Le Parisien", 22/09/2004; unten links: „Le Parisien", 13/10/2004; unten rechts: „Le Monde", 13/10/2004
Seite 76: Text links: AFP, 29/09/2004; Text rechts: „Le Parisien", 29/09/2004
Seite 78: Foto: © irisblende.de/MHV; Text: aus www.revue-referencement.com
Seite 80: Karte: MHV-Archiv; Foto oben: © Stefan Lewanskowski; Fotos unten: Rodès: © Jean Tosti; Falaen: © PBVW-Scripto; Audierne: © Mairie d'Audierne; Cacouna: © Jean-Marie Girardville
Seite 81: Text: aus www.18-heures, © Frédérick Boucher
Seite 82: Karte: MHV-Archiv; Text: aus www.bfc.france3.fr
Seite 87: Karte: MHV-Archiv
Seite 91: Fotos: Paul Signac: © Bridgeman/VG Bild-Kunst, Bonn 2005; Jan Vermeer: © Bridgeman; Arthur Gue: © Photo Musées de Poitiers/Christian Vignaud, collection Musées de la Ville de Poitiers et de la Société des Antiquaires de l'Ouest
Seite 92: Foto: © MEV/MHV
Seite 94: Text: aus G. Mermet, Francoscopie 2003 © Larousse 2002; Foto: © Superbild/B.S.I.P.
Seite 96: Foto oben: MHV-Archiv; Foto unten: © MEV/MHV
Seite 100: Foto oben: © Avenue Images/INDEX Stock; Foto unten: © CORBIS SYGMA/Bisson Bernard

Seite 101: Tabelle: © CSA 2000
Seite 102: Text: aus www.marocensolitaire.com;
Spendenformular: © Secours Populaire
Seite 103: Text: aus „Ballades Françaises" von Paul Fort,
© Editions Flammarion, Paris 1982
Seite 105: Foto: © M und Mme Souche
Seite 106: Foto: © IFA/DIAF/SDP
Seite 108: Foto: © Bilderberg/Rainer Drexel
Seite 109: © Bilderberg/Rainer Drexel; Plakate: „Les
Montagnes Russes": © Michel Landi pour Théâtre
Marigny/VG Bild-Kunst, Bonn 2005; „Monsieur Ibrahim
et les fleurs du Coran": © Jean Tholance pour Théâtre
Marigny
Seite 110: Texte: www.au-theatre.com; Homepage:
© Théâtre Marigny, Paris
Seite 111: Text: aus „Amants" von Catherine Guillebaud
© Éditions du Seuil, 2002, coll. Points, 2003
Seite 112-113: Karte: MHV-Archiv
Seite 114: Text: „La Francophonie dans le monde 2002-
2003" © Larousse 2003
Seite 115: Text: aus „La Montagne", 22/3/2001
Seite 118: Text aus „Les choses - une histoire des années
soixante" von Georges Perec, © Editions Julliard, 1993
Seite 127: Foto: © Michael Kneffel
Seite 130: Fotos: oben: © Stockfood/Mauduech/Lebain;
Mitte: MHV-Archiv; unten: © Stefan Lewanskowski
Seite 136: Text: aus „Le paradoxe français" von Annie
Langlois, aus „J'ai le goût de la santé. Nutrition et

équilibre", © Ordre professionnel des diététistes du
Québec 1997; Foto: © Knorr/Unilever
Seite 137: Abbildungen: © Palais Bénédictine, Fécamp
2005
Seite 139: Karte: MHV-Archiv
Seite 145: Fotos: J. Chirac: © picture-alliance/dpa-
Fotoreport; V. G. d'Estaing: © picture-alliance/dpa-
Fotoreport; F. Mitterrand: © CORBIS SYGMA/Thierry
Orban; S. Veil: © CORBIS SYGMA/Aubert Dominique
Seite 149: Text: aus Le Bottin Mondain: www.bottin-
mondain.fr
Seite 152: Foto: © laif/REA
Seite 153: Texte unten: © AFP, 2000
Seite 155: Text: aus www.livrenpoche.fr, 29/03/2005
Seite 159: Foto: © Fabienne Bariteau
Seite 160: Text: aus www.agitateur.org
Seite 161: Fotos: links: MHV-Archiv/Dieter Reichler;
rechts: © MEV/MHV
Seite 165: Text: aus „Il avait plu tout le dimanche" von
Philippe Delerm, © Mercure de France 1998
Seite 166: Karte MHV-Archiv
Seite 167: Foto: © defd-pwe Verlag GmbH
Seite 168: Text: aus „Et si c'était vrai ..." von Marc Levy,
© Éditions Robert Laffont 2000
Seite 173: Text: aus www.allo-thalasso.com
Seite 175: Text: aus www.18-heures, © Frédérick Boucher
Seite 176: Text unten: aus www.livrenpoche.fr,
29/03/2005

Die CD enthält alle mit dem Symbol [🔊 34] gekennzeichneten Dialoge und Hörtexte.
Auf Knopfdruck ist jeder gewünschte Text unmittelbar verfügbar.

Gesamtlaufzeit: 70 Minuten
© 2005 Hueber Verlag, 85737 Ismaning, Deutschland
Alle Rechte vorbehalten.

CD:

Track 18: aus www.revue-referencement.com

Track 20: aus Julien & Margot Manche: http://compostelle.c.la

Track 21: © Maison de la France

Track 22: aus „C'est juste mon avis" von Janine Perrimond, © RTL 21/06/2004

Track 24: aus www.leguidedesmetiers.letudiant.fr

Track 37: © Le Monde 2, 9/10/2004

Track 39: nach www.monde-solidaire.org

Track 41: aus „Il avait plu tout le dimanche" von Philippe Delerm, © Mercure de France 1998

Sprecher:

J. M. Bonnarme, A. Dautzenberg, C. Sireysol, M. Dusehu, I. Pounembetti, C. Aubain,
P. Moutte, Alexandre, H. Bouygues, A. Terriot

Wir danken J.P. Millier, der die Instrumentalmusik komponiert und interpretiert hat.
Produktion: Editions Pilick Production, Cergy le Haut, Tontechniker J.P. Millier.